未満児保育の重要性

　当たり前ですが、0歳の育ちが1歳の育ちを支え、1歳の育ちが2歳の育ちを支えて3歳の育ちへつながります。満3歳以降の学校教育は0・1・2歳児の豊かな育ちを土台にして成り立っています。言うまでもありませんが、満3歳になった途端に突然「学び」が発生するものではありません。0歳からの保育に向き合う保育教諭（保育者）の真摯な愛情が「学び」という「遊び」を十分に楽しめる環境を作り出し、その中で子どもは自ら人間の「生きる力」の基礎を獲得していきます。3歳未満児は自己表出がまだまだ未熟ですが、様々な能力を内在し外界からのよりよい刺激を望んでいます。保育教諭（保育者）との確かな愛着関係と信頼関係の下「未満児保育の重要性」を意識した保育が子どもの健やかな成長を育み、大人になっても社会生活の中で使い続ける大切な社会情動的スキルを獲得していきます。未満児保育に携わる保育教諭（保育者）の皆様に、本書が日々の保育の助けとなれば幸いです。

青森県 中居林こども園 理事長
椛沢幸苗

1歳児保育とは

　0歳児と比べると赤ちゃんから幼児へと身体的にも精神的にも成長していくいわば過渡期であり、人が成長していく上で最も大切な時期が1歳児です。身体的には自分の力で歩くことができたり、自分以外の世界（他者や身近な物など）への関心を持つことで行動や経験の範囲もこれまでよりは格段に広がっていきます。精神的には自我の芽生えから自己主張が少しずつ見られるようになり、自分でしたい反面、体がまだついていかなかったり、想いを言葉で表現できなかったりすることが多く、体と心がアンバランスな側面も持ち合わせています。そんな1歳児の時期には子どもの主体的な活動や想いを尊重し、応答的にかかわっていくことで子どもは自分自身が尊重されていると感じ、今後ますます広がっていく外的なかかわりに対して能動的にかかわっていく意欲を育ててほしいと思います。

大阪府 ねやがわ成美の森こども園 理事長
田中啓昭

指導計画立案にあたって

指導計画は、施設の区分により、3つの要領・指針に基づき、子どもの教育・保育の計画を立てます。
ここでは、要領・指針を踏まえた計画立案のポイントと、
乳幼児期からの教育、小学校教育との接続・連携の強化について解説します。

幼稚園教育要領　**保育所保育指針**
幼保連携型認定こども園教育・保育要領
を踏まえた **計画立案** とは？

乳児期から
ひと続きの教育を

幼児教育の改善・充実を目指して内容の共通化が図られた平成30年施行の要領・指針は、令和2年度には小学校における学習指導要領に、また令和3年度には中学校における学習指導要領につながりました。これにより、乳幼児期の教育が義務教育に接続され、教育の出発点と考えられるようになりました。乳児期から就学前の最終目的に達するため、またそれ以降の教育につなげていくため、短期・中期・長期の計画が必要となります。

子どもの育ちを
より具体的に捉える

要領・指針においては、「乳児期」と「満1歳以上満3歳未満」（保育所保育指針では「乳児」と「1歳以上3歳未満児」）に分けられ、それぞれの教育的な観点が明確になりました。また、「育みたい資質・能力の3つの柱」や、「幼児期の終わりまでに育ってほしい姿10項目」などが示されたことで、子どもの育ちが具体的に可視化され、小学校以降にも伝えやすくなっています。なお、「幼児期の終わりまでに育ってほしい姿10項目」は、小学校へ送付する要録にも、記入上、重要なものとして捉えられています。

| 乳児期の3つの視点 | 1歳児〜3歳未満児・3歳児〜5歳児の5領域 | 幼児期の終わりまでに育ってほしい姿10項目 |

詳しくは次ページへ→

これらの観点で立案することで
育ちを可視化 しやすくなる

入園時から就学前まで、
年齢ごとに **見通しを持った教育・保育** を
行うことができる

こども園2歳児（満3歳を含む）の立案について

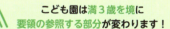

こども園は満3歳を境に
要領の参照する部分 が変わります！

幼保連携型認定こども園2歳児の計画を立案する際は、当月クラスの満3歳の人数や、子どもの姿をよく観察した上で、「幼保連携型認定こども園教育・保育要領」の満3歳未満と満3歳以上のねらい及び内容を組み合わせて立案するとよいでしょう。

生きる力の基礎となる「乳幼児期からの教育」の流れ

乳児期からの教育を意識し、心の安定を確保することが、好奇心や探究心の芽生えを支えます。
乳幼児期は、「生きる力＝知識と問題解決する能力をバランスよく獲得する力」を育む基盤を作ることが重要となります。

小学校（児童）

小学校
- 知識・技能の習得
- 思考力・判断力・表現力の育成
- 学びに向かう力・人間性等の涵養

幼稚園・こども園・保育園（幼児期の終わり）

育みたい資質・能力の3つの柱
- 知識及び技能の基礎
- 思考力・判断力・表現力等の基礎
- 学びに向かう力・人間性等

POINT 3　育みたい資質・能力の3つの柱を学校種・園種を越えて共有し、生涯にわたる生きる力の基礎を培うことを目指します。

幼児期の終わりまでに育ってほしい姿10項目
- 健康な心と体
- 自立心
- 協同性
- 道徳性・規範意識の芽生え
- 社会生活との関わり
- 思考力の芽生え
- 自然との関わり・生命尊重
- 数量や図形、標識や文字などへの関心・感覚
- 言葉による伝え合い
- 豊かな感性と表現

POINT 2　「できている」「できていない」の到達度評価ではなく、どのような経験を子どもたちに保障できているかを捉えるための観点です。

幼稚園（3歳以上児）／保育園（3歳以上児）／こども園（満3歳以上児）

5領域

健康	人間関係	環境	言葉	表現
健康な心と体を育て、健康で安全に生活する	人と関わり、きまりを守りながら支え合って生活する	身近な環境に興味をもって関わり、生活に取り入れる	自分の経験や考えを言葉で表現し、相手の話を聞いてやり取りを楽しむ	感じたことなどを自分なりに表現し、感性や創造性を豊かにする

保育園（1歳以上3歳未満児）／こども園（満1歳以上満3歳未満児）

乳児期の3つの視点

- **身体的発達**　健康な心と体を育て、自ら健康で安全な生活をつくり出す力の基盤を培う
- **社会的発達**　受容的・応答的な関わりの下で、何かを伝えようとする意欲や身近な大人との信頼関係を育て、人と関わる力の基盤を培う
- **精神的発達**　身近な環境に興味や好奇心をもって関わり、感じたことや考えたことを表現する力の基盤を培う

POINT 1　乳児の保育は身体的発達、社会的発達、精神的発達に関する「3つの視点」に分けられ、保育教諭（保育者）はこれらを目安に教育の充実を図ります。

保育園・こども園（乳児期）

生命の保持・情緒の安定

乳児期の3つの視点

平成30年の改正により、「乳児期」（保育所「乳児」）と「満1歳以上満3歳未満」（保育所「1歳以上3歳未満児」）に分けられ、それぞれの教育的な観点が明確になりました。乳児も考えることのできる存在であり、乳児期（0歳）での適切なかかわりと発達の重要性が世界的にも認識されています。各施設ならではの環境を用意して心の安定を図ることは、他の物への興味や好奇心の芽生えを促し、子どもたちの生涯の学びに向かう力となるでしょう。

Point 1　身体的発達に関する視点
健やかに伸び伸びと育つ

健康な心と体を育て、自ら健康で安全な生活をつくり出す力の基盤を培う。

★ ここでは身体的な視点から記されています。乳児期は、まず生理的欲求が満たされていることが育ちにおいてとても重要です。人間の本能として生理的欲求が満たされていなければその他への意欲は生まれません。保育教諭（保育者）の愛情豊かなかかわりの下、身体的にも精神的にも満たされることがこの時期の子どもには必要不可欠です。

★ また、一生の間で目覚ましいほどの身体的発達を遂げる時期ですが、決して発達を急ぐのではなく、一人一人の発育状態を踏まえ保育教諭（保育者）が専門性を持ってかかわることで、自ら体を動かす意欲が育ち、健康な心と体を育んでいくことができます。

Point 2　社会的発達に関する視点
身近な人と気持ちが通じ合う

受容的・応答的な関わりの下で、何かを伝えようとする意欲や身近な大人との信頼関係を育て、人と関わる力の基盤を培う。

★ ここでは社会的視点から記されています。人とかかわる力、人間関係の充実はその人の人生を豊かにします。乳児期は人との信頼関係を育むスタートラインです。泣き声にも表情がついてきて、保育教諭（保育者）はコミュニケーションの相手だと受け止められるようになります。笑う、泣くといった表情の変化や、体の動きなどで自分の欲求を表す力を乳児は持っています。このような乳児の欲求に周りの大人が積極的にかかわることで、子どもとの間に愛着関係や情緒的絆が形成されます。

Point 3　精神的発達に関する視点
身近なものと関わり感性が育つ

身近な環境に興味や好奇心をもって関わり、感じたことや考えたことを表現する力の基盤を培う。

★ ここでは精神的視点から記されています。生理的欲求が満たされ、保育教諭（保育者）と情緒的絆が育まれてくると周囲への興味が生まれます。興味の対象は自分の手や足、手に触れた自分の髪の毛などから始まり、口の感覚を通して「これは何だ？」と確かめていきます。この行為は子どもが他の物へ興味を持ちはじめる大切な通過点です。寝返りをし、少しずつ体の自由を獲得すると、興味や行動の範囲も広がり探索活動が始まります。発達に適したおもちゃを用意することで、音、形、色、手触りなど様々な経験をすることができ、感覚が豊かになります。安全面や衛生面に十分に配慮し、子どもの探索意欲を育てる環境構成を心がけます。また、危険なこともしっかりと子どもに伝えていきましょう。

満1歳以上満3歳未満の 5領域の記述

満1歳以上満3歳未満（保育所「1歳以上3歳未満児」）は、保育の「ねらい及び内容」を5領域で表します。この5領域のねらいにおいては、保育教諭（保育者）の愛情豊かな応答的かかわりが大切です。人としては未熟でも急速な発達段階にある子どもたちが、何かが「できる」ということではなく、成長の過程で必要とされる能力の発達が促されるように保育をすることが中心となります。

3つの視点から5領域への変容を考える

教育の領域にあたる乳児期の「3つの視点」は、満1歳から「5領域」に接続され、細かくそのねらいと内容、内容の取り扱いが示されています。
P7のPoint 1「健やかに伸び伸びと育つ」は「健康」に、Point 2の「身近な人と気持ちが通じ合う」は「人間関係」「言葉」に、Point 3の「身近なものと関わり感性が育つ」は「環境」「表現」の領域にそれぞれひも付けられます。その5領域も3つの視点と同様に、実際にはそれぞれすべてに関係性があり、たとえるとすれば五輪のシンボルマークの輪のようになっていると考えます。

クラスでの5領域の捉え方 〜こども園と保育所での子どもの年齢と在籍クラスについて〜

★0歳児クラスでは、乳児期の3つの視点、満1歳以上3歳未満の5領域を、それぞれの月齢に応じ保育のねらい及び内容の中で考えるようになっています。

★1歳児クラスでも3月生まれのように直前まで3つの視点の子どももいますが、多くの場合は5領域をもとに記述します。内容などをよく読み込んで、その時の月齢に応じながら、保育環境を充実させて、子どもがたくさんのことを体験していけるように配慮したいものです。

	クラス	園児の年齢	ねらい及び内容 ◎乳児期の3つの視点　●満1歳以上満3歳未満の5領域　★満3歳以上の5領域
幼保連携型認定こども園	0歳児クラス	0歳〜1歳11か月	◎乳児期の園児の保育に関する〜
	1歳児クラス	1歳〜2歳11か月	●満1歳以上満3歳未満の園児の保育に関する〜
	2歳児クラス	2歳〜3歳11か月（満3歳）	●満1歳以上満3歳未満の園児の保育に関する〜 ★満3歳以上の園児の教育及び保育に関する〜
保育所	0歳児クラス	0歳〜1歳11か月	◎乳児保育に関わる〜
			●1歳以上3歳未満児の保育に関わる〜
	1歳児クラス	1歳〜2歳11か月	●1歳以上3歳未満児の保育に関わる〜
	2歳児クラス	2歳〜3歳11か月	●1歳以上3歳未満児の保育に関わる〜

指導計画立案のすすめ方

保育の質を高め、専門性の高い教育・保育を提供するためにはどのように計画を立てていけばよいでしょうか。そのプロセスを、指導計画立案の流れに沿ってひも解いていきましょう。年間の目標を立てる時は、必ずそれぞれの園の「全体的な計画（幼稚園とこども園は「教育課程」も含む）」と照らし合わせ、保育を見る視点や子どもたちを捉える上での大枠を合わせるようにしましょう。

計画の流れ

目標
一年間の子どもの育ちを想定して「年間目標」を立て、それをもとに「月のねらい」を定めていきます。

（例）**年間目標** >> 基本的生活習慣を身に付ける

月のねらい
「月のねらい」を達成するために、各週の活動を計画します。「活動」と「環境構成と配慮」はつながりをもって計画しましょう。

（例）**月のねらい** >> 簡単な身支度を自分でする
活動 >> 帽子のかぶり方を覚える
環境構成と配慮 >> 見本を見せながら仕方を伝える

活動の実践
「計画」に基づいて実践します。子どもたちがその中で、友達や保育教諭（保育者）とどうかかわり、何を感じ、獲得しているかをよく観察します。

（例）戸外活動の際には自分で帽子をかぶってみる

振り返り
実践を振り返り、保育教諭（保育者）のかかわりで子どもがどう変わり、何を得られたのかを評価することで保育の質を高めることができます。

（例）**評価** >> 見守りながら励まし、自分でできるようになった

こども園の計画立案のポイント

幼保連携型認定こども園の満3歳以上のすべての園児には、教育の時間（4時間）を含む「教育標準時間」（6時間）と、「教育時間以外の時間」が設けられています。本書では、保育園とこども園の計画を共通とし、両方についての計画を掲載しています。計画を立てる際には、園の生活の流れを重視し、教育と保育が一体的に提供される配慮が必要となります。園児一人一人の実際の育ちをよく観察しながら計画を練りましょう。

立案の注意すべきポイント

どのような点に注意して立案すればよいか、具体的に見ていきましょう。

子どもの育ちをイメージし、育ちに向けての援助をする

計画立案には、「子どもの育ちをイメージする」ことが重要です。「5領域」「育みたい資質・能力の3つの柱」を意識し、子どもの育ちに必要なことを考慮して、偏りのないよう計画を立てましょう。時には保育教諭（保育者）の想定とは違う方向に行くこともあるでしょう。しかし、「子どもの個性や思いに柔軟に寄り添う」ことが大切。保育教諭（保育者）は、「子どもが自分で取り組むための"材料"を提供した」と捉え、その成長を認め、次のねらいや活動に生かしましょう。

例
ねらい ≫ 好きな遊びを見つけて楽しむ

- 保育教諭（保育者）の計画：園庭で運動遊びを設定
- けれども……実際の子どもの姿：木の実を見つけ興味を示した
- そこで 次の活動に生かす：素材や図鑑を用意して興味を引き出す／自然物を使った活動を設定する

「ねらい」と「内容」の設定に留意

「ねらい」は月・週の大枠である「子どもの育ち」で、「内容」は「『ねらい』を具体化した保育内容」です。逆にならないよう、意識して設定しましょう。

> **例**
> **ねらい ≫** 身近にある危険や身を守るための方法を知る
> **内容 ≫** 地震を想定し、実際に保育室から避難場所まで向かう避難訓練をする

園全体の多角的な視点が保育の質を高める

「幼児期の終わりまでに育ってほしい姿10項目」は、特に全体的な計画（幼稚園とこども園は教育課程を含む）を立てる際に念頭に置く必要があります。実際の子どもの姿を記録し、それをもとに園全体で振り返り、話し合いと試行錯誤をくり返しながら計画や環境の構成につなげていきます。評価は、一人の保育教諭（保育者）が行うのではなく、組織全体で行うと、様々な保育教諭（保育者）の視点で捉えることができます。多角的な視点で計画を見直す姿勢が、保育の質を高めることにつながります。

様々な視点の違いに気付くことで学びがあります。互いの意見に耳を傾け、認め合い、協力し合って保育の質を高めましょう。

幼児教育を基盤として就学につなげる

生涯にわたる生きる力の基礎として、「幼児期の終わりまでに育ってほしい姿10項目」「育みたい資質・能力の3つの柱」を育むことを目標にしています。しかし、小学校教育を基準とするのではなく、あくまで幼児教育を基盤として考えます。0歳児から積み上げたものをもとに、小学校へ向かうようにしましょう。

教えて！ 指導計画作成のQ&A

Q 指導計画はきれいな文章で書く必要がありますか？

A

　指導計画はきれいな文章を書くことが目的ではありません。自分の考える日々の活動を説明し、伝えるためのものです。指導計画の形式は、園ごとに工夫して使いやすい形で作りましょう。ただし、項目の立て方は大事です。本書などを参考にしながら、園の教育方針、クラスの目標や子どもたちの姿に合うように項目を立てましょう。計画の「ねらい」に対して、"子どもたちが達成感を味わえるようにする"のか"少し難しくても挑戦することを大事にする"のかというのが、園やあなた自身の保育の考え方であり、実際の活動の内容につながります。同時に、実際に取り組んだ日々の保育への振り返りも重要です。指導計画を見返してみると、「達成できたこと」「改善したいこと」が明確になっていきます。それに対して、次にどんな工夫をするかを考え、次の計画につなげましょう。

Q 自分の保育の評価をするのが苦手です。

A

　評価というと自分への「反省」を書くことと感じていませんか。評価は反省ではなく、計画に沿って達成された点、改善すべき点を明らかにして、次の保育の質をよりよくしていくことが目的です。よかった点は自信を持ってどんどん書きましょう。ちょっと失敗したかなと思える点は「ここが悪かった」ではなく、「次はこうしていこう」と前向きに考えるヒントとして捉えましょう。でも、先輩や他のクラスの保育教諭（保育者）から、異なる評価をされる場合もあります。その場合も常に前向きに、次の保育に生かしていくことをみんなで考えるためのツールにしましょう。

11

0〜3歳児の発達の姿

	おおむね6か月ごろ	おおむね1歳ごろ

運動機能

- 顔の向きを変える
- 把握反射をする
- 腹ばいになる
- 首がすわる
- 寝返りをうつ

- はいはいをする
- 親指と人さし指でつまむ
- 座ったまま両手を自由に使って遊ぶ
- つかまり立ちをする

- つたい歩きをする
- 破る、なぐりがきをする
- 一人歩きをする
- しゃがんだり立ったりする
- はいはいで階段を上る

言葉

- 泣き声で快・不快を伝える
- 喃語が出る

- 喃語を反復する
- 簡単な言葉を理解する
- 指差しをする

- 意味のある喃語を話す
- 一語文を話す
- 名前を呼ばれて返事をする

人間関係

- 顔を見つめる
- 視線が合う
- 聞き覚えのある声に反応する

- 名前を呼ばれると反応する
- 人見知りをする

- 身近な人の遊びを模倣する
- 自己主張が強くなる
- 友達と手をつなぐ

指導計画を立てる時に大切なのは、子どもの発達を理解することです。発達は、月齢や生育歴などで個人差があります。一人一人、どのように成長しているのかをしっかり捉えることが必要です。そして、やがてどのような姿に育っていくのか、という道筋が見えていることが重要になります。「運動機能」「言葉」「人間関係」の3つに分類していますが、その3つははっきり分かれるのではなく、お互いにかかわり合っています。指導計画を作成する時には、子どもの発達の全体像を知り、見通しを持ってクラスや個人の指導計画を作りましょう。

おおむね 1歳6か月ごろ → おおむね 2歳ごろ → おおむね 3歳ごろ →

- コップからコップへ水をうつす
- シールを貼る、はがす
- 音楽に合わせて動く
- 積み木を積む

- 容器のフタをひねって開ける
- 低い段差を飛び降りる
- ボールを投げる
- 積み木を並べる

- リズムに合わせてお遊戯ができる
- ビーズに紐を通す
- 鉄棒にぶら下がる
- スムーズに走れる

- 言葉で欲求を伝える
- 二語文で話す
- 知っている物の名前を言える

- 三語文が話せる
- 盛んにおしゃべりをする
- 質問をする

- 自分の名字と名前が言える
- 数量が分かる
- 一人称、二人称が使える

- 簡単なあいさつをする
- 笑ったり泣いたりして感情を伝える
- 友達と同じ遊びをする

- 自己主張するイヤイヤ期
- 簡単なルールを守る
- 見立てやごっこ遊びをする

- 友達と遊ぶようになる
- 様々なことに興味を示し、質問が多くなる
- けんかをし、仲直りして思いやりを持てる

1 歳児の発達の姿

満1歳〜1歳5か月児の特徴

体の動き・遊び

- 身近な遊びを模倣することができる
- しゃがんだり、立ったりできるようになり、姿勢を保つ背筋が発達してくる
- 積み木などを積み重ねることができる
- 自分が普段してもらっていることを再現する

生活習慣

- 生活のリズムが一定になる
- 幼児食移行期になり、歯で噛む食べ方ができるようになる
- 自分でエプロンをつけようとしたり、手を拭いたりする
- 着替えに協力し、自分で脱ごうとする

言葉

- 喃語と意味が一致してくる
- 一語文を話すことができる
- 欲しい物を指で差して示す
- 言葉や日常の動きを模倣して遊ぶようになる
- 言われたことを理解するようになる

発達の特徴 など

- 自己主張が強くなってくる
- 自我が芽生えてきて自分の欲求が高まる（噛みつきが出ることがある）

1歳6か月～1歳11か月児の特徴

体の動き・遊び

- 容器のふたなどをひねって開けることができるようになる
- シールを貼ったり、はがしたりする
- 歌に合わせて歩くことができる
- 遊具なども見立てたりして、さらに模倣遊びが盛んになる
- 自分の体の部位の名前や位置が分かってくる

生活習慣

- おむつがぬれたことを知らせたり、排尿間隔が長くなる
- オマルに座る練習をする
- 就寝のリズムが一定になる

言葉

- 言葉で欲求を伝えてくるようになる

発達の特徴 など

- 友達と同じ遊びをする（平行遊び）
- 靴をはかせてもらう（自分で足を靴に入れたりしてみる）

1 歳児の発達の姿

満2歳児の特徴　おおむね2歳ごろ

体の動き・遊び

- 運動機能がスムーズになり、走る、押す、引っぱる、投げる、運ぶ、積む、ぶら下がるなどができ、活発に動き回れるようになる
- 指先も発達し、積み木を積むことや、本を上手にめくることができるようになる
- はさみで紙を切り、のりづけもできるようになる

生活習慣

- 基本的生活習慣（食事・排泄・睡眠・衛生・着脱）が、徐々に身に付いてくる
- 乳歯が生え揃うので、食事はほとんどの物が食べられるようになる
- 着替えに協力し、自分で脱ごうとする

指針・要領には、発達の特徴を踏まえながら5領域「健康」「人間関係」「環境」「言葉」「表現」で示されています。子どもの発達は諸側面が密接に関連し合うものであるため、各領域のねらいは相互に結び付いているものであり、また内容は子どもの実際の生活と遊びにおいて総合的に展開されていきます。5つの領域にかかわる保育の内容は、乳児期の子どもの保育の内容の3つの視点と満3歳以上の子どもの教育・保育の内容における5つの領域と連続することを意識し、この時期の子どもにふさわしい生活や遊びの充実が重要です。著しい発達の見られる時期ですが、その進み具合や諸側面のバランスは個人差が大きく、家庭環境も含めて、生まれてからの生活体験もそれぞれ異なります。生活や遊びの中心が、大人との関係から子ども同士の関係へと次第に移っていく時期でもあり、子ども一人一人に応じた発達への援助が大切です。

言葉

- 言葉も増え、二語文もかなり話せるようになる
- 目に触れるもの、聞くものについて積極的に質問し、納得できるまで聞くようになる

発達の特徴 など

- 象徴機能の発達により、ごっこ遊びを保育教諭（保育者）とすることができる
- 友達と遊んでも、自己主張が強く、けんかになることもある
- 社会性が育ってくるものの、まだひとり遊びが多い
- 自我意識や独占欲が強くなり、自分の周囲の人に対する愛情などが強くなる
- 周囲の未知のものに興味を示し、何でも試し、やってみたくなる

もくじ

はじめに ... 2
未満児保育の重要性 ... 3
1歳児保育とは ... 4
指導計画立案にあたって ... 5
生きる力の基礎となる「乳幼児期からの教育」の流れ ... 6
乳児期の3つの視点 ... 7
満1歳以上満3歳未満の5領域の記述 ... 8
指導計画立案のすすめ方 ... 9
立案の注意すべきポイント ... 10
教えて！ 指導計画作成のQ&A ... 11
0〜3歳児の発達の姿 ... 12
1歳児の発達の姿
　満1歳〜1歳5か月児の特徴 ... 14
　1歳6か月〜1歳11か月児の特徴 ... 15
　満2歳児の特徴 ... 16

年間指導計画の見方 ... 20

年間指導計画
年間 ①〜④ ... 22

月間指導計画の見方 ... 30

月間指導計画

4月 ①〜⑥	32	**10月** ①〜⑥	104
5月 ①〜⑥	44	**11月** ①〜⑥	116
6月 ①〜⑥	56	**12月** ①〜⑥	128
7月 ①〜⑥	68	**1月** ①〜⑥	140
8月 ①〜⑥	80	**2月** ①〜⑥	152
9月 ①〜⑥	92	**3月** ①〜⑥	164

週案の見方・書き方　176
日案の見方・書き方　177

週案
週案①春　178
週案②夏　180
週案③秋　182
週案④冬　184

日案
日案①春　186
日案②夏　188
日案③秋　190
日案④冬　192

食育計画の見方・健康と安全の計画の見方　194
個別指導計画の見方　195

食育計画　196
健康と安全の計画　198
個別指導計画
個別①1歳6か月児　200
個別②2歳児　202

CD-ROMの使い方・ダウンロードデータの使い方　204
　　CD-ROM収録データ一覧　205
保育総合研究会沿革　206
おわりに　208
執筆者・監修者一覧　208

・こども園の『教育・保育要領』では「保育教諭等」という表現を使っていますが、指導計画そのものが、保育教諭と園児とのかかわりを示しているので、本書では「保育教諭」と示しています。ただし、保育教諭以外の職員がかかわる場合もあります。
・本書では保育所の名称を、一般名称の「保育園」で表記しています。法律・保育要領に関しての説明内では保育所のまま掲載しています。
・3期制と4期制について
　小学校は3期制のところが多いこともあり、「小学校教育との接続・連携」に配慮し、こども園2歳児（満3歳）から3期制としました。
　0歳児・1歳児及び保育園2歳児は4期制としています。

年間指導計画の見方

❶ 年間目標
園の方針をもとに、一年間を通して園児の成長と発達を見通した全体的な目標を記載しています。

❷ 園児の姿
4期に分けて、予想される園児の発達状態や、園での様子を記載しています。保育教諭（保育者）が設定した環境の中で、園児がどのように遊びや活動にかかわるのかを予測して取り上げています。

❸ ねらい
「年間目標」を具体化したもので、「教育的時間」と「教育的時間を除いた時間」の両方に共通するねらいです。「園児の姿」をもとに、保育教諭（保育者）の援助によって園児が身に付けることを望まれる、心情、意欲、態度などを記載しています。

❹ 養護（生命の保持、情緒の安定）
「ねらい」を達成するためにどのような保育を展開するかを、保育教諭（保育者）が行うことが望まれる援助の視点で記載しています。

❺ 教育
すべての園児が教育・保育を受ける、「教育的時間」内の園児の活動について、5領域（健康・人間関係・環境・言葉・表現）を意識して記載しています。「教育的時間を除いた時間」の内容もまとめて記載します。

❻ 環境構成・援助・配慮
「ねらい」を達成するために、子どもの活動を行う際に、どのような環境を設定したらよいか、また、どのような援助や配慮が必要かを記載しています。

年間指導計画 ①

		1期 4月〜5月	2期 6月〜8月
年間目標 ❶		●安心して生活をしながら、食事や排泄などの身の回りのことに興味を持ち、自分でしようとする ●自然に触れ、感触や発見を楽しむ ●保育教諭（保育者）との信頼関係の下、友達とのかかわりを喜び、一緒に遊ぶ ●生活の中で様々な言葉を習得し、まねをしてたくさんの言葉を発する ●生活や遊びを通して様々な経験をし、豊かな感性や表現力が育つ	
園児の姿 ❷		●新しい環境への不安から、泣いて過ごす ●少しずつ新しい生活に慣れ、好きな遊びを見つけて遊ぶ	●喃語や片言を盛んに発し、思いを伝えようとする ●一人遊びを楽しむ ●リズムに合わせて体を動かすことを楽しむ
ねらい ❸		●新しい環境や保育教諭（保育者）に慣れ、落ち着いた環境の中で安心して過ごす ●保育教諭（保育者）と遊びを楽しむ中で好きな遊びを見つけ、楽しむ ●春の自然に興味を持ち、伸び伸びと遊ぶ	●季節ならではの遊びを楽しみ、様々な素材に触れ、開放感を味わう ●一日の生活の流れが身に付き、少しずつ身の回りのことにも興味を持つ ●保育教諭（保育者）や友達に親しみ、かかわりを楽しむ
養護（生命の保持・情緒の安定） ❹		●保育教諭（保育者）に見守られながら、一人一人に合った生活リズムで過ごせるようにする ●甘えや欲求を受け止めてもらいながら、安心して過ごせるようにする	●安心できる環境の中で、衣服の着脱や排泄など身の回りのことをできるように援助する ●自分の気持ちを様々な方法で表現し、受け止めてもらうことで、安心して過ごせるようにする
教育（健康・人間関係・環境・言葉・表現） ❺		●室内の探索活動を楽しむ ●保育教諭（保育者）や友達に慣れ、安心して過ごす ●新しい環境に慣れ、好きな玩具を見つけて遊ぶ ●伝えたい思いや気持ちを、指差しや喃語などの自分なりの方法で伝えようとする ●歌や手遊びをすることを喜び、体を揺らしたり一緒に歌おうとしたりする ●戸外で春の自然に触れることを喜ぶ	●夏ならではの遊びの楽しさを全身で感じ、思いきり遊ぶ ●保育教諭（保育者）との信頼関係が築け、安心して気持ちを表現する ●虫や草花に興味を持ち、発見を楽しむ ●保育教諭（保育者）や友達と簡単な言葉でのやり取りを楽しむ ●水の冷たさや泥の感触を楽しむ
★環境構成・援助・配慮 ❻		■保育室内の環境、玩具の点検を行い、安全に遊べるようにする ■それぞれの発達や好みに応じた玩具を用意し、じっくりと遊べるようにする ★個々の健康、発達状態を把握し、無理なく園生活を送れるようにする ★好む遊びや玩具を用意する ★新しい環境での生活に対する戸惑いや不安な気持ちに寄り添い、安心して過ごせるようにする	■水遊びが楽しめるように、環境設定や点検をしっかりと行う ■「自分で」と思えるように、園児の手の届く場所に靴下の入れ物などを用意する ★水分補給や休息の時間も設け、快適に過ごすことができるようにする ★身の回りのことを「自分でやりたい」という気持ちを受け止め、できた喜びに共感することで、自信につなげていく
子育ての支援（保護者支援） ❼		●家庭との連絡を密に取りながら、健康、発達状態を把握し、保護者との連携を図る ●園での様子を丁寧に伝えながら、保護者との信頼関係を築く	●園児の成長をこまめに伝え、共に成長を喜べるようにする ●水分補給や休息の大切さを伝え、家庭でも意識して取り入れていけるようにする ●感染症が流行しやすいことを伝え、予防していく
行事 ❽		入園・進級式、個人面談、内科健診、歯科健診、こどもの日集会、親子遠足（地域交流事業）、誕生会、身体測定	時の記念日集会、保育参観日、七夕の集い、夏祭り、防犯訓練、避難訓練、誕生会、身体測定

〈 健康・食育・環境衛生・安全・災害 〉
- 室内の温度、湿度、換気、採光の管理を行う
- 玩具や遊具の点検、管理、消毒を行い、安全に遊べるようにする ⑨
- 防災、防犯訓練に参加し、避難方法を身に付けたり、避難経路などを確認したりする

〈 一年間の教育・保育に対する自己評価 〉
- 日々の活動や生活では、一人一人と丁寧にかかわることで、一年間安心して過ごすことができたと思う ⑩

年間計画

3期 9月～12月	4期 1月～3月
・運動機能が発達し、行動範囲が広がる ・自己主張することが増え、トラブルが多くなる ・排泄を伝え、トイレに行く	・身の回りのことを進んで自ら行う ・見立て遊びをし、人や物とのかかわりが深まる ・雪に興味を持ち、雪遊びを楽しむ
・保育教諭（保育者）に思いや感情を受け止めてもらいながら、友達と一緒に伸び伸びと遊ぶ ・リズムに合わせて踊ったり歌ったりすることを楽しむ ・戸外遊びや散歩を楽しみ、身近な自然に親しむ ・オムツの不快感を訴えたり、トイレで排泄したりする	・冬の自然に触れながら、雪遊びを楽しむ ・進級することへの期待感を持って過ごす ・身の回りのことを自ら行い、認めてもらうことで達成感を味わう
・トイレでの排泄に慣れ、保育教諭（保育者）にほめてもらいながらトイレトレーニングに意欲的に取り組めるようにする ・保育教諭（保育者）に自己主張を受け止めてもらい、共感的なかかわりをしてもらうことで、安心して生活できるようにする	・保育教諭（保育者）に見守られながら、身の回りのことを自分でできるように促す ・保育教諭（保育者）や友達に親しみを持ち、一緒に過ごす喜びを感じられるようにする
・尿意を伝え、トイレでの排泄を行う ・保育教諭（保育者）の仲立ちにより、友達とのかかわり方を少しずつ身に付ける ・枯れ葉やマツボックリなどに触れ、秋の自然の発見を楽しむ ・発見したことやしてほしいことなどを片言や二語文で伝えようとする ・音楽やリズムに合わせ、表現することを楽しむ	・正しいスプーンの持ち方を知り、持ってみようとする ・好きな友達を呼びに行ったり、手をつないだりしてかかわろうとする ・雪に触れ、冷たさや寒さを感じたりしながら、冬ならではの自然に触れることを楽しむ ・日常のあいさつの言葉ができるようになったり、様々な言葉を使った会話をしたりする ・様々な素材に触れ、感触を楽しみながら製作を楽しむ
★好む音楽をくり返し流して歌ったりしながら、興味を引き出す ★秋の自然に触れられる楽しさを感じることができるように、自然物を遊びに取り入れたり、製作に使ったりする ★園児同士のかかわりが増えることから、トラブルが発生することも予測し、寄り添い、遊びを見守る ★トイレトレーニングは無理なく個々の気持ちに寄り添い、それぞれのペースに合わせて進める	★雪遊びを思いきり楽しむことができるように、雪遊び用の玩具を用意する ★進級に向け、2歳児クラスで遊ぶ時間を設ける ★進級に対して期待感を持って生活できるように、意欲を引き出す声かけをする ★「できた」という達成感を味わいながら生活できるように、自分でできた時はほめ、気持ちに共感する ★冬ならではの自然現象を楽しむために、発見や変化を楽しめるように促す
・自己主張が強くなったり、噛みつきをしたりするなど園児同士のトラブルが増えることを伝え、保護者と連携を取りながら園児の成長に寄り添う	・一年間の成長を共に喜び、進級に向けて保護者も見通しを持つことができるように促す ・進級に向けての不安を聞き取り、安心して進級できるようにする
運動会、個人面談、保育参観日、七五三集会、クリスマス遊戯会、総合防災訓練、防犯訓練、避難訓練、誕生会、身体測定	新年の集会、郵便やさんごっこ、雪上運動会、節分集会、作品展、ひな祭り、誕生会、卒園式、お別れ会、防災訓練、避難訓練、身体測定

年間計画：4月 5月 6月 7月 8月 9月 10月 11月 12月 1月 2月 3月

⑨ 健康・食育・環境衛生・安全・災害

子どもが健やかな生活を送るための、日々の健康観察や、災害発生時などの安全を確保するための対策、食に関する活動内容や環境設定、配慮事項などを取り上げています。

⑩ 一年間の教育・保育に対する自己評価

一年間を振り返って、指導計画を基に行った教育・保育の内容や指導方法が、園児の発達段階や状況に対して適切であったかどうか、設定していた「ねらい」を達成できたか、また、不足していた点や改善点について記載しています。この項目は、年度の終わりに記入します。

⑦ 子育ての支援（保護者支援）

保護者に伝えるべきことや、園と家庭で連携して進めたい事柄について記載しています。また、園に通っていない地域の親子への支援についても記載しています。

⑧ 行事

入園式や始業式、運動会など園全体で行うものや、誕生会などクラス単位で行うものなどを記載しています。

年間指導計画①

年間目標
- 安心して生活をしながら、食事や排泄などの身の回りのことに興味を持ち、自分でしようとする
- 自然に触れ、感触や発見を楽しむ
- 保育教諭（保育者）との信頼関係の下、友達とのかかわりを喜び、一緒に遊ぶ
- 生活の中で様々な言葉を習得し、まねをしてたくさんの言葉を発する
- 生活や遊びを通して様々な経験をし、豊かな感性や表現力が育つ

	1期　4月〜5月	2期　6月〜8月
園児の姿	●新しい環境への不安から、泣いて過ごす ●少しずつ新しい生活リズムに慣れ、好きな遊びを見つけて遊ぶ	●喃語や片言を盛んに発し、思いを伝えようとする ●一人遊びを楽しむ ●リズムに合わせて体を動かすことを楽しむ
ねらい	●新しい環境や保育教諭（保育者）に慣れ、落ち着いた環境の中で安心して過ごす ●保育教諭（保育者）とかかわりを楽しむ中で好きな遊びを見つけ、楽しむ ●春の自然に興味を持ち、伸び伸びと遊ぶ	●季節ならではの遊びを楽しみ、様々な素材に触れ、開放感を味わう ●一日の生活の流れが身に付き、少しずつ身の回りのことにも興味を持つ ●保育教諭（保育者）や友達に親しみ、かかわりを楽しむ
養護（生命の保持・情緒の安定）	●保育教諭（保育者）に見守られながら、一人一人に合った生活リズムで過ごせるようにする ●甘えや欲求を受け止めてもらいながら、安心して過ごせるようにする	●安心できる環境の中で、衣服の着脱や排泄など身の回りのことをできるように援助する ●自分の気持ちを様々な方法で表現し、受け止めてもらうことで、安心して過ごせるようにする
教育（健康・人間関係・環境・言葉・表現）	●室内の探索活動を楽しむ ●保育教諭（保育者）や友達に慣れ、安心して過ごす ●新しい環境に慣れ、好きな玩具を見つけて遊ぶ ●伝えたい思いや気持ちを、指差しや喃語などの自分なりの方法で伝えようとする ●歌や手遊びをすることを喜び、体を揺らしたり一緒に歌おうとしたりする ●戸外で春の自然に触れることを喜ぶ	●夏ならではの遊びの楽しさを全身で感じ、思いきり遊ぶ ●保育教諭（保育者）との信頼関係が築け、安心して気持ちを表現する ●虫や草花に興味を持ち、発見を楽しむ ●保育教諭（保育者）や友達と簡単な言葉でのやり取りを楽しむ ●水の冷たさや泥の感触を楽しむ
★援助・配慮　■環境構成	■保育室内の環境、玩具の点検を行い、安全に遊べるようにする ■それぞれの発達や好みに応じた玩具を用意し、じっくりと遊べるようにする ★個々の健康、発達状態を把握し、無理なく園生活を送れるようにする ★好む遊びや玩具を用意する ★新しい環境での生活に対する戸惑いや不安な気持ちに寄り添い、安心して過ごせるようにする	■水遊びが楽しめるように、環境設定や点検をしっかりと行う ■「自分で」と思えるように、園児の手の届く場所に靴下の入れ物などを用意する ★水分補給や休憩の時間も設け、快適に過ごすことができるようにする ★身の回りのことを「自分でやりたい」という気持ちを受け止め、できた喜びに共感することで、自信につなげていく
子育ての支援（保護者支援）	●家庭との連絡を密に取りながら、健康、発達状態を把握し、保護者との連携を図る ●園での様子を丁寧に伝えながら、保護者との信頼関係を築く	●園児の成長をこまめに伝え、共に成長を喜べるようにする ●水分補給や休息の大切さを伝え、家庭でも意識して取り入れていけるようにする ●感染症が流行しやすいことを伝え、予防していく
行事	入園・進級式、個人面談、内科健診、歯科検診、こどもの日集会、親子遠足（地域交流事業）、避難訓練、誕生会、身体測定	時の記念日集会、保育参観日、七夕の集い、夏祭り、防犯訓練、避難訓練、誕生会、身体測定

〈 健康・食育・環境衛生・安全・災害 〉	〈 一年間の教育・保育に対する自己評価 〉
●室内の温度、湿度、換気、採光の管理を行う ●玩具や遊具の点検、管理、消毒を行い、安全に遊べるようにする ●防災、防犯訓練に参加し、避難方法を身に付けたり、避難経路などを確認したりする	●日々の活動や生活では、一人一人と丁寧にかかわることで、一年間安心して過ごすことができたと思う

年間計画

3期 9月～12月	4期 1月～3月
●運動機能が発達し、行動範囲が広がる ●自己主張することが増え、トラブルが多くなる ●排泄を伝え、トイレに行く	●身の回りのことを進んで自ら行う ●見立て遊びをし、人や物とのかかわりが深まる ●雪に興味を持ち、雪遊びを楽しむ
●保育教諭（保育者）に思いや感情を受け止めてもらいながら、友達と一緒に伸び伸びと遊ぶ ●リズムに合わせて踊ったり歌ったりすることを楽しむ ●戸外遊びや散歩を楽しみ、身近な自然に親しむ ●オムツの不快感を訴えたり、トイレで排泄したりする	●冬の自然に触れながら、雪遊びを楽しむ ●進級することへの期待感を持って過ごす ●身の回りのことを自ら行い、認めてもらうことで達成感を味わう
●トイレでの排泄に慣れ、保育教諭（保育者）にほめてもらいながらトイレトレーニングに意欲的に取り組めるようにする ●保育教諭（保育者）に自己主張を受け止めてもらい、共感的なかかわりをしてもらうことで、安心して生活できるようにする	●保育教諭（保育者）に見守られながら、身の回りのことを自分でできるように促す ●保育教諭（保育者）や友達に親しみを持ち、一緒に過ごす喜びを感じられるようにする
●尿意を伝え、トイレでの排泄を行う ●保育教諭（保育者）の仲立ちにより、友達とのかかわり方を少しずつ身に付ける ●枯れ葉やマツボックリなどに触れ、秋の自然の発見を楽しむ ●発見したことやしてほしいことなどを片言や二語文などで伝えようとする ●音楽やリズムに合わせ、表現することを楽しむ	●正しいスプーンの持ち方を知り、持ってみようとする ●好きな友達を呼びに行ったり、手をつないだりしてかかわろうとする ●雪に触れ、冷たさや寒さを感じたりしながら、冬ならではの自然に触れることを楽しむ ●日常のあいさつの言葉ができるようになったり、様々な言葉を使った会話をしたりする ●様々な素材に触れ、感触を楽しみながら製作を楽しむ
■好む音楽をくり返し流したり歌ったりしながら、興味を引き出す ■秋の自然に触れられる楽しさを感じることができるように、自然物を遊びに取り入れたり、製作に使ったりする ★園児同士のかかわりが増えることから、トラブルが発生することも予測し、寄り添い、遊びを見守る ★トイレトレーニングは無理なく個々の気持ちに寄り添い、それぞれのペースに合わせて進める	■雪遊びを思いきり楽しむことができるように、雪遊び用の玩具を用意する ■進級に向け、2歳児クラスで遊ぶ時間を設ける ★進級に対して期待感を持って生活できるように、意欲を引き出す声かけをする ★「できた」という達成感を味わいながら生活できるように、自分でできた時はほめ、気持ちに共感する ★冬ならではの自然現象を楽しむために、発見や変化を楽しめるように促す
●自己主張が強くなったり、噛みつきをしたりするなど園児同士のトラブルが増えることを伝え、保護者と連携を取りながら園児の成長に寄り添う	●一年間の成長を共に喜び、進級に向けて保護者も見通しを持つことができるように促す ●進級に向けての不安を聞き取り、安心して進級できるようにする
運動会、個人面談、保育参観日、七五三集会、クリスマス遊戯会、総合防災訓練、防犯訓練、避難訓練、誕生会、身体測定	新年の集会、郵便やさんごっこ、雪上運動会、節分集会、作品展、ひな祭り、誕生会、卒園式、お別れ会、防災訓練、避難訓練、身体測定

4月 5月 6月 7月 8月 9月 10月 11月 12月 1月 2月 3月

23

年間指導計画 ②

年間目標
- 保育教諭（保育者）との愛着関係が育まれ、安心感を持って健やかに園生活を送る
- 保育教諭（保育者）と共に探索活動を十分に楽しみながら、身の回りの様々な物や事象への興味・関心、好奇心が芽生える
- 様々な遊びを通して基本的な運動機能（粗大運動・微細運動）が発達する

	1期 4月〜5月	2期 6月〜8月
園児の姿	●環境の変化に戸惑いを感じ不安定になり、生活や遊びの中で様々な姿として表れる ●保護者から離れることに泣いて不安を訴える ●新しい環境に少しずつ慣れ、安心して過ごす時間が増える	●園生活に慣れ、安定して保育教諭（保育者）と一日を過ごす ●活動範囲が広がり、探索活動がより盛んになる ●自我を強く表すようになり、かんしゃくを起こしたり、泣いて思いを訴えたりして思いを通そうとする
ねらい	●保育教諭（保育者）とのかかわりの中で愛着関係が育まれ、安心して一日を過ごす ●保育教諭（保育者）にありのままを受け止めてもらい、甘えることで、安心できる体験を重ねる	●保育教諭（保育者）に気持ちを十分受け止めてもらい、信頼関係を築く ●夏の遊びを経験しながら、いろいろなことに興味・関心を持ち、好奇心が芽生えていく ●様々な素材に触れ、指先を使う楽しさを味わう
養護（生命の保持・情緒の安定）	●発育、発達、健康状態の把握に努め、清潔で安全な環境を整える。また、保護者と連携を取り、個々の生活リズムに合った援助をする ●一人一人の気持ちを受け止め、共感しながら愛着関係を育み、継続的な信頼関係を築けるよう努める	●戸外遊びや水遊びでは体調管理に十分留意し、水分補給や休息をこまめに取り、熱中症の予防に努める ●室温や湿度、換気、消毒など、衛生面に留意する ●保育教諭（保育者）との愛着関係を大切にし、信頼関係を基盤に一人一人が主体的に遊べるようにする
教育（健康・環境・人間関係・言葉・表現）	●食欲を感じ、スプーンや手づかみで意欲的に食べる ●保育教諭（保育者）に見守られ、安心して一定時間眠る ●保育教諭（保育者）に思いを受け止めてもらい安心して過ごす ●探索活動が活発になり、様々なことに興味を持つ ●触れ合い遊びや手遊び、全身を使った運動遊びを経験したり、呼びかけやあいさつなどに応じたりする	●暑さによる食欲減退や食べむら、偏食も出てくるが、一人でスプーンを使って食べられるようになる ●排尿の間隔に合わせてオマルやトイレに座る ●落ち着いた環境の中で、一定時間ぐっすりと眠る ●開放感の中、様々な夏の遊びを経験する ●保育教諭（保育者）とのゆったりしたかかわりを喜ぶ ●好きな絵本や簡単な言葉の模倣を楽しむ
■環境構成 ★援助・配慮	■園内の様々な場所の安全点検や衛生管理チェックを行い、安心して遊び、過ごせるようにする ■生活や遊びの中での園児の姿から、動線を日々見直し、その都度改善する ■環境の変化による緊張感が和らぐよう、遊び出しやすい玩具を用意する ★月齢や発達の個人差を考慮してグループを分けるなど、個々に合わせた保育ができるよう保育教諭（保育者）間の連携を図る ★名前をたくさん呼びかけ、愛着関係の芽生えを培う。必要があれば一時的な個人担当制を取り入れ、信頼関係を築く	■水遊びでは衛生管理に留意し、安心、安全な環境を整える ■様々な活動に興味を持ち、自分から進んで遊び出せるよう、玩具や遊具のコーナーの配置を工夫する ■活動中でも休息やすぐに水分補給ができるよう、日陰に休息のコーナーを用意する ★一人一人の様子や変化に細心の注意をはらい、休息は随時取る ★遊び方の個人差を考慮し、個々の遊びの環境を大切にする。また、遊びの中での驚きや発見の機会を逃さぬよう、共感したり寄り添ったりして、保育ドキュメンテーションなどにも活用する
子育ての支援（保護者支援）	●送迎時のやり取りや連絡ノートを通じてコミュニケーションを取ることで、「共に育て合う」という関係性を作る ●保護者の園生活への戸惑いや不安には、寄り添いながら受け止め、不安が和らぐよう配慮する	●暑さなどによる疲れや、夏特有の皮膚の疾患など、体調を崩しやすい時期なので、いつも以上に家庭との連絡を密に取る ●自己主張が強くなり、困り感を抱える保護者には、寄り添いながら、共に考え合う関係を築く
行事	入園・進級式、慣らし保育、尿検査、歯科検診、園外保育、ママサポート、新入園児歓迎会、こどもの日、身体測定、避難訓練、誕生会、食育の日	内科健診、保育参観、プール開き、夏祭り、食育期間、ママサポート、七夕、身体測定、避難訓練、誕生会、食育の日

〈 健康・食育・環境衛生・安全・災害 〉

- 日々の健康観察や、定期的、継続的な内科健診、歯科検診、身体測定などで、健康状態や発育及び発達の状態の把握をする
- 様々な調理形態に慣れ、楽しい雰囲気の中で食事をする
- 保育室や園庭をはじめとする環境を整え、衛生管理を徹底する
- 保育中の事故防止及び安全対策に努める
- 災害時に落ち着いて避難誘導ができるよう、様々な訓練に課題を持ち、取り組む

〈 一年間の教育・保育に対する自己評価 〉

- 保育教諭（保育者）間で日々の振り返りとこまめなクラスミーティングを重ねたことで、園児の共通理解が深まり、一年間を通して一人一人の園児との愛着関係や信頼関係を深めることができた。環境に関しては見直しや改善点も多く、一人一人の園児がより主体的に活動できるよう、今後も工夫していきたい

年間計画

3期　9月〜12月	4期　1月〜3月
● 生活のリズムが整い、落ち着いて一日を過ごす ● 友達への興味・関心が広がるが、互いの主張がぶつかり、噛みつきやひっかきなどのトラブルが増える ● つもり遊びや見立て遊びを楽しむ	● 保育教諭（保育者）の安定したかかわりの下、安心して様々な活動に意欲的、主体的に取り組む ● 保育教諭（保育者）や友達に自分の気持ちを言葉で伝えようとする ● 様々な遊びを通して運動機能が高まる
● 保育教諭（保育者）に見守られながら安心して過ごす ● 好奇心が旺盛になり、何でも自分でやりたがる ● 体を動かして遊ぶ楽しさを経験する ● 様々な遊びによって満足感を味わい、楽しさを保育教諭（保育者）と共有する	● 身の回りのことを自分でやりたがるようになる ● 運動機能が高まり、意欲的に体を動かして遊ぶ ● 保育教諭（保育者）や友達と言葉でやり取りする楽しさを感じる ● 友達への興味・関心が高まり、自分からかかわる
● 園児の体調管理には十分留意し、体調の変化にいち早く気付き対応できるようにする ● 保育教諭（保育者）との信頼関係を基盤に、一人一人がありのままに自分を表現できるよう、思いを丁寧に受け止め、自己肯定感の芽生えを育む	● 手洗いや消毒、換気、湿度、室内と戸外との温度差などに十分留意し、感染症予防に努める ● 一人一人の欲求を満たしながら、応答的で丁寧なかかわりや言葉がけを行う ● 園児の自発性や活動意欲を高めるかかわりをする
● 保育教諭（保育者）の援助で、手洗いや手指の消毒が習慣になる ● 着脱への興味が芽生え、自分で着脱しようとする ● まねっこ遊びや見立て遊びで友達とかかわって遊ぶ ● 保育教諭（保育者）や友達とのかかわりの中で、言葉で応えたり思いを伝えようとしたりする ● 全身を使った様々な運動遊びや、音楽やリズムに合わせて体を動かす遊びが楽しめるようになる	● トイレでの排泄に無理なく慣れる ● 十分に体を動かして遊ぶ楽しさを味わう ● 友達への興味・関心が高まり、一緒に遊ぶことを喜ぶ ● 生活や遊びの中で言葉のやり取りをしようとする ● イメージを広げ、見立て遊びやごっこ遊びを楽しむ ● 親しみを持って生活の中でのあいさつをしたり、絵本の中のくり返しのある言葉を口にしたりすることを楽しむ
■ 保育室をはじめ、生活や遊びの場を見直し、安全に過ごせるように工夫する ■ 園児の興味・関心、発達段階を踏まえ、主体的に「やってみたい・まねしたい」と思える遊びを工夫する ■ 好きな遊びを選べるコーナー作りをする ★ 活動に興味が向かない園児や自分から進んで遊び出せない園児には、園児の様子から、興味が持てる活動は何かを探究していく ★ 保育教諭（保育者）も一緒に遊びながら楽しさを共有し、園児の「気付き」や「驚き」、「学び」の姿を見逃さないようにする	■ 室温や湿度、換気などに注意をはらい、こまめに調整する ■ 様々なことに興味・関心が高まっているので、環境や園児の手が届く範囲の物の安全性を点検し、危険のないようにする ■ 玩具の見直しをし、無理なく友達と遊び出せる環境作りを工夫する ★ 生活や遊びの中でできたことをたくさんほめ、認められた経験を重ねることで、自信や意欲の芽生えを培う ★ 友達とかかわろうとする姿を見守り、トラブルなど、援助が必要な時は仲立ちとなる
● 自我の芽生えをはじめとする悩み、困り感を抱えて疲弊が見られる保護者も多いので、個人懇談などで相談ができる機会を作る ● 少しでも負担や不安が軽くなり保護者が前向きに子育てに向かえるよう、継続的な支援を続ける	● 一年間の成長を喜び合う機会を持ち、子育ての喜びや楽しさを感じられるようにする ● 子育ての悩みや進級への不安、質問には、気持ちに寄り添いながら分かりやすく丁寧に対応し、安心できるようにする
運動会、個人懇談、作品展、内科健診、クリスマス会、もちつき、ママサポート、お月見会、身体測定、避難訓練、誕生会、食育の日	生活発表会、お別れ会、ミニ展覧会、ママサポート、正月、節分、ひな祭り、身体測定、避難訓練、誕生会、食育の日

4月 5月 6月 7月 8月 9月 10月 11月 12月 1月 2月 3月

25

年間指導計画 ③

年間目標
- 行動範囲が広がり、探索活動を楽しむ
- 身の回りの様々なことに興味を持ち、自らかかわろうとする
- 言葉への興味を高め、保育教諭（保育者）や友達とのやり取りを楽しむ

	1期 4月〜5月	2期 6月〜8月
園児の姿	●新しい環境への不安や戸惑いから気持ちが不安定になり、泣いて過ごす姿が見られる ●少しずつ新しい環境や生活リズムに慣れ、好きな遊びを見つけて遊んだり安心して過ごす姿が見られる	●生活リズムが安定し、一日の保育の流れに沿って保育教諭（保育者）と共に生活することができる ●戸外遊びや散歩を喜び、自然物や身近な物に興味を持つ ●「ちょうだい」「どうぞ」など簡単な言葉のやり取りを楽しむ
ねらい	●新しい環境に徐々に慣れて安心して過ごす ●保育教諭（保育者）と一緒に好きな遊びを見つけ、一日を楽しく過ごす	●園での生活リズムに慣れ、安心して過ごす ●夏の遊びを通していろいろな感触を味わい、慣れる
養護（生命の保持・情緒の安定）	●家庭との連携を密にし、発育状況を把握して、一人一人に合ったリズムでゆったりと安心して過ごせるようにする ●甘えや欲求を満たしながら心の安定を図る ●ゆったりとした雰囲気の中で保育教諭（保育者）と安定してかかわることで信頼関係を築けるようにする	●保健衛生に十分留意し、快適に過ごせるようにする ●事故やけがのないよう見守り、興味が広がるようにする ●自我の育ちを受け止めて温かく見守る中で、園児が自分の感情を静めて気持ちを立て直し、自分への自信が持てるようにする
教育（健康・人間関係・環境・言葉・表現）	●衣服の着脱や手洗いを通し、清潔に過ごす心地よさを感じる ●保育教諭（保育者）に親しみを持ち、安心して過ごす ●戸外遊びを通して、好きな遊具や遊びを楽しむ ●自分の欲しい物を言葉やしぐさで伝えようとする ●歌や音楽、手遊びなどを喜び、体を動かして反応する	●安全な環境の中で、全身運動を十分に行う ●保育教諭（保育者）の見守りの下、友達とかかわろうとする ●自然物や身近な物に興味・関心を持ち、見たり触れたりする ●絵本や歌、手遊びを通して簡単な言葉のくり返しを楽しむ ●生活の中で様々な音や色、形、手触り、動きなどに気付く
■環境構成 ★援助・配慮	■園児の興味に合わせた好きな遊びが十分にできるよう玩具や場所を準備し、安全な環境を整える ■安心できる保育教諭（保育者）の下で心の安定が図れるようにする ★新しい環境に変わることへの不安が取り除けるよう配慮する ★睡眠時のSIDS予防に努める ★新入園児に不安がないよう、気持ちを受け止める	■水遊びが楽しめるよう、環境設定や点検をしっかりと行う ■気温や湿度に留意しながら、冷房器具などを利用して快適な環境を整える ★室内での動きが活発になることから、危険な箇所がないか確認する ★生活リズムに慣れ、一日の流れが確立できるよう、自立と援助を使い分ける
子育ての支援（保護者支援）	●クラスの運営方針を伝え、一緒に子育てを楽しめるよう声をかけていく ●家庭と園の様子を聞いたり伝えたりしながら、生活のリズムを整えていく	●体調を崩しやすい時期なので、注意喚起をして健康に過ごすための情報を知らせる ●園だよりなどを利用して毎月の活動を保護者に伝え、園での活動を理解してもらう
行事	入園式、こどもの日の集い、保育参観、花植え、メダカ捕り、親子遠足、親と子のふれあいデー、第一回誕生会、内科健診、歯科検診、避難訓練、身体測定	プール開き、七夕集会、納涼大会夏祭り、栃尾祭り（地域の祭り）、避難訓練、身体測定

健康・食育・環境衛生・安全・災害

- 毎日の健康観察に加え、内科健診や歯科検診、身体測定で発達の状態を把握する
- 様々な食材に触れ、自ら食べる楽しさを感じる
- 遊具や用具の扱い方や保育室や園庭の危険な箇所を確認し、安全に活動できるようにする
- 災害時の避難方法を職員間で確認し、共通認識を持つ

一年間の教育・保育に対する自己評価

- 職員間で連携し一人一人に寄り添った保育を進めたことで、安心できる環境の中で伸び伸びと活動を楽しむことができ、体と心の育ちにつなげられた
- 一人一人の育ちを認めて支え、様々な経験をしたことで自信になり、2歳児クラスへ期待感を高めて進級できた

年間計画

3期 9月〜12月	4期 1月〜3月
●保育教諭（保育者）に思いを受け止めてもらいながら友達と一緒に伸び伸びと遊ぶ ●衣服の着脱に興味を持ち、保育教諭（保育者）に手伝ってもらいながら、自分で行おうとする姿が見られる	●友達と一緒に好きな遊びを見つけ、遊びを楽しむ ●身の回りのことを進んで自分でする ●雪や冬の自然事象に興味を持ち、遊びを楽しむ
●秋の自然に親しみ、自然物に触れて遊ぶ ●保育教諭（保育者）の声かけに対して反応し、一緒に遊ぶ	●大きくなったことの喜びを感じながら自分から活動する意欲を高める ●保育教諭（保育者）と遊びや言葉のやり取りを楽しむ
●安心できる環境の中、保育教諭（保育者）に手伝ってもらいながら身の回りのことを少しずつ自分でやってみようとする ●時間に余裕を持ち、園児が自分でやろうとする意欲を認めてかかわっていくようにする	●運動機能が発達するため、園児の行動範囲を十分に把握し、安全に配慮して遊べる環境作りを行う ●一人一人が主体的に活動し、自発性や探索意欲などを高めるとともに、自分への自信を持つことができるよう成長の過程を見守り、適切に働きかける
●食事や衣服の着脱など、身の回りのことを自分で行う ●異年齢児の活動に興味を示し、見たり、一緒に遊んだりする ●保育教諭（保育者）や友達と共に過ごすことを喜ぶ ●やりたいことや、やって欲しいことを言葉で伝えようとする ●音楽を通して保育教諭（保育者）の動きをまねて楽しむ	●タイミングが合うとトイレで排泄ができる ●友達とのかかわりが増え、名前を覚えたり、保育教諭（保育者）や友達との会話を楽しむ ●身近な自然に触れ、様々な事象に心を動かす ●身の回りの物に興味を持ち、五感で感じながら製作を楽しむ
■秋の自然に触れる楽しさを感じることができるよう、自然物を遊びや製作に取り入れる ■発表会では体を十分に動かせるよう、遊戯室や園庭などの環境を整備する ★事前に園庭を見回り、秋の自然物に親しめるようにする ★自分でしようとする気持ちを妨げないよう、必要に応じて見守る	■成長に伴い行動範囲が広がるので、園児の行動を予測しながら、安心、安全な環境を整える ■進級する保育室で遊んだり活動したりすることで進級への不安をなくし期待感が持てるようにする ★冬の健康生活に留意し、快適に活動ができるよう、温度や湿度の調整、換気などを行う ★一人一人の育ちを把握し、進級がスムーズにできるよう生活を見直す
●園児が発表会などから得た自信を伸ばすことができるよう、家庭でもたくさん称賛してもらうよう伝える ●着脱しやすい衣服の準備や、自分でしようとする姿を見守ることの大切さを伝えていく	●進級に向けた保護者の不安に対し、2歳〜満3歳児の様子や情報を知らせ、安心してもらう ●進級までに身に付けておきたいこと、準備しておくことなどを伝える
運動会、幼児音体フェスティバル、遠足、いも掘り、やきいも大会、第二回誕生会、クリスマス会、発表会、中学生との交流会、内科健診、歯科検診、避難訓練、身体測定	豊年祭りもちつき大会、バイキング給食、豆まき、どんど焼き、竹の子クラブ、ひな祭り集会、第三回誕生会、年長児を送る会、一日入園、卒園式、避難訓練、身体測定、防災食食事会

4月 5月 6月 7月 8月 9月 10月 11月 12月 1月 2月 3月

年間指導計画 ④

年間目標
- 安心できる保育教諭（保育者）とのかかわりの中で、自分で身の回りのことをしようとする気持ちを持つ
- 探索活動を十分に楽しみ、人や物への関心を広げる

	1期 4月〜5月	2期 6月〜8月
園児の姿	●新しい環境に戸惑い、不安から泣く園児もいる ●保育教諭（保育者）に少しずつ慣れ、触れ合い遊びをしたり、好きな遊びを見つけたりして、安心して遊ぶ ●戸外で自然物や身近な物に興味を持つ	●生活リズムに慣れ、一日の流れに沿って生活する ●歩くことに慣れて活動範囲が広がり、自然物や身近な物、遊具に興味を持つ ●自分の写真やマークが分かり、片付けようとする
ねらい	●生理的欲求が満たされ、保育教諭（保育者）との温かいかかわりの中で愛着関係を育む ●戸外遊びを通して春の自然に触れ、様々な物に興味を持つ	●保育教諭（保育者）の見守りの下、探索活動を十分に楽しむ ●保育教諭（保育者）との遊びや夏の遊びを通して、友達に関心を持つ
養護（生命の保持・情緒の安定）	●安心して過ごせるよう、健康で安全な環境を整える ●保育教諭（保育者）に気持ちを受け入れてもらい、信頼関係を築き、安心感を持って生活できるようにする ●家庭との連絡を密に取りながら健康状態を把握し、園児一人一人の生理的欲求に応える ●5分ごとの睡眠チェックと室内環境の整備をする	●戸外遊びや水遊びなどでは体調管理をしっかり行い、安全な環境で十分に活動できるようにする ●予測される行動や事故を知り、危険物を取り除いたり物の配置を考えたりして環境を整え、事故を予防する ●園児の興味や気持ちに寄り添いながらスキンシップをとり、心の安定を図る
教育（健康・人間関係・環境・言葉・表現）	●保育教諭（保育者）とかかわり、興味や親しみを持つ ●新しい環境に慣れ、好きな遊びを十分に楽しむ ●絵本をめくったり、指差ししたりして楽しむ ●保育教諭（保育者）と一対一で触れ合い遊びを楽しむ ●簡単なごっこ遊びを通して身近な人とかかわりを持つ ●戸外に出かけ、春の草花や虫を見つけて楽しむ ●保育教諭（保育者）をまねて、歌ったり、曲に合わせて体を動かしたりすることを楽しむ	●好きな絵本をくり返し見て、言葉の模倣を楽しむ ●自分で移動できることを喜び、戸外で虫や草花、水などに触れ、探索活動を楽しむ ●粗大運動で全身、微細運動で指先遊びなどを楽しみ、着脱の動作に興味を持つ ●水や絵の具、泥などの感触遊びを楽しむ ●保育教諭（保育者）とトイレに行ったり、オマルで排泄したりする
■環境構成 ★援助・配慮	■安全点検や衛生管理チェックを通じて保育室や園庭の安全を確認し、安心して遊べるようにする ■園児が興味を持てるよう、発達に合った玩具を用意する ★一人一人の発達や生活リズムを把握し、無理なく新しい環境に慣れていけるようにする ★応答的なかかわりを通じて信頼関係を築いていく ★園児の気持ちを受け止め、心の安定を図る	■水遊びを十分に楽しめるよう、水温や水の深さに注意し、危険物や虫を取り除いて安全な環境を整える ■様々な活動に興味が持てるよう、遊具の配置を考慮する ★水分補給や休息をしっかり取るようにする ★保育教諭（保育者）が仲立ちとなり、友達同士のかかわりがスムーズにできるよう声をかける ★保育教諭（保育者）も一緒に楽しみ、園児のつぶやきや気付きに共感していく
子育ての支援（保護者支援）	●保護者の不安な気持ちを受け止め、丁寧にかかわる ●ドキュメンテーションやSNSを使い、保育の様子を可視化して伝える ●連絡帳や送迎時の会話で、不安や疑問の解消に努める	●気温や湿度などの体への影響を分かりやすく伝える ●園児の体調を伝え合い、しっかり把握するとともに、感染症情報などを随時知らせる ●水遊びチェック表の記入をお願いする
行事	みんなで集まる日（入園進級式）、クラス懇談会、親子遠足、消火避難通報訓練、身体測定、誕生会、保育参観	内科健診、歯科検診、水遊び、こどもまつり、誕生会、消火避難通報訓練、うら盆、個人懇談会

〈 健康・食育・環境衛生・安全・災害 〉

- 室温や湿度、換気に留意し、健康的に過ごせるようにする
- 災害時に安全に避難できるよう担任間で役割を共通理解する
- 野菜の栽培を通し、興味を持って自ら食べられるようにする
- 保育教諭（保育者）一人一人が危機意識を持って施設の環境を整え、園児の発達や特性を知り、事故防止に努める
- 日々の健康チェックで園児の健康状態を把握する

〈 一年間の教育・保育に対する自己評価 〉

- 一人一人に丁寧にかかわったことで、興味のある遊びを見つけ、意欲的に遊ぶ姿が見られた
- 保護者の思いに寄り添い、一緒に子育てをするという意識を持つことで、園児の育ちを促せた
- 「自分でやりたい」気持ちを受け止め、くり返し丁寧にかかわったことで、身の回りのことを進んでしようとしている

年間計画

3期 9月～12月	4期 1月～3月
● 保育教諭（保育者）に親しみ、かかわりながら遊ぶ ● 周囲の環境に興味を持ち、自分の思いを言葉や体を使って伝えようとする ● 友達に関心を持って遊ぶが、トラブルもある	● 保育教諭（保育者）に見守られながら、身の回りのことを自分でしようとする ● 友達とのかかわりが増え、ごっこ遊びなどを通して人や物への関心が深まる
● 身の回りの環境に興味を持ち、模倣したり表現したりする中で、身近な大人とのかかわりを持つ ● 戸外などで体を動かしたり、発達に合った遊具を使って全身を動かしたりして遊ぶ	● 冬の自然に触れ、元気に体を動かして遊ぶ ● 簡単な身の回りのことを自分でやってみようとする ● 友達への興味が高まり、保育教諭（保育者）の仲立ちの下、自分からかかわろうとする
● 気温の変化に留意し、室内の環境や衣服を調節して快適に過ごせるようにする ● 保育教諭（保育者）の見守りの下、伸び伸びと体を動かして遊べるようにする ● 保育教諭（保育者）が自己主張を受け止め、共感することで、安心して過ごせるようにする	● 冬の健康、保健衛生に留意し、感染症の予防や早期発見に努める ● 園児の意欲を受け止め、できていたら十分に認め、その様子を他児にも知らせることで、意欲や自信につなげていく ● 進級に向けての園児の不安な気持ちを受け止めていく
● 身の回りのことを自分でやってみようとする ● 散歩や戸外遊びを通して秋の自然を楽しむ ● ごっこ遊びで簡単な言葉のやり取りを楽しんだり、簡単な言葉や指差しなどで思いを伝えたりする ● 様々な楽器に触れ、曲に合わせて鳴らすことを楽しむ ● 遊具や用具を使い、全身運動を楽しむ ● 異年齢児や地域の人とクリスマス会を楽しむ ● 自然物を使って見立て遊びや表現遊びを楽しむ	● 身の回りのことを自分からしようとする ● 好きな遊びをじっくり楽しみ、友達と遊ぶことを喜ぶ ● 保育教諭（保育者）と一緒に鬼ごっこやしっぽ取りなどで体を動かして遊ぶ ● 2歳児クラスと交流を持ち、進級することを喜ぶ ● 外遊びを通して、冬の自然に関心を持って触れたり、春の訪れに気付いたりする ● 遊びの中で発見したことを言葉で伝え、共感してもらうことを喜ぶ
■ 身の回りのことや遊具などに興味を持てるよう配置する ■ 秋の自然物を使った遊びや製作などを楽しめるよう、素材を準備する ★ 自分でしようとする気持ちを大切にし、できた時は認め、自信や達成感が感じられるよう声をかける ★ 友達とのかかわりを見守りつつ、相手の気持ちにも気付けるよう代弁し、くり返しかかわり方を伝えていく	■ 自分からかかわりたいと思えるような場所や遊具を準備する ■ 健康に留意した室温や湿度を保つようにする ★ 進級に期待が持てるよう、2歳児との交流を設定する ★ 自分でやろうとしたことやできたことを認め、達成感を積み重ねることで、自信や意欲につなげていく ★ 園児の自我の育ちを見守り、意欲を大切にし、可視化したりさりげなく援助したりしながら、基本的な生活習慣の自立の芽生えを目指す
● 運動会などの行事を通じて園での様子を見てもらい、成長を実感し、子育ての意欲が高まるようにする ● 発達に沿った育ちを伝える。保育の意図を伝え、保護者と協力しながら一緒に子育てをしていく	● 一年間を振り返り、園児の成長を共に喜び合う ● 冬の感染症の予防法などを随時知らせる ● 進級するにあたって生活リズムの大切さを伝えるとともに、保護者の不安に応える
運動会、ハロウィン、クリスマス会、保育参観、発表会、誕生会、防災訓練	初詣、凧あげ、どんど焼き、七草がゆ、おへぎ焼（地域の行事）、節分、内科健診、歯科検診、表現会、ひな祭り、誕生会、お別れ遠足、修了式、卒園式

4月 5月 6月 7月 8月 9月 10月 11月 12月 1月 2月 3月

月間指導計画の見方

1 ねらい
その月ごとに、園児の成長、発達に合わせた「ねらい」を記載しています。

2 週のねらい
月の「ねらい」を週ごとに具体化したものです。「月初め・前月末の園児の姿」をもとに、保育教諭（保育者）の援助によって園児が身に付けることを望まれる、心情、意欲、態度などを記載しています。

3 養護
保育教諭（保育者）が行うことが望まれる援助（養護）を「生命の保持」と「情緒の安定」の2つの視点から記載します。

4 教育
「週のねらい」を達成するために展開する保育を、「健康」「人間関係」「環境」「言葉」「表現」の5領域に分け、園児が身に付けることが望まれる心情や意欲、態度を記載します。

5 環境構成・援助・配慮
「週のねらい」を達成するために、保育をする際、どのような環境（用具・教材・分量・安全性・施設などの準備）を設定したらよいか、また、どのような援助・配慮（受け入れ・励まし・声かけ・助言など）が必要かを、具体的に記載しています。

6 教育・保育に対する自己評価
自分が行った教育・保育によって、園児にどのような変化が見られたか、問題点やよかった点をあげながら記載しています。また、今後の教育・保育でどのように対応していくべきかなどの反省点も取り上げています。園児の姿を通しての「自分の評価」と捉え、単に園児の姿を記入するのではなく、自分の計画や保育を振り返り、次の計画に生かすための材料となるよう心がけましょう。月間指導計画①〜③は週ごと、④〜⑥は月ごとに記載しています。

	月初めの園児の姿
健	食事では手づかみやスプーンを使い、自分で食べようとする
健	友達をまねしてトイレで排泄しようとしたり、着脱も自分でしようとする
人	保育教諭（保育者）などのそばで安心して好きな玩具を手に取ってみる
環	身の回りの様子を見て、探索する姿が見られる
言	絵本や紙芝居に興味を持ち、読んでもらうことを喜ぶ
表	手遊びや歌に合わせて体を動かしたり、製作活動に興味を示したりする

❾

年間計画　**4月**　5月　6月　7月　8月　9月　10月　11月　12月　1月　2月　3月

3週	4週
●手遊びや歌に合わせてリズムをとったり、体を動かしたりすることを楽しむ ●喃語や指差しなどで自分の意思を伝えようとする	●戸外に出かけ、春の自然を感じながら、伸び伸びと体を動かす ●保育教諭（保育者）などや友達とのかかわりが深まり、一緒に活動することを楽しむ
●不安な時に温かく見守られ、欲求が満たされることで安心して生活することができる ●一人一人の様子を常に把握し、必要な対応をすることで遊びを十分に楽しめる	●発汗時には優しく声をかけられ、着替えをして快適に過ごす ●保育教諭（保育者）などに見守られ、室内外で体を動かし、心地よさを感じながら遊ぶことができる
●保育教諭（保育者）などの歌に合わせ、喜んで歌おうとする ●保育教諭（保育者）などや友達の名前を覚え、親近感を持つ ●自分の思いを身振りや言葉で伝えようとする	●戸外遊びを喜び、周囲に興味・関心を持ち、探索活動を楽しむ ●保育教諭（保育者）などの仲立ちにより、友達とのかかわりが深まる ●絵本やペープサートを指差しながら、見たり聞いたりして楽しむ ●自分の思いを保育教諭（保育者）などに言葉を使って伝えようとする
■落ち着いた雰囲気の中で遊べるよう、気温や湿度、照明の設定に配慮する ■一人一人の様子が把握できるように玩具などを配置し、保育教諭（保育者）などからの死角がないようにする ★園児たちが安心できるような表情で接し、一人一人の状況に応じた言葉がけをする ★言葉や身振りなどで、自分の思いが伝わるうれしさを知り、意欲的に伝えられるよう、応答的なかかわりを心がける	■室内にも壁面や窓飾りなどを通して、春が感じられるような環境設定をする（探索活動に支障がない範囲内で、興味が持てるような飾り付けをする） ★手洗い・うがいをやって見せ、興味を持って取り組むように働きかける ★園児の発見や気付きに共感し、応答的な言葉がけをする ★自分の思いがうまく伝えられずにいる時には、代弁したり、気持ちを受け入れたりして伝えようとする気持ちを損なわないように心がける
●安心して過ごせるように配慮したことで、園児たちの表情もより明るくなり、笑顔が増えてきている	●一人一人の様子を注意深く見守りながら、活動的に外に出て過ごすことができた。来月へとつなげていきたい

園の行事
- 始業式
- 入園式
- 安全…
- 誕生会 ❿
- 避難訓練
- 内科健診・歯科検診

❾ 月初め・前月末の園児の姿

園児の発達状態や、園での様子を記載します。保育教諭（保育者）が設定した環境の中で、園児がどのように遊びや活動にかかわっていたのかを、5領域（健康・人間関係・環境・言葉・表現）の視点から記載しています。

❿ 園の行事

園全体で行う行事のほか、遠足やクラス懇談会など学年・クラス単位で行う行事について記載しています。

❼ 配慮すべき事項

月の「ねらい」を達成するために、どのような配慮（受け入れ・励まし・声かけ・助言など）が必要かを、具体的に記載しています。

❽ 子育ての支援（保護者支援）

保護者に伝えるべきことや、園と家庭で連携して進めたい事柄について記載しています。また、園に通っていない地域の親子への支援についても記載しています。

4月の月間指導計画 ①

ねらい
- 新しい環境に慣れ、一人一人が生活リズムに徐々に慣れていく
- 保育教諭（保育者）などに見守られながら、安心して好きな遊びを楽しむ
- 戸外で春の自然に触れ、心地よさを感じる

	1週	2週
週のねらい	●新しい環境や保育教諭（保育者）などに慣れ、安心して過ごす ●好きな遊びを通して、保育教諭（保育者）などや友達とのかかわりを楽しむ	●信頼できる保育教諭（保育者）などのそばで好きな遊びを十分に楽しむ ●生活の流れが分かり、援助されながら安心感を持って落ち着いて過ごす
養護（生命の保持・情緒の安定）	●保育教諭（保育者）などに見守られ、密にかかわりを持つことで健康的に過ごす ●ゆったりとした雰囲気の中で、保育教諭（保育者）などや友達とかかわりを持ちながら安心して過ごす	●安全な環境の中で、ゆったりと遊びを楽しむことができる ●落ち着いた雰囲気の中で、保育教諭（保育者）などに気持ちを受け止められ、共感されることで安心して過ごす
教育（健康・人間関係・環境・言葉・表現）	●意欲的に食事をしたり、進んで布団に入って午睡したりする ●絵本を見て指差ししたり、声をあげたりして喜ぶ ●手遊びや歌に合わせてリズムを取り、喜んで体を動かす	●保育教諭（保育者）などや友達に興味・関心を持つ ●自分の欲求などを指差しや片言で伝えようとする ●好きな遊びを見つけ、玩具などに触れて楽しむ
★援助・配慮 ■環境構成	■慣れない環境の中での疲れを考慮し、視覚的な環境構成を工夫し、温かい雰囲気作りに努める ■室内外の遊具、玩具などは常に清潔にし、危険のないように事前に確認する ★個々の健康状態や発達状況を把握し、個々に合わせた対応をする ★一人一人の気持ちをしっかりと受け止め、丁寧なかかわりをし、信頼関係を築く	■戸外活動は、事前に安全確認をし、春の自然が味わえるような場所を確保する ■個々の発達に応じて、指先を使うような玩具などを準備する ★玩具の取り合いにならないよう、数量を十分に用意しておく ★園児から目を離さないように見守り、けがや事故のないようにする ★園児の遊びを見守りながら、必要に応じて援助したり、園児同士の仲立ちをしたりして、遊びの楽しさが味わえるようにする
教育・保育に対する自己評価	●絵本や手遊びなど、園児の興味を持った遊びを積極的に行ったことで、友達や保育教諭（保育者）とのかかわりが深まってきている	●活動を通して、保育教諭（保育者）への信頼も増し、徐々に生活リズムが整ってきているので継続していきたい

配慮すべき事項
- 探索活動が安全に十分できるように、環境を整備する
- 複数担任であり、保育教諭（保育者）が替わるため、園児の発達状況や対応の仕方については、特に情報を共有し、共通理解し伝達をしっかりと行う

子育ての支援（保護者支援）
- 新入園児は、個人面談でのやり取りを通して保護者との意思の疎通を図り、不安や疑問などを話しやすい信頼関係を大切にする
- 登園時や降園時、連絡帳などで、毎日の様子を伝え合い、園と家庭とのやり取りを通して保護者との共通理解を図る

月初めの園児の姿
- 健 食事では手づかみやスプーンを使い、自分で食べようとする
- 健 友達をまねしてトイレで排泄しようとしたり、着脱も自分でしようとする
- 人 保育教諭（保育者）などのそばで安心して好きな玩具を手に取ってみる
- 環 身の回りの様子を見て、探索行動をする姿が見られる
- 言 絵本や紙芝居に興味を持ち、読んでもらうことを喜ぶ
- 表 手遊びや歌に合わせて体を動かしたり、製作活動に興味を示したりする

3週	4週
●手遊びや歌に合わせてリズムをとったり、体を動かしたりすることを楽しむ ●喃語や指差しなどで自分の意思を伝えようとする	●戸外に出かけ、春の自然を感じながら、伸び伸びと体を動かす ●保育教諭（保育者）などや友達とのかかわりが深まり、一緒に活動することを楽しむ
●不安な時に温かく見守られ、欲求が満たされることで安心して生活することができる ●一人一人の様子を常に把握し、必要な対応をすることで遊びを十分に楽しめる	●発汗時には優しく声をかけられ、着替えをして快適に過ごす ●保育教諭（保育者）などに見守られ、室内外で体を動かし、心地よさを感じながら遊ぶことができる
●保育教諭（保育者）などの歌に合わせ、喜んで歌おうとする ●保育教諭（保育者）などや友達の名前を覚え、親近感を持つ ●自分の思いを身振りや言葉で伝えようとする	●戸外遊びを喜び、周囲に興味・関心を持ち、探索活動を楽しむ ●保育教諭（保育者）などの仲立ちにより、友達とのかかわりが深まる ●絵本やペープサートを指差しながら、見たり聞いたりして楽しむ ●自分の思いを保育教諭（保育者）などに言葉を使って伝えようとする
■落ち着いた雰囲気の中で遊べるよう、気温や湿度、照明の設定に配慮する ■一人一人の様子が把握できるように玩具などを配置し、保育教諭（保育者）などからの死角がないようにする ★園児たちが安心できるような表情で接し、一人一人の状況に応じた言葉がけをする ★言葉や身振りなどで、自分の思いが伝わるうれしさを知り、意欲的に伝えられるよう、応答的なかかわりを心がける	■室内にも壁面や窓飾りなどを通して、春が感じられるような環境設定をする（探索活動に支障がない範囲内で、興味が持てるような飾り付けをする） ★手洗い・うがいをやって見せ、興味を持って取り組むように働きかける ★園児の発見や気付きに共感し、応答的な言葉がけをする ★自分の思いがうまく伝えられずにいる時には、代弁したり、気持ちを受け入れたりして伝えようとする気持ちを損なわないように心がける
●安心して過ごせるように配慮したことで、園児たちの表情もより明るくなり、笑顔が増えてきている	●一人一人の様子を注意深く見守りながら、活動的に外に出て過ごすことができた。来月へとつなげていきたい

園の行事
- 始業式
- 入園式
- 安全教室
- 誕生会
- 避難訓練
- 内科健診・歯科検診

年間計画
4月 5月 6月 7月 8月 9月 10月 11月 12月 1月 2月 3月

4月の月間指導計画 ②

ねらい
- 少しずつ新しい環境にも慣れ、園での生活リズムに徐々に慣れていく
- 保育教諭（保育者）などに欲求を受け止めてもらい、安心して過ごせるようにする
- 春の自然に触れながら戸外遊びを楽しみ、心地よさを感じる

	1週	2週
週のねらい	●新しい環境や保育教諭（保育者）などに少しずつ慣れ、安心して過ごす ●保育教諭（保育者）などに見守られながら、好きな場所や遊びを見つけて機嫌よく過ごす	●信頼できる保育教諭（保育者）などのそばで、好きな遊びを見つけ、一緒に遊んだり、一人遊びを楽しんだりする ●生活の流れが分かり、援助されながら落ち着いて過ごす
養護（生命の保持・情緒の安定）	●特徴や癖、発達状況などを把握し、一人一人に合わせた対応をする ●ゆったりとした雰囲気の中で、保育教諭（保育者）などや友達と一緒に過ごす	●安全で落ち着いた環境の中で、ゆったりと遊びを楽しむことができる ●保育教諭（保育者）などに気持ちを受け止められ、共感してもらうことで安心して過ごす
教育（健康・人間関係・環境・言葉・表現）	●意欲的に食事をしたり、自ら布団に入ったりして、安心して入眠する ●絵本に関心を持ち、声をあげ、指差しをして喜ぶ ●手遊びや歌に合わせてリズムを取るなどして、喜んで体を動かす	●保育教諭（保育者）などや友達に興味・関心を持つ ●自分の要求、欲求を指差しや喃語、片言で伝えようとする ●好きな遊びを見つけ、玩具などに触れて楽しむ
★援助・配慮　■環境構成	■視覚的な環境構成を工夫することで、温かい雰囲気作りをする ■室内外の遊具、玩具などは常に清潔にし、危険のないようこまめに確認する ★一人一人の気持ちをしっかり受け止め、信頼関係を築く ★園児が、部屋の飾りから季節などを感じ、興味を持てるような声かけを行う	■戸外活動では、季節を味わえるような場所を確保し、事前に安全確認を行う ■発達に応じて、指先を使うような玩具などを準備する ★玩具の取り合いが起こらないよう、十分な数量を用意しておく ★園児の遊びを見守りながら、必要に応じて援助、仲立ちをしたり、一緒に遊んだりして楽しさが味わえるようにする
自己評価（教育・保育に対する）	●新しい環境、保育教諭（保育者）などへの戸惑いや不安を少しでも早く取り除くよう、前年度からの引き継ぎをしっかりと行い、一人一人とのかかわりを大切にしようと心がけた	●新しい生活にも少しずつ慣れてきて、一日の生活のリズムも整ってきている。なかには、まだ泣いている園児もいるので、引き続き一人一人に応じて見守っていきたい

配慮すべき事項
- 探索活動が十分にできるよう、安全に配慮し環境を整備する
- 保育教諭（保育者）などが替わるため、園児一人一人の発達状況や対応の仕方について情報を共有し、共通理解をしっかりと行う

子育ての支援（保護者支援）
- 園での様子と家庭での様子を伝え合うなどコミュニケーションを取り、信頼関係を築いていく
- 登降園時や連絡帳で園での様子を具体的に伝え合い、保護者の安心につながるようにしていくとともに、不安感、疑問点を聞き、対応して解消するように心がける

月初めの園児の姿
- 健 まだ食べこぼしも多いが、手づかみかスプーンを使い、自分で食べようとする
- 人 保育教諭（保育者）などのそばで、安心して好きな玩具を手に取り遊ぶ
- 環 身の回りの様子に興味津々で、探索行動をする姿が見られる
- 言 気に入った絵本や紙芝居を読んでもらうことを喜ぶ
- 表 音楽や手遊びに合わせて体を動かしたり、製作に興味を持つ

3週	4週
●手遊びをしたり、歌に合わせてリズムを取ったりして、体を動かすことを楽しむ ●指差しや喃語などで自分の意志や欲求を伝えようとする	●戸外に出かけ、春の自然の心地よさを感じながら、伸び伸びと体を動かす ●保育教諭（保育者）などや友達とのかかわりも深まり、一緒に活動することを楽しむ
●気持ちが不安定な時に温かく見守られ、欲求が満たされて安心して生活することができるようにする ●一人一人の様子を常に把握し、必要な対応をすることで遊びを十分に楽しむ	●戸外遊び後、十分に水分補給や休息を取り、発汗時には着替えをし快適に過ごす ●保育教諭（保育者）などに見守られ、室内外で体を動かし、心地よさを感じながら遊ぶことができる
●保育教諭（保育者）などの歌に合わせ、喜んで表現する ●保育教諭（保育者）などや友達の名前を覚え、親しみを持つ ●自分の思いを身振りや言葉で伝えようとする	●戸外に出ることを喜び、周囲に興味・関心を持ち、探索活動を楽しむ ●保育教諭（保育者）などの仲立ちにより、友達とのかかわりが広がり、さらに深まっていく ●自分の思いを保育教諭（保育者）などに言葉を使って伝えようとする
■落ち着いた雰囲気の中で遊べるよう、気温、湿度、照明などを設定する ■一人一人の様子を把握でき、保育教諭（保育者）などからの死角もないように部屋の設定を行い、遊びを見守ることができるようにする ★園児が安心できるような表情で接し、声かけをする ★言葉や身振りを楽しみ、自分の思いが伝わることをうれしく感じるような応答的なかかわりを心がける	■室内にも壁面や窓飾り、時には花なども飾り、春が感じられるような環境設定をする ■探索活動が存分にできるよう、興味が持てるものを設定し、危険な箇所がないか確認する ★園児の発見や気付きに共感し、応答的な言葉がけをする ★自分の思いがうまく伝えられなかった時は、気持ちを代弁して受け入れ、伝えようとする気持ちを損なわないように心がける
●保育教諭（保育者）などとのかかわりにより信頼関係ができ、笑顔で過ごす時間も増えてきた。今後も、安心して過ごせるよう、十分に遊べる環境を作っていきたい	●戸外遊びをすることで開放的な気分を味わうことができ、気分転換にもなった

園の行事
- 入園・進級式
- 親睦遠足
- 内科健診
- 身体測定
- 誕生会
- 避難訓練

4月の月間指導計画 ③

ねらい
- 新しい環境や生活の流れに慣れ、落ち着いて過ごす
- 保育教諭（保育者）と過ごすことで、欲求や要求を安心して表現する
- 春の自然に触れ、発見を楽しむ

	1週	2週
週のねらい	●新しい環境に慣れる ●好きな遊びを見つけ、保育教諭（保育者）と遊ぶ	●保育教諭（保育者）に甘えや欲求を受け止めてもらいながら、安心して過ごす ●好きな遊びをしながら、落ち着いて過ごす
養護（生命の保持・情緒の安定）	●生活リズムに合わせ、欲求や要求を満たしてもらいながら、快適に過ごせるようにする ●保育教諭（保育者）に優しく声をかけてもらうことで、安心して過ごせるようにする	●落ち着いた雰囲気の中で、保育教諭（保育者）や友達と過ごせるようにする ●特定の保育教諭（保育者）とのかかわりにより、安心感や心地よさを得られるようにする
教育（健康・人間関係・環境・言葉・表現）	●好きな遊びを見つけ、じっくりと遊ぶ ●保育教諭（保育者）と遊び、信頼関係を築く	●好む玩具を手に取り、じっくりと遊ぶ ●甘えや欲求を泣いたり喃語を発したりしながら、伝えようとする ●親しみのある曲を保育教諭（保育者）が口ずさむことで、気持ちが落ち着き、体を揺らしたり手を振ったりする
★援助・配慮　■環境構成	■ゆったりと過ごせる環境を設定する ■安心して過ごすことができるように、好む玩具を用意する ★無理なく生活リズムを身に付けられるように、個々のペースに合わせて援助する ★体調の変化に気を付け、様子を気にかけながら過ごす	■手指の発達を促すため、個々の発達に応じた玩具を用意する ■園児の目を見て、親しみを持って言葉がけをする ★園児の感情を代弁し、気持ちに共感することで、安心して過ごすことができるようにする ★玩具は十分な数を用意し、じっくりと遊びを楽しめるようにする
自己評価（教育・保育に対する）	●新しい環境での生活に戸惑い、泣いてしまう子もいた。優しく声をかけ、目を見てかかわったことで、徐々に落ち着いて過ごせていた	●それぞれ好きな玩具を見つけ、じっくりと遊んでいた。玩具の取り合いなども見られたので、十分な数の玩具を用意して、遊びを見守っていきたい

配慮すべき事項
- 園児の気持ちを受け止め、安心して過ごせるように寄り添う
- 新しい環境に慣れていけるように、ゆったりとかかわれる時間を設ける

子育ての支援（保護者支援）
- 入園、進級後の園児の様子を丁寧に伝え、安心して預けてもらえるようにする
- 保護者の思いや気持ちに寄り添いながら、保護者との信頼関係を築けるようにする

月初めの園児の姿

- 健 保育教諭（保育者）と安心しておむつ替えをしたり、トイレで排泄しようとする
- 人 保育教諭（保育者）と遊ぶことで、安心感を持つ
- 環 新しい保育室に慣れ、好きな遊びを見つけて遊ぶ
- 言 指差しや喃語、片言などで思いを伝えようとする
- 表 音に合わせ、体を揺らしたり踊ったりする

3週	4週
●少しずつ生活の流れが分かる ●戸外で遊び、心地よさを感じて過ごす ●保育教諭（保育者）に見守られる中で、友達に興味を持ち、かかわろうとする	●指差しや喃語などで思いを伝えようとする ●保育教諭（保育者）と、リズムに合わせて体を動かすことを楽しむ
●生活の流れが分かり、不安な時は保育教諭（保育者）に寄り添ってもらうことで、安心して生活できるようにする ●信頼できる保育教諭（保育者）に気持ちを受け止めてもらいながら、思いを自分なりに伝えられるようにする	●休息や水分補給の時間を設け、汗をかいたら着替えるなど、健康的に過ごせるようにする ●生活リズムが安定し、落ち着いて生活できるようにする
●友達に興味を示し、保育教諭（保育者）に仲立ちしてもらいながら、かかわりを持つ ●散歩に行き、自然に触れることを喜ぶ ●生活の流れが分かり、保育教諭（保育者）に促されながら、身の回りのことをやってみようとする	●友達の名前を覚え、親しみを持ってかかわる ●指差し、喃語、簡単な単語を使いながら、自分なりに思いや発見したことを伝えようとする ●リズムに合わせて体を揺らしたり、簡単な楽器に触れたりして、リズム遊びに興味を持つ
■春を感じる草花を知らせたり手渡ししたりすることで、自然に触れることができるようにする ■室温を確認し、衣服を調節するなど心地よく過ごせるようにする ★生活の中で、トイレでの排泄に興味を持つことができるように、声かけをしながら寄り添う ★戸外活動後は、休息や水分補給の時間を設け、健康管理をする	■戸外に出る時は、事前に安全点検を行う ■体を動かす活動の時は、十分な広さの環境を用意する ★動きが活発になってくるため、転倒や衝突などに注意しながら遊びを見守る ★こいのぼりを見ながら、こいのぼりの歌をうたったりして、親しみを持てるようにする
●健康管理には十分配慮したつもりだったが、体調を崩し、欠席する子が多かった。個々の体調管理に努め、休息や水分補給の時間も適度に設けるようにしていく	●園児たちの様子を見て、室内にも手作りの大きなこいのぼり製作を飾ったことで、興味をさらに引き出せ、歌も上手にうたえるようになっていた

園の行事
- 入園・進級式
- 個人面談
- 誕生会
- 身体測定
- 避難訓練

4月の月間指導計画 ④

ねらい
- 保育教諭（保育者）とのかかわりの中で少しずつ愛着関係が育まれ、安心して過ごす
- 保育教諭（保育者）にありのままの姿を受け止めてもらい、甘えることで安心できる経験を重ねる
- 園庭の散策や、散歩などを通して、春の心地よさを感じる

	1週	2週
週のねらい	●新しい保育室や担任（担当）保育教諭（保育者）に慣れる ●特定の保育教諭（保育者）と十分に触れ合い、愛着関係を育む	●落ち着いて過ごせる時間が増える ●特定の保育教諭（保育者）に見守られている安心感の中、好きな場所や気に入った玩具などに向かう
養護 （生命の保持・情緒の安定）	●園児の動線を考えながら清潔で安全な環境作りに努め、園生活を快適に過ごせるようにする ●落ち着いた環境の中、特定の保育教諭（保育者）が十分にかかわることで、安心して過ごせる時間が少しずつ増えるようにする	●健康な時の状態を十分に把握し、新しい生活の中でのちょっとした変化や不調の兆しにいち早く気付けるようにする ●十分にスキンシップを取りながら、園児一人一人のあるがままの姿や要求を受け止め、丁寧に気持ちに寄り添う
教育 （健康・人間関係・環境・言葉・表現）	●落ち着いた雰囲気の中、特定の保育教諭（保育者）の丁寧なかかわりの下、ゆったりと過ごす ●だっこやおんぶなど、体が密着することで安心する ●特定の保育教諭（保育者）がそばにいることで、落ち着いて食事をしたり、安心して入眠したりする ●自分の気持ちを喃語や指差し、泣くなどの表現で伝えようとする	●特定の保育教諭（保育者）の丁寧なかかわりの下、思いを受け止めてもらうことで安心して過ごす ●安全な環境の中で、保育教諭（保育者）と一緒に安心して遊ぶ ●保育教諭（保育者）や他児に興味・関心を持つ ●自分の要求や欲しい物、行きたいところなどを指差しや喃語、片言で伝えようとする
■環境構成 **★援助・配慮**	■昨年度よく遊んでいた玩具なども用意し、落ち着いた温かい雰囲気が感じられるような環境作りをする ■生活や遊びの場の点検、整備を行い、死角などの危険な場所のないよう、十分に留意する ■玩具は口に入れることもあるので清潔に保ち、園児が触れる場所とともに、こまめに消毒する ★一人一人の不安や甘えの気持ちを受け止め、愛着関係を丁寧に築く ★発達や生活の様子の個人差に配慮し、一人一人を丁寧に見ることで、個々に合ったかかわりをする ★愛着関係を構築するため、担当制も取り入れるが、園児の様子は保育教諭（保育者）間で共有する	■落ち着いた雰囲気作りをする ■自分で遊びを見つけたり、ゆったりと過ごしたりできるよう、空間作りを工夫する ■1週目の園児の様子を振り返り、気付いたことを保育教諭（保育者）間で伝え合い、保育環境の見直しや改善を図る ★個人差に配慮したグループに分かれて過ごす ★グループ別に過ごす中で、園児の様子をより丁寧に見ながら、日々の気付きや振り返り、報告や意見交換を行い、保育に生かす ★園児の姿を考慮し、グループのメンバーを入れ替えるようにする

配慮すべき事項
- 登園時の視診や健康チェック、手洗い、消毒など、感染症予防に努める
- 一人一人の生活の流れを把握し、無理なく過ごせるようリズムを整える
- 園生活で考えられる様々な状況を予想しながら、見通しを持ってデイリープログラムを立案する

子育ての支援（保護者支援）
- 登降園時のやり取りを大切にし、保護者が話をしやすい雰囲気を作る。入園や進級の不安を受け止め、信頼関係を築く
- 家庭との連携を密にすることで、「一緒に子育てをしていく」という思いが伝わるよう努める

月初めの園児の姿

- 健 手づかみ食べや食べこぼしも多いが、自ら進んで食べようとする
- 人 泣くこともあるが、保育教諭（保育者）のだっこに体を預けるようになる
- 環 新しい環境に落ち着かない様子もあるが、玩具に興味を持ち、自ら遊ぼうとする
- 言 絵本の読み聞かせに耳を傾けたり、語りかけに応えようとしたりする
- 表 自分なりの方法で思いや意思を伝えようとする

3週	4週
●愛着関係にある保育教諭（保育者）に自分の欲求や要求を、身振りや手振り、言葉で伝えようとする ●散策活動や探索活動が楽しくなり、保育教諭（保育者）の存在を確認しながら行動範囲が広がる	●保育教諭（保育者）が近くにいることを確認し、安心して過ごす ●保育教諭（保育者）と一緒に室内外で気に入った遊びを楽しむ
●「休息コーナー」を戸外にも作り、いつでも休息や水分補給ができるようにして、脱水症状や熱中症に十分に留意する ●特定の保育教諭（保育者）以外の担任との愛着関係も育っていくよう、遊びの中でかかわりを持つようにする	●必要であれば朝寝を取り入れるなどして、一人一人の様子に合わせた休息を保障し、機嫌よく元気に過ごせるようにする ●特定の保育教諭（保育者）との愛着関係を基盤に、他の担任や友達ともかかわって遊べるよう、触れ合う相手を増やしていく
●気持ちが不安定な時も、愛着関係にある保育教諭（保育者）が身近にいることで、安心感を持つ ●読み聞かせや手遊びなどを喜び、まねようとする ●担任や友達の顔が分かり、親しみを持つ ●自分の気持ちや思いを身振りや手振り、言葉で伝えようとする	●特定の保育教諭（保育者）以外の担任との愛着関係もでき始める ●園の生活の、食べる、眠る、遊ぶのリズムが整う ●保育教諭（保育者）の仲立ちによって、他児と一定時間一緒に遊ぶようになる ●保育教諭（保育者）との応答的なかかわりを喜ぶ ●見聞きした言葉をまねて楽しむ
■行動範囲が広がり、様々なことに興味を持ちはじめるので、生活や遊びの場の点検、整備を改めて行い、ヒヤリ・ハットの振り返りも生かして改善する ■十分に遊び込めるようにコーナーを作ったり、一人遊びが充実するように十分な数の玩具や遊具を用意したりする ★落ち着かなかったり泣いたりしている時は、グループにこだわらず、臨機応変に対応する ★身近な花や虫を見たり、日差しの心地よさを伝えたりなど、この時期ならではの春の自然に触れる時間を作る ★散歩に行く時は、事前の安全確認を十分に行う	■行動の広がりとともに、他児との玩具の取り合いや噛みつき、ひっかきのほかにも、様々な危険につながる行動が出てくるので、視野を広く持ち、園児の様子に十分に留意する ★月末にはクラスミーティングを行い、担当の園児の様子を丁寧に伝え合い、好きな玩具や場所、行動、発達段階などを担任間で共有する ★旧クラスの担任とも連携を取りながら、成長の中での変化なのか、進級による変化なのかを見極め、今後の保育に生かす ★家庭状況や健康状態などから総合的に捉え、個々に合わせた対応や援助ができるよう努める

年間計画 4月 5月 6月 7月 8月 9月 10月 11月 12月 1月 2月 3月

教育・保育に対する自己評価

●一人一人の園児の気持ちが安定するよう、グループ分けや一時的な担当制を取り入れることで、愛着関係を丁寧に育むことができた。振り返りやクラスミーティングの時間を取れなかったので、今後はきちんと計画し、こまめに行いたい

園の行事

- 入園進級式
- 慣らし保育
- お楽しみ会
- 尿検査
- 身体測定
- 避難訓練
- 誕生会
- 食育の日
- リズム運動

39

4月の月間指導計画 ⑤

ねらい
- 保育教諭（保育者）に親しみ、友達と楽しく遊ぶ
- 戸外で春の自然に触れ、心地よさを感じたり、興味を持ってかかわったりする

	1週	2週
週のねらい	●新しい環境に慣れる ●保育教諭（保育者）と触れ合い、愛着関係を築く	●保育教諭（保育者）や友達と春の自然に触れ、心地よさを感じる ●保育教諭（保育者）に気持ちを受け止めてもらいながら、安心して過ごす
養護（生命の保持・情緒の安定）	●子どもの思いをまるごと受け止め笑顔で接することで、安心して過ごせるようにする ●一人一人の生活リズムに合わせ、欲求や要求を満たしてもらいながら、快適に過ごせるようにする	●毎日の健康状態をよく把握し、小さな体調の変化にいち早く気付けるようにする ●十分にスキンシップを取りながら、一人一人の気持ちに丁寧に寄り添う
教育（健康・人間関係・環境・言葉・表現）	●落ち着いた環境の中で保育教諭（保育者）とかかわり、ゆったりと過ごす ●特定の保育教諭（保育者）がそばに付き、安心して食事や午睡をする ●だっこやおんぶをしてもらうことで安心感を持つ	●特定の保育教諭（保育者）に思いを受け止めてもらいながら安心感を持って過ごす ●気に入った玩具で遊んだり、気に入った絵本を保育教諭（保育者）に読んでもらったりして楽しむ ●戸外で季節の花や昆虫を発見し喜ぶ
環境構成 ★援助・配慮	■昨年度好んで遊んでいた玩具や好きな絵本などを用意し、安心して過ごせるようにする ■玩具は口に入れることもあるので、水洗いや消毒をするなどして清潔に保つ ★子どもの気持ちを十分に受け止め、安心感を持って過ごせるよう寄り添う ★新しい環境の中で少しずつ慣れていけるようゆとりのあるデイリープログラムで進める	■じっくりと好きな遊びができるよう、十分な数の玩具や遊具を用意しておく ■春ならではの草花や昆虫を知らせたり一緒に見たりすることで、自然に興味を持ったり触れたりできるようにする ★散歩に行く際は、一人一人の発達に合わせ、散歩車を使うのか徒歩で行くのか話し合い、歩行の発達を促せるようにする ★季節の草花や昆虫の存在を知らせたり一緒に見たりすることで、興味を持てるようにする

配慮すべき事項
- 家庭状況や健康状態を把握し子どもの様子を総合的に捉え、一人一人に合わせてかかわる
- 保育教諭（保育者）間で子どもの様子やアレルギー、家庭での離乳食の進み具合などの情報についてしっかりと共有する

子育ての支援（保護者支援）
- 保護者の思いや家庭での様子に耳を傾けるとともに園での様子を伝え、信頼関係を築けるようにする
- 新しい環境で疲れたり体調を崩したりしやすいので十分な休息や早期の受診の大切さを知らせていく

月初めの園児の姿

- 健 トイレで排泄できる園児がいるなど、個人差が見られる
- 人 保育教諭（保育者）が替わり、泣くこともあるが、だっこなどで落ち着く
- 環 新しい環境で落ち着かない様子もあるが、気に入った玩具で遊ぶ
- 言 喃語や指差し、片言で自分なりに思いを伝えようとする
- 表 音楽に合わせ、体を揺らしたり踊ったりする

3週	4週
●手指から様々な感触を感じて製作を楽しむ ●保育教諭（保育者）に見守られながら体を動かすことを楽しむ ●戸外で春の空気を感じながら遊ぶ	●保育教諭（保育者）に見守られながら行動範囲を広げ、探索活動を楽しむ ●保育教諭（保育者）と共に春の身近な自然にかかわり、興味を持つ
●愛着関係にある保育教諭（保育者）に気持ちを受け止めてもらいながら、自分の思いを表せるようにする ●保育教諭（保育者）と製作などの活動を共にすることで安心感を持って取り組めるようにする	●休息や水分補給の時間を取ったり、衣服が汚れたら着替えたりして、気持ちよさを感じられるようにする ●愛着関係にある保育教諭（保育者）とのかかわりを基盤に、他の保育教諭（保育者）や友達とのかかわりが広がるようにする
●保育教諭（保育者）と一緒にスタンプやのり付けなど、指先を使った製作を楽しむ ●サーキットや追いかけっこなどで保育教諭（保育者）と体を動かして楽しむ ●散歩や園庭を散策し、風車やこいのぼりが風で動く様子を眺め、春の空気を感じる	●新聞ビリビリ遊びを通し、紙をちぎることや、切れる時の音を楽しむ ●身近な草花を保育教諭（保育者）と一緒に摘んだり空き箱に入れて遊んだりして楽しむ ●友達の名前を覚え、友達のすることをまねたりして親しみを持ってかかわる
■製作では絵の具やのりを口に入れないよう見守りながら、自分なりに楽しめるよう、環境を整える ■慣れや行動範囲の広がりとともに、玩具の取り合いや、噛みつき、ひっかきなどの行動が出てくるので職員の配置に配慮したり、子どもの様子を見守ったりする ★戸外に行く際は事前の安全確認をしっかりと行う ★家庭での様子や状況、健康状態から子どもの様子を総合的に捉え、一人一人に合わせたかかわりができるようにする	■体を動かしたりする活動の時は伸び伸びとできるよう、十分な広さの環境を用意する ■一人遊びが存分にできるよう、玩具や用具の数を十分用意する ■身近な自然に興味を持てるよう、いろいろな特徴のある様々な春の草花を準備しておく ★トイレでの排泄に興味を持てるよう声をかけて寄り添い、着脱も援助しながら少しずつでも自分なりに「やってみよう」という気持ちが持てるようかかわっていく

教育・保育に対する自己評価

●新しい環境の中で、戸惑ったり泣いたりする園児が見られたので、不安な気持ちに寄り添い受け止め、優しく声をかけることで、次第に信頼関係を築くことができた。戸外遊びを多く取り入れることで、この季節ならではの心地よさを味わうことができた。草花を使ったお弁当作りは、どの子もそれぞれに草花を箱につめ、うれしそうな様子が見られた

園の行事
- 入園進級式
- 身体測定
- 避難訓練
- サーキット運動
- こどもの日の集い

年間計画
4月 5月 6月 7月 8月 9月 10月 11月 12月 1月 2月 3月

4月の月間指導計画 ⑥

ねらい
- 新しい環境や生活のリズムに少しずつ慣れ、安心して過ごす
- 戸外遊びを通して春の自然に触れる

	1週	2週
週のねらい	●新しい環境や保育教諭（保育者）に慣れ、安心して過ごす ●自分の思いや感情を表現する	●保育教諭（保育者）と一緒に好きな遊びを楽しみながら落ち着いて過ごす ●周りの環境や友達に興味を持ち、かかわろうとする
養護（生命の保持・情緒の安定）	●不安や甘えを十分に受け止め、信頼関係を深める中で少しずつ安定した生活が送れるようにする ●落ち着いた環境の中、特定の保育教諭（保育者）が十分にかかわる	●不安な気持ちを受け止めることで、新しい環境に慣れ、落ち着いて過ごせるようにする ●園児の気持ちを受け止め、共感することで好きな遊びを楽しめるようにする
教育（健康・人間関係・環境・言葉・表現）	●不安な気持ちや楽しい気持ちなどの感情を表現する ●保育教諭（保育者）に歌をうたってもらったり、だっこしてもらったりして、安心して過ごす	●身の回りの様々な物に触れて遊ぶ ●保育教諭（保育者）に少しずつ慣れ、不安や楽しい気持ちを喃語やしぐさで伝えようとする
■環境構成 ★援助・配慮	■布や手作りの物、季節の花などを飾り、温かみのある環境を作る ★特定の保育教諭（保育者）がかかわることで愛着を深め、園児が安心して過ごせるよう、ゆるやかな担任制を取り入れる（新入園児と継続児を分けるなどの配慮をする） ★一人一人の不安な気持ちに寄り添い、だっこしたり優しく声をかけたりしながら、安心して過ごせるようにする ★家庭と連携を取りながら、園児の発達状況を捉え、一人一人に合わせた対応をしていく	■園庭で遊ぶ際は、危険物がないか確認し、安心してゆったりと過ごせるようにする ■園児が興味のある玩具は十分な数を用意する ■園児が手に取りやすい場所に玩具を置き、保育教諭（保育者）がそばで見守ったり、一緒に遊んだりすることで、好きな遊びを見つけて落ち着いて遊べるようにする ★保育教諭（保育者）も一緒に体を動かして遊び、応答的にかかわることで、楽しい気持ちに共感する ★「待ってたよ」「また明日ね」など、園児が安心できるよう笑顔であいさつをする

配慮すべき事項
- 一人一人の生活の流れや排尿間隔を把握する
- 登園時に視診や検温などの健康チェックを行う
- 園児の既往歴や家庭環境などを把握し、職員同士で共通理解する

子育ての支援（保護者支援）
- 保護者の不安を受け止め、送迎時や連絡帳などで生活の流れや園児の様子を丁寧に伝える
- 参観日を通して園児の発達や園の取り組みなどを伝え、共に子育てしていく意識を高める

月初めの園児の姿

- 健 保育教諭（保育者）に不安を受け止めてもらい、安心して生活する
- 人 保育教諭（保育者）に親しみを持ってかかわろうとする
- 環 いろいろな玩具や遊具に触れ、興味を持って遊べるようになる
- 言 保育教諭（保育者）の語りかけに安心した表情をするようになる
- 表 手遊びや音楽のリズムに合わせて体を動かす

年間計画　4月　5月　6月　7月　8月　9月　10月　11月　12月　1月　2月　3月

3週	4週
●園に少しずつ慣れ、生活リズムが分かってくる ●保育教諭（保育者）と一緒に手遊びや踊りを楽しむ	●保育教諭（保育者）や友達と一緒に遊びを楽しむ ●戸外に出かけ、春の自然に興味を持つ
●顔色や機嫌などにも十分注意し、変化や要求に対応できるようにする ●園児の表情やしぐさを見ながら気持ちに寄り添い、安心した雰囲気の中で遊べるようにする	●外遊びのあとは、水分や休息を取り、健康的に過ごせるようにする ●保育教諭（保育者）の見守りの下、安心して散策できるようにする ●担任同士で園児の思いを共有し、様々な視点から園児を見ていく
●歌に合わせて体を揺らしたり、ペットボトルマラカスを鳴らしたりする ●好きな絵本をくり返し見たり、保育教諭（保育者）と簡単な言葉のやり取りをしたりして楽しむ	●虫や草花に触れ、発見したことや感じたことを保育教諭（保育者）に言葉を使って伝えようとする ●こいのぼりを見たり、スタンプ遊びや手形でこいのぼりを表現したりする
■園児が安心できるスペースを作り、落ち着けるようにする ■絵本は園児の手の届く場所に表紙が見えるように並べ、興味が持てるようにする ★だっこしたり、優しく体をさすったりしながら、安心して入眠できるようにする ★リズム遊びの時は、園児がまねやすいよう保育教諭（保育者）の動きを大きくしたり、ゆっくり話したりして楽しめるようにする ★園児の指差しや「これなあに？」に丁寧に応え、言葉の模倣を楽しめるようにする	■園外に出かける際は、危険な場所がないか、事前に確認しておく ■スタンプ遊びは、園児が思いを表現できるよう、広いスペースを確保し、いろいろな形のスタンプを用意しておく ★園児の表情や発見、思いなどを保育教諭（保育者）同士で共有し、発見を共感してもらう喜びを感じられるようにする ★園児の月齢や生活リズムに配慮しながら、少人数でゆったりと食事ができるようにする ★こいのぼりを見て歌を口ずさんだり、つぶやいたりするなどの園児の思いに共感する

教育・保育に対する自己評価

- ゆるやかな担任制の下、なるべく同じ保育教諭（保育者）がかかわって一対一でスキンシップを図るようにしたことで、自分から興味のある物にかかわったり、遊び出したりする姿が増えてきた。定例会などで園児の特徴を共通理解することで、園の職員全体で園児に声をかけるなどして、安心へつなげることができた

園の行事

- 入園・進級式
- 参観日
- クラス懇談会
- 消火避難通報訓練
- 身体測定
- 誕生会

43

5月の月間指導計画 ①

ねらい
- 戸外遊びを通して、春の自然を感じる
- 園生活のリズムに慣れ、安心して過ごす
- 保育教諭（保育者）などの援助を受けながら、食事・睡眠・排泄をしようとする

	1週	2週
週のねらい	●好きな遊びを見つけて、保育教諭（保育者）などと一緒に楽しむ ●保育教諭（保育者）などと一緒に体を動かすことを楽しむ	●戸外散歩に出かけ、春の自然を感じる ●生活のリズムを整えながら、園での生活に慣れる
養護（生命の保持・情緒の安定）	●清潔で安全な環境の中で意欲的に食事をしたり、ゆったりと午睡したりする ●不安な気持ちで登園してくる園児は、抱きしめたり、優しい声かけをされることで安心して園生活を送ることができる	●汚れたらその都度着替えをしてもらい、心地よさを感じる ●保育教諭（保育者）などとの十分な触れ合いの中で、安心して好きな遊びを十分に楽しむ
教育（健康・人間関係・環境・言葉・表現）	●散歩や体操などで伸び伸びと体を動かすことを喜ぶ ●友達のそばに近づいて、同じ遊びをしようとする ●保育教諭（保育者）などや友達と一緒に遊んでいた物を片付けようとする ●曲に合わせ、保育教諭（保育者）などと一緒に踊ることを楽しむ	●戸外に出かけ、春の風を受けながら伸び伸びと遊ぶ ●信頼できる保育教諭（保育者）などのそばで安心して好きな遊びを楽しむ ●戸外の草花や昆虫などの季節の生き物に興味を持つ ●季節の歌をうたったり、手遊びをしたりして楽しむ
★援助・配慮　■環境構成	■人数を考慮して、玩具などは必要な数を準備する ■園児が興味を持ったり、楽しんだりできるような曲や遊びを準備して、楽しめるようにする ★友達とのかかわりが難しい園児には、保育教諭（保育者）などが仲立ちして友達の存在を知らせたり、一緒に遊ぶ楽しさが味わえるような言葉がけをする ★まだ、園になじめずに不安のある園児には、優しく声かけしたり、だっこしたりしてスキンシップをしながら、安心して遊べるようにする	■戸外に出かける際には、事前に下見をするなどして、安全を確認したり、季節を感じられるような場所選びをする ■遊びに集中できるように玩具を十分に準備する ★着替えの際には、心地よさが感じられるような言葉がけをしながら、清潔だと気持ちがよいことを知らせる ★保育教諭（保育者）などが先に立ち、楽しく大きな声で歌い、園児たちがまねをして歌うように導く ★個々の生活のリズムを守りながら、無理のないように徐々に園生活のリズムが身に付くようにする
教育・保育に対する自己評価	●興味のある物にかかわろうとする時、安全に配慮したことでより安心して楽しむことができた	●生活リズムを崩さずに、園児たちが安心して生活できるように見守ることを心がけていきたい

配慮すべき事項
- 連休明け、入園当初の状態に戻ってしまう新入園児もいることが予想されるが、優しく受け止め、安心して過ごせるよう丁寧にかかわる
- 個々の発達段階に応じた対応を心がけ、園児の負担にならないような遊びや活動の展開を心がけていく

子育ての支援（保護者支援）
- 連休中の過ごし方について、健康や安全に十分気を付けて過ごすよう、クラスだよりなどに掲載する
- 温度調節のできるような服装を心がけてもらうよう連絡をする（着替え袋の確認をしてもらう）

前月末の園児の姿

- 健 様々な食品や調理形態に慣れ、積極的に一人で食べようとしている
- 健 友達をまねして、便器での排泄に興味を持ち、便座に座る
- 人 遊びを楽しみながら、近くにいる友達に興味を持って同じ遊びをしようとしている
- 環 園生活に徐々に慣れ、様々なことに興味を持ち、探索活動が盛んに行われている
- 言 くり返し読む絵本のストーリーが分かり、簡単な言葉をまねして話すことを楽しんでいる
- 表 手遊びをまねたり、保育教諭（保育者）などや友達と一緒に歌や体操を楽しむ

3週	4週
●絵本や紙芝居のやり取りの中で発語を楽しむ ●自分の好きな色を使って自由にかくことを楽しむ	●好きな曲に合わせて、保育教諭（保育者）などと一緒に体を動かす ●保育教諭（保育者）などが仲立ちして、友達とのやり取りを楽しむ
●その日の気候に応じて衣服の調節をしてもらい、快適に過ごす ●思いをしっかりと受け止められ、応答的な触れ合いを通して、自分の気持ちを安心して表すことができる	●保健的で安全な環境の中で快適に過ごす ●保育教諭（保育者）などに見守られながら、安定感を持って過ごす
●園庭で伸び伸びと体を動かして遊ぶ ●保育教諭（保育者）などに慣れ、親しみを持ってかかわろうとする ●戸外に出かけ、春の自然を見たり、触れたりして楽しむ ●絵本を見ながら、保育教諭（保育者）などのまねをして簡単な言葉を話そうとする	●食事に興味を持ち、食べることを喜ぶ ●担任の保育教諭（保育者）などとの応答的なかかわりを喜び、安心感を持つ ●保育教諭（保育者）などの言葉がけに応えたり、自分の気持ちを身振りや一語文などで伝えようとしたりする ●手遊びやペープサートを楽しむ
■かくことに興味を示さない園児には、他の遊びができるように、別の玩具のコーナーを用意する ■自由にかけるように大きめの紙を準備したり、好きな色のクレヨンを選べるようにしたりして、園児の好奇心や興味を引き出すようにする ★戸外に出かける際には、帽子をかぶり、水分をこまめに取るなどの配慮や、帰ったら、手洗い・うがいを十分にさせて感染予防に努める ★言葉のかけ合いやくり返しの言葉がある絵本を読み、自然に覚えて友達と一緒に話すことが楽しくなるようにする	■遊びを選べるように2つの遊びのコーナー作りをする ■十分に遊べるように場を確保し、玩具を配置する ★曲に合わせてリズムを取ったり、体を動かしたりできるよう、保育教諭（保育者）などが楽しそうに歌い、一緒にやりたいという意欲を育てられるようにする ★喃語を十分に受け止め応えたり、共感したりしてやり取りを一緒に楽しみながら発語を促す
●言葉がけしたことで、園児の意欲が高まり、遊びに集中できるようになった	●遊びの工夫をしたことで、園児たちが楽しく過ごすことができた

園の行事
- 身体測定
- 誕生会
- 総合安全教室
- 不審者対応訓練
- 参観日
- 避難訓練

45

5月の月間指導計画 ②

ねらい
- 保育教諭（保育者）などと一緒に好きな遊びを楽しみながら、安心して落ち着いて過ごす
- 戸外遊びを通して、春の自然に触れながら友達や保育教諭（保育者）などと一緒に遊ぶ
- 保育教諭（保育者）などの援助を受けながら、食事や排泄を自分でしようとする

	1週	2週
週のねらい	●長期連休明けの生活リズムを、もとの生活リズムに整えていく ●保育教諭（保育者）などと一緒に好きな遊びをすることを楽しむ	●生活リズムを整えながら、園での生活に慣れる ●晴れている日には戸外に出かけ、春の自然に触れることを楽しむ
養護（生命の保持・情緒の安定）	●保育教諭（保育者）との触れ合いを十分に取り、ゆったりと安心して過ごすことができるようにする ●長期連休明けは生活のリズムの安定を図る	●汗をかいたり、汚れた場合には着替えを行い、心地よさを感じる ●一人一人に応じて連休前の生活を取り戻せるように、気持ちを受け止めていく
教育（健康・人間関係・環境・言葉・表現）	●戸外に出て、保育教諭（保育者）などと一緒に体を動かすことを楽しむ ●曲に合わせ、保育教諭（保育者）などのまねをして手振りをしながら歌う	●片言や喃語で自分の思いを伝えようとする ●戸外で歩き回ったり、砂場や滑り台などで遊ぶことを楽しむ ●簡単な手遊びをまねしようとしたり、季節の歌をうたったりしながら楽しむ
★援助・配慮　■環境構成	■ゆったりとした時間や雰囲気を意識して作るようにする ■発達や興味に合った玩具や曲を用意し、じっくりと遊べる環境を整える ★友達とのかかわりが増えてくるので、保育教諭（保育者）などが仲介に入りながら、一緒に遊ぶ楽しさが味わえるようにする	■保育教諭（保育者）間で連携を取り、一人一人の遊んでいる場所を常に把握する ■集中して遊ぶことができるよう、様々な玩具を用意する ★自分なりに伝えようとする思いを受け止め、丁寧にかかわり伝わるうれしさを味わえるようにする ★一人一人の生活リズムを整えながら、園児たちに無理のないように徐々に園生活のリズムが身に付くようにする
教育・保育に対する自己評価	●連休明けは気持ちが不安定になる園児や活動中に眠くなる園児たちもいたが、一人一人に丁寧にかかわっていく中で少しずつ落ち着いて過ごすことができた	●体調を崩しがちな園児も見られたので、検温や衣服調節、水分補給をしっかりと行い、体調の変化にすぐに気付けるようにした

配慮すべき事項
- 長期連休明けで入園当初の状態に戻ってしまう新入園児もいるので、気持ちを受け止めながら安心して過ごすことができるようにかかわる
- 送迎の際に食欲や睡眠、体調など一人一人の健康状態を聞いて把握し、適切に対応できるようにする

子育ての支援（保護者支援）
- 長期連休中の過ごし方について、健康や安全面に十分に気を付けて過ごすようにクラスだよりなどで知らせる
- 季節の変わり目でもあるので、気温に応じた服装を心がけ、着替えを多めに用意してもらうよう連絡する

前月末の園児の姿

- 健 新しい生活の流れにも少しずつ慣れ、身の回りのことに関心を持つ
- 人 保育教諭（保育者）などに見守られ、安心して遊びを楽しむ
- 環 園生活に徐々に慣れ、いろいろな物に興味を持ち、探索活動を楽しむ姿がある
- 言 喃語や片言を保育教諭（保育者）などに受け止めてもらい、くり返し発音している
- 表 保育教諭（保育者）などと一緒に、簡単な手遊びをまねたりしながら楽しむ

3週	4週
●保育教諭（保育者）などや友達と一緒に遊んだり生活することを楽しむ ●いろいろな音楽に親しみながら、体を動かす楽しさを味わう	●保育教諭（保育者）などが仲立ちをし、友達と一緒にかかわってやり取りをしながら遊ぶことを楽しむ ●自分の要求を喃語や一語文で伝えられる喜びを味わう
●保育教諭（保育者）などの誘いでトイレに行き、オマルや便座に座る習慣を付けていく ●ゆったりとした雰囲気の中でスプーンを使い、自分で食べる楽しさを味わう	●外に出る手順を知り、自分で身支度をしようとし、トイレに行ったあとは自分でおむつやズボンをはけるように意欲を持つ ●保育教諭（保育者）などに見守られながら、安定感を持って過ごす
●園庭で伸び伸びと体を動かして遊んだり、保育教諭（保育者）などと一緒に手をつないで歩いたりすることを楽しむ ●保育教諭（保育者）などの簡単な動きをまねることを楽しみ、音楽に親しみを持つ ●クレヨンやペンを使ってかいたり、シールを貼ることを楽しむ	●生活の中で、簡単な言葉を保育教諭（保育者）などとのやり取りで楽しむ ●友達とかかわることの楽しさを味わう ●散歩などで自然に触れ、自然に興味を持つ
■トイレに恐怖心を抱かないように、できる限り明るい雰囲気を作り、意欲的に楽しんで排尿ができるようにする ■体を十分に動かせるよう、周りに危険な物がないか確認をする ★ズボンの着脱を意欲的にできるような言葉がけをする ★クレヨンやシールを使って遊ぶ際は、誤飲につながらないよう十分に注意をする	■興味を持った遊具に自分からかかわることができるように、いくつか玩具を用意する ■玩具を遊びやすいように配置し、活動に安心して入ることができるように導入を行う ★喃語や一語文をしっかりと受け止め、応答し共感しながらやり取りを楽しみ発語を促す ★自分でやろうとする気持ちを受け止めながら共感し、意欲を高めていく
●戸外に出る機会を設けたので、しっかりと体を動かして遊ぶことができた。また、室内でも音楽をかけ、体を動かして遊べるようにしたら、うれしそうにしていたのでよかった	●友達とのかかわりも増えてきた分、玩具の取り合いなどトラブルも多くなってきた。友達ともスムーズにかかわることができるように言葉がけを行っていきたい

園の行事

- 身体測定
- 誕生会
- 避難訓練
- 歯科検診

5月の月間指導計画 ③

ねらい
- 保育教諭（保育者）に見守られながら、伸び伸びと遊ぶ
- 戸外に出かけ、草花に興味を持ち、伝えたいことを自分なりの表現で伝えようとする
- 少しずつ園生活での決まりを知り、保育教諭（保育者）や友達と過ごす

	1週	2週
週のねらい	●連休で崩れたリズムを整える ●保育教諭（保育者）に見守られながら、安心して自分の好きな玩具でじっくりと遊ぶ	●春の自然に触れることを楽しむ ●戸外遊びの身支度を自分で整える ●友達とのかかわりが増え、一緒に遊ぶ楽しさを味わう
養護（生命の保持・情緒の安定）	●保育教諭（保育者）に見守られながら、無理なく生活リズムを取り戻せるようにする ●不安な気持ちを保育教諭（保育者）に受け止めてもらいながら、安心して生活できるようにする	●保育教諭（保育者）や友達とかかわることで、気持ちが落ち着くようにする ●汗をかいたら着替えをし、心地よさを感じながら過ごせるようにする
教育（健康・人間関係・環境・言葉・表現）	●気持ちを自分なりの方法で表現しようとする ●好みの玩具を手にし、満足するまで十分に楽しむ	●戸外に出て、保育教諭（保育者）と全身を使って伸び伸びと遊ぶ ●活動ごとの身支度があることを知り、やってみようとする ●友達に興味を示し、一緒に遊ぶ楽しさを味わって活動する
★援助・配慮 ■環境構成	■十分に満足することができるように、じっくり遊べる環境を設定したり、玩具の数を用意したりする ■リズム遊びをする時は、十分な広さの環境を用意する ★食事量を調整したり、睡眠時間を確保したりするなど、連休で崩れた生活リズムを無理なく戻せるように、個々の様子を把握し、援助する ★様々な活動を通して、楽しさを共有し、安心して登園できるようにする	■散歩先は、事前に安全点検や下見をする ■靴下のケースに個別のマークを貼り、自分で身支度しやすくする ★個々に合わせて、達成感を味わいながら身支度できるように援助する ★転倒、衝突などのけがに十分に気を付け、遊びを見守る
教育・保育に対する自己評価	●連休明けで気持ちが不安定になるなど、体調を崩す子がいた。個々の気持ちに寄り添い、保護者と密に連絡をとり合うことで、徐々に生活リズムを取り戻せてよかった	●先週に引き続き、体調を崩す子がいた。休息や水分補給の時間も設け、対応できた。今後も細かな体調の変化に留意し、見守っていきたい

配慮すべき事項
- 連休後は体調が変化し、気持ちが崩れやすくなる園児もいるため、個々の体調や気持ちの変化に寄り添い、丁寧に対応する
- 行動範囲が広がり、動きがダイナミックになってきているので、転倒や衝突などのけがや事故につながらないように見守る

子育ての支援（保護者支援）
- 気温の変化が激しくなってくるため、衣服の調節がしやすいように、薄手の服も用意してもらう
- 連休明けは体調を崩しやすいため、健康状態についてこまめに連絡をとり合う

前月末の園児の姿
- 健 戸外に出ることを喜び、全身を使って伸び伸びと遊ぶ
- 人 保育教諭（保育者）とかかわることで安心して過ごす
- 環 春の自然に興味を持ち、触れたりにおいを嗅いでみたりする
- 言 喃語や片言を受け止めてもらい、言葉を発することを楽しむ
- 表 歌をうたったり、リズムに合わせて踊ったりする

3週	4週
●活動や遊びの中で、順番があることを少しずつ知っていく ●花や虫に興味を持ち、見つけた喜びを保育教諭（保育者）などに言葉やしぐさで伝えようとする	●園生活での簡単な決まりを守りながら、友達と過ごすことを楽しむ ●自分の思いを言葉で伝えられる喜びを味わう ●様々な素材に触れ、自由に表現することを楽しむ
●保育教諭（保育者）に寄り添ってもらいながら、活動の順番を待てるように援助する ●保育教諭（保育者）に応答的なかかわりをしてもらいながら、自分の気持ちを自信を持って表現できるようにする	●保育教諭（保育者）に認めてもらうことで、活動への意欲が高まるようにする ●汗をかいたら着替えるなどして汗の始末をし、快適に過ごせるようにする
●春の自然に触れ、感触を楽しんだり、自然物に興味・関心を持ったりする ●発見したことを自分なりに言葉や喃語、指差しなどで伝えようとする	●保育教諭（保育者）に気持ちを受け止めてもらうことで、言葉で伝わる喜びを感じる ●友達が持っている玩具に興味を示す ●様々な素材に触れ、感触を楽しみながら製作に取り組む
■戸外に出る時は帽子をかぶり、天気によっては日陰で休息を取り入れる ■体を十分に動かして遊べるように、危険物がないかを事前に確認する ★歌をうたいながら、自然に順番を身に付けられるように促す ★発見や気付きに共感したり、言葉にして代弁してあげたりすることで、様々な物に対する興味・関心が広がるようにする	■玩具の貸し借りの仕方を、そばについて伝える ■言葉のやり取りを楽しめるように、伝えようとする気持ちを丁寧に受け止める ★発した言葉を受け止め、共感することで、言葉で話す楽しさを伝える ★園生活の簡単な約束事を丁寧に寄り添いながら伝えることで、楽しく生活できるようにする
●散歩をすることで、春の自然を五感で感じることができたが、まだ理解が難しい子もいるため、歌をうたうなどして、無理なく身に付けられるように工夫していく	●玩具の取り合いが多く見られたため、引き続き貸し借りの仕方や順番を覚えられるように寄り添い、伝えていった

園の行事
- こどもの日集会
- 親子遠足
- 誕生会
- 身体測定
- 避難訓練

年間計画　4月　**5月**　6月　7月　8月　9月　10月　11月　12月　1月　2月　3月

5月の月間指導計画 ④

ねらい
- 保育教諭（保育者）にありのままの欲求を受け止めてもらいながら、安心して一日を過ごせるようになり、愛着関係が深まる
- 遊びや生活の中から様々な経験を積み重ねていく
- 保育教諭（保育者）に見守られながら安心して探索活動を楽しみ、様々な物に対して興味や関心を持つ

	1週	2週
週のねらい	●連休明けは、保育教諭（保育者）と一緒にゆっくりと園での生活を思い出す ●特定の保育教諭（保育者）と十分に触れ合い、安心して過ごす	●園生活の雰囲気を思い出し、落ち着いて過ごす時間が増える ●特定の保育教諭（保育者）に見守られながら、安心して好きな場所、気に入った玩具などに向かう
養護（生命の保持・情緒の安定）	●必要であれば朝寝を取り入れるなどして、一人一人の様子に合わせた休息を保障し、そのあとの活動が安定することで機嫌よく元気に過ごせるようにする ●特定の保育教諭（保育者）との愛着関係を基盤に、一人一人の欲求や気持ちを受け止め、応答的にかかわり、安心して過ごせるようにする	●生活の中でのちょっとした変化や不調の兆しにいち早く気付くことができるようにする ●十分にスキンシップを取りながら、あるがままの姿や要求を受け止め、丁寧に気持ちに寄り添う ●水分補給や休息をこまめに取る
教育（健康・環境・人間関係・言葉・表現）	●落ち着いた雰囲気の中で、特定の保育教諭（保育者）の丁寧なかかわりにより、ゆったりと過ごす ●特定の保育教諭（保育者）がそばにいることで、落ち着いて食事をしたり、安心して入眠したりする ●快適で衛生的な環境の中で安心して過ごす ●自分の気持ちを喃語や指差しなどで伝えようとする	●保育教諭（保育者）に思いを受け止めてもらうことを喜ぶ ●保育教諭（保育者）や他児の姿に興味・関心を持ち、主体的にかかわろうとする ●自分の要求や欲求を喃語や指差し、片言で伝えようとするが、うまく伝わらずかんしゃくを起こすこともある
■環境構成 ★援助・配慮	■連休前に遊び込んでいた玩具を用意し、落ち着いた雰囲気が感じられるような環境作りをする ■生活や遊びの場の点検、整備を行い、死角などの危険な場所のないよう、十分に留意する ■玩具は口に入れることもあるので、園児が触れる場所とともに、こまめに消毒する ★一人一人の不安や甘えの気持ちを受け止め、丁寧にかかわる ★一人一人の様子を丁寧に見ることで、個々に合った対応や援助、かかわりができるようにする ★愛着関係を構築するため、担当制も取り入れるが、園児の様子は保育教諭（保育者）間で共有する	■落ち着いた雰囲気作りをする ■主体的に遊んだり、好きな遊びをじっくりと楽しんだりできるよう、環境を整える ■1週目の園児の様子を振り返り、気付いたことを保育教諭（保育者）間で伝え合い、保育環境の見直しや改善を図る ★グループ別の活動の中で、園児の様子をより丁寧に見ながら、振り返りを行い、気付きや成長の様子を報告し、保育に生かす ★園児の姿を考慮し、グループのメンバーを入れ替え、様々な視点や方向からかかわれるようにする

配慮すべき事項
- 登園時の視診や健康チェックを入念に行う。休み明けは特に留意する
- 手洗い、消毒など感染症予防に努める
- 連休明けで不安定になる園児の姿も予想されるので、一人一人の体調や様子に留意しながら、ゆったりと過ごせるようデイリープログラムを組む

子育ての支援（保護者支援）
- 連休明けの園児の姿に保護者も不安を感じやすいので、降園時に園児の一日の様子をより具体的に知らせ、安心感を持てるよう丁寧にかかわり、信頼関係の構築に努める
- 家庭でも簡単にできる遊びのアイデアを定期的に紹介し、園児の楽しむ姿を共有できるようにする

前月末の園児の姿

- 健 食べこぼしは多いが、スプーンやフォークを持って自分で食べようとする
- 人 保育教諭（保育者）との愛着関係が芽生え、食べる、眠る、遊ぶができるようになる
- 環 環境に慣れ、興味のある玩具で落ち着いて遊ぶ時間が増える
- 言 保育教諭（保育者）の語りかけに応じたり、応えたりしている
- 表 喃語や指差しなど、自分なりの方法で思いや意思を伝えようとする

3週	4週
●自分の欲求や要求を、身振りや手振り、言葉で伝えようとする ●散策活動や探索活動が楽しくなり、保育教諭（保育者）の存在を確認しながら行動範囲が広がる	●保育教諭（保育者）が近くにいることを確認し、安心して過ごす ●保育教諭（保育者）と一緒に室内外で気に入った遊びを楽しむ
●「休息コーナー」を見直し、いつでも休息や水分補給ができるよう、椅子や机を用意する ●特定の保育教諭（保育者）以外の担任との愛着関係も育つよう、遊びの中でかかわりを持つようにする	●園児一人一人の様子に合わせて休息を取り、機嫌よく元気に過ごせるようにする ●特定の保育教諭（保育者）との愛着関係を基盤に、他の保育教諭（保育者）や友達とのかかわりを広げていく
●愛着関係のある保育教諭（保育者）がそばにいることで、安心感を持つ ●読み聞かせや手遊びなどを喜び、口や手の動きなどをまねようとする ●担任や友達の顔が分かり、親しみを持つ ●自分の気持ちや思いを身振りや手振り、言葉で伝えようとする	●担任の保育教諭（保育者）との愛着関係が深まる ●連休明けの生活リズムの崩れが落ち着き、食べる、眠る、遊ぶといった園での生活リズムができる ●保育教諭（保育者）の仲立ちにより、他児と一緒に遊ぶことができるが、自我のぶつかりが見られる ●保育教諭（保育者）との応答的なかかわりを喜ぶ ●見聞きした言葉をまねて楽しむ
■ヒヤリ・ハットの振り返りを十分に生かし、環境の見直しを図る ■コーナー作りをする中で、一人遊びが充実するよう玩具や遊具は十分な数を用意する ★グループ分けにこだわらず、園児の姿に合わせて柔軟に対応する ★身近な花や虫を見る機会を作り、危険な物は言葉にして知らせ、十分に注意する ★散歩に行く人数やメンバー、行き先などに合わせて、散歩カーを使うか、歩いて行くかを事前に十分検討し、一人一人の発達に合った散歩が楽しめるようにする	■他児との玩具の取り合いや噛みつき、ひっかきなどのほか、様々な危険につながる行動が出てくるので、視野を広く持ち、園児の様子に十分に留意する ★月末にはクラスミーティングを行い、担当してきた園児の様子について丁寧に伝え合い、好きな玩具や場所、行動、発達段階などを担任間で共有する ★園児一人一人の様子を丁寧に捉え、個々に合わせた対応や援助ができるよう努める

年間計画
4月
5月
6月
7月
8月
9月
10月
11月
12月
1月
2月
3月

教育・保育に対する自己評価

●4月当初のゆったりとしたデイリープログラムで進めることで、連休明けも一人一人の安定した姿を見ることができた。気になる園児のトラブルは、言葉で伝えられないことで起きているので、保育教諭（保育者）間の動きを振り返り、足りない部分を共有し、個々の役割や動きを改善する

園の行事
- 母の日のプレゼント持ち帰り
- 身体測定
- 食育の日
- リズム運動

5月の月間指導計画 ⑤

ねらい
- 園生活やいろいろな保育教諭（保育者）に慣れ安心して過ごす
- 春の自然に触れながら散歩や戸外遊びを楽しむ

	1週	2週
週のねらい	●散歩や園庭遊びを通して聞こえてくる身近な音に興味を持ち、感覚を豊かにする	●園外保育やサーキット遊びで伸び伸びと体を動かす ●遊びの中で簡単な言葉のやり取りを楽しむ ●様々な素材に触れ、感触を楽しむ
養護（生命の保持・情緒の安定）	●不安な気持ちを保育教諭（保育者）が受け止め、安心して活動できるようにする ●保育教諭（保育者）が寄り添い、安心して午睡できるようにする	●自発的に活動を楽しめるよう見守る ●保育教諭（保育者）が寄り添い、内科健診、歯科検診を受ける ●トイレで排泄したりおむつ交換をしたりして気持ちよく過ごせるようにする
教育（健康・人間関係・環境・言葉・表現）	●様々な鳴き声や音に興味を持ちながら散歩をする ●遊具で体を動かして遊ぶ	●小麦粉粘土の感触を味わい楽しむ ●保育教諭（保育者）や友達と一緒に伸び伸びと園外保育を楽しむ
■環境構成　★援助・配慮	■室温や湿度を調節し、心地よい環境を作る ■気温差があるため、衣服の調節や汗をかいたら着替えるなどして、気持ちよく過ごせるようにする ★連休明けのため、園児の体調や生活リズムなどについて保護者と連絡をとり、把握する ★自分でしようとする姿を大切にしながら、着脱や排泄の仕方を丁寧に伝えていく	■いろいろなサーキット用具を組み合わせて十分に体を動かすことができるようにする ■園外保育では、安全に配慮しつつ、伸び伸びと活動を楽しめるよう園児の動線を考える ★小麦粉粘土遊びや弁当作りでは、「ちょうだい」「ありがとう」などのやり取りができるよう援助、支援をしていく ★戸外活動では、保育教諭（保育者）も一緒に探索をしたり、広い空間で体を伸び伸びと動かしたりして楽しさを共有する

配慮すべき事項
- 連休明けの園児の体調などを保護者に確認し、職員間で共有して園児とかかわるようにする
- 久しぶりの登園で不安がる園児には、不安な気持ちに寄り添い、安心して過ごせるようにする

子育ての支援（保護者支援）
- 動きやすい衣服や気温の変化に対応できる衣服を分かりやすく知らせ、用意してもらう
- 送迎時の会話や連絡ノートでのやり取りを大切にし、安心感を持ってもらえるようにする

前月末の園児の姿
- 健 戸外活動やサーキット遊びを喜び、伸び伸びと体を動かしている
- 人 新しい保育教諭（保育者）や友達に慣れ、安心してかかわっている
- 環 日射しの暖かさや心地よさを感じながら春の自然に興味を持つ
- 言 友達や保育教諭（保育者）と簡単な言葉でのやり取りを喜ぶ
- 表 様々な素材に触れ、製作や活動を楽しんでいる

3週	4週
●太陽の光を浴び、まぶしさや戸外での暖かさを感じる ●戸外に出て外のにおいや風を感じ心地よさを味わう	●ザクザクしたパン粉、しっとりとしたパン粉粘土、サラサラとした砂の感触を体感する ●育てる野菜の名前を知り、関心を持つ
●ゆったりとした雰囲気の中で自分から進んで食べられるよう援助する ●園児の思いを保育教諭（保育者）が言葉にしながら共感し、しぐさや言葉で表現し伝えられるようにする	●園児一人一人の気持ちや関心のあるものを理解するとともに声をかけたりスキンシップを取ったりして安心感が持てるようにする ●疲れが出やすい時期なので一人一人の健康状態を把握し、健康に過ごせるようにする
●エアパッキンやスポンジを用いて製作をする ●光やにおいに興味、関心を持ちながら散歩や活動を楽しむ	●パン粉や砂、水、新聞などの感触を感じながら活動を楽しむ ●トマトの苗や育ちに興味を持ち、苗植えや水やりをする
■散歩では、ルートの確認を行い、目的を体験できるよう把握しておく ★食事中の楽しい雰囲気を大切にしながら、スプーンの持ち方やすくい方を手を添えて知らせる ★スタンプ遊びの前にエアパッキンやスポンジの感触を楽しむことで、より興味を持って製作できるようにする ★太陽を直接見たり、光を長時間見たりしないように配慮する	■戸外遊びの前には、危険な箇所はないか確認し、事故やけががないようにする ■パン粉を煎り、感触だけでなく香りも存分に体験できるようにする ★水やりを存分に経験できるよう、じょうろやカップなどの道具は十分に用意する ★一人一人の言葉やしぐさに丁寧に対応し、相手に伝わるうれしさを感じられるようにする

年間計画

4月
5月
6月
7月
8月
9月
10月
11月
12月
1月
2月
3月

教育・保育に対する自己評価

●連休明けは気持ちが不安定になったり、疲れから活動中に眠くなる姿が見られたが、園児一人一人に丁寧にかかわったことで安心し、気持ちよく過ごすことができた。感触、感覚遊びでは、様々な感触を体験し、五感を通して存分に楽しむことができた。一人一人の感動や気付きを受け止め、共感したり言葉で伝えたりしたことで、楽しさを広げることができた

園の行事
- 歯科検診
- 内科健診
- 身体測定
- 園外保育
- 保育参観
- 避難訓練
- 親子遠足

53

5月の月間指導計画 ⑥

ねらい
- 保育教諭（保育者）と十分に触れ合いながら、安心して好きな遊びを楽しむ
- 生活の流れを知り、見通しを持って生活する

	1週	2週
週のねらい	●連休明けは、園での生活リズムを整え、保育教諭（保育者）に見守られながら、安心してゆったりと過ごす ●春の自然に触れることを楽しむ	●全身を動かしながら遊ぶことを楽しむ ●保育教諭（保育者）と触れ合いながら、安心して過ごす
養護（生命の保持・情緒の安定）	●園児の不安な気持ちを受け止めながら、安心して生活できるようにする ●休み中の過ごし方や連休明けの体調の変化に留意する ●十分触れ合いながら、園児の気持ちに寄り添う	●汗をかいたら着替えることで、心地よさを感じられるようにする ●自分の思いを受け止めてもらうことで安心して過ごす ●水分をこまめに取れるようにする
教育（健康・人間関係・環境・言葉・表現）	●春の草花や虫に触れたり、探索活動をしたりして楽しむ ●自分の好きな玩具や遊具で遊ぶことを楽しむ	●保育教諭（保育者）と一緒に戸外で全身を動かして、伸び伸びと遊ぶ ●音楽に合わせて十分に体を動かして遊ぶ
環境構成 ★援助・配慮	■保育室をパーテーションで仕切るなどして、落ち着ける場所を作る ■好きな遊びを十分に楽しめるよう、一人一人の発達に合った玩具を用意しておく ■春野菜を一緒に植えることで、食材に興味が持てるようにする ★生活リズムを無理なく戻せるよう、一人一人の様子を把握し、応答的にかかわる ★園児の発見やつぶやきに耳を傾け、一緒に楽しめるようにする ★場所を移動する時など、腕を引っぱったりせず、優しく声をかけながら手をつなぐ	■園庭では、シートで日陰を作ったり、水筒を入れたかごを用意したりして、いつでも休憩や水分補給ができるようにする ■室内でも全身を使って遊べるよう、広い場所を確保し、園児の好きな曲を用意する ■目的を持って何度も園庭の斜面や築山の登り下りが楽しめるよう遊びを設定し、安全に遊べるよう見守る ★着替えたら「気持ちいいね」などと声をかけ、心地よさを言葉にして伝える ★保育教諭（保育者）も一緒に体を動かして楽しさに共感し、意欲につなげる

配慮すべき事項
- 連休明けで不安定になる園児もいるので、家庭と連携し、個々の気持ちを受け止め応答的にかかわる
- 水分補給や着替えによる体温調節のほか、十分な休息を取り、健康的に過ごせるようにする

子育ての支援（保護者支援）
- 園でしている手遊びや季節の歌などを、園児の様子と共におたよりなどで伝え、共有する
- 園の発達の見通しを伝え、不安を感じている保護者には、個別に対応していく

前月末の園児の姿

- 健 こぼしながらも自分で食べようとする。戸外遊びを楽しむ
- 人 保育教諭（保育者）と信頼関係ができはじめ、安心して自分から遊ぶ
- 環 身の回りのことやおもしろそうだと思ったことにかかわろうとする
- 言 思いを言葉やしぐさで伝えようとする。好きな絵本を楽しむ
- 表 様々な方法で自分の思いを表現しようとする

3週	4週
●園での生活の流れを知り、少しずつ見通しを持って活動できるようになる ●保育教諭（保育者）や友達と一緒に好きな遊びを楽しむ	●様々な素材に触れ、自由に表現遊びを楽しむ ●生活の流れが分かり、落ち着いて過ごす
●食事やトイレ、靴箱の場所が分かり、自分から進んで行こうとする姿を見守る ●好きな遊びを十分に楽しめるよう見守る	●食事の介助や排泄などは、同じ手順で丁寧に声をかけながら行う ●保育教諭（保育者）の見守りの下、自由に表現できる場を整えることで開放感を味わえるようにし、情緒の安定を図る
●友達と同じ空間で過ごすことを喜び、身振りや片言で気持ちを伝えようとする ●絵本の中の簡単な言葉に興味を持つ ●好きな玩具をくり返し楽しむことで、玩具の使い方や遊び方を知る	●様々な素材に触れ、感触を楽しんだり手指を使ったりして遊ぶ ●色や形に興味を持つ
■帽子入れやかごなどに園児の写真を貼り、自分の場所が見て分かるよう可視化する ■園児の興味・関心のある玩具を準備する ★食事介助やおむつ替えは、一人一人のリズムに合わせて同じ保育教諭（保育者）が行い、安定して過ごせるようにする ★保育教諭（保育者）が仲立ちしながら、友達の存在に気付けるようにかかわる ★絵本を見る際は、園児の言葉に丁寧に応え、やり取りを楽しめるようにする ★園児の行動や気持ちを言葉にすることで、言葉で伝わる喜びが感じられるようにする	■いろいろな素材や用具を用意し、手指を使った様々な遊びができるコーナーを作る ■魚や花の形に切ったセロハンを窓に貼り、様々な色や形を楽しめるようにする ★「ボタン外そうね」「気持ちがいいね」など、これからすることや園児の思いを言葉にすることで発語を促し、また、見通しが持てるようにする ★自分で工夫したり試したりできるよう、保育教諭（保育者）も一緒に楽しみ、遊びを広げる

教育・保育に対する自己評価

●築山登りでは、保育教諭（保育者）がそばで見守り、一緒に登り下りをくり返すことで、バランスを取りながら一人でも登れるようになった。体の使い方が上手になってきたが、転倒や衝突も増えてきたので注意したい。食事やおむつ替えなど、保育教諭（保育者）が誘いかけたり、友達がしているのを見たりすることで、自分から進んでしようとする姿が見られた

園の行事
- 園外保育
- 母の日
- 太々祭（地域の祭り）
- 誕生会
- 消火避難通報訓練
- 身体測定

年間計画 / 4月 / 5月 / 6月 / 7月 / 8月 / 9月 / 10月 / 11月 / 12月 / 1月 / 2月 / 3月

6月の月間指導計画 ①

ねらい
- 梅雨期を室内、戸外で健康的に過ごし、好きな遊びを十分に楽しむ
- 身の回りのことを保育教諭（保育者）などと一緒にやってみようとする
- 運動遊びや遊戯に関心を持ち、体を動かすことを楽しむ

	1週	2週
週のねらい	●保育教諭（保育者）などや友達の模倣をしながら楽しく活動に参加する ●梅雨期ならではの絵本を見たり、歌を聴いたりしながら楽しく過ごす	●運動会の活動に喜んで参加し、伸び伸びと体を動かすことを楽しむ ●公園に散歩に行き、身近な草花を見たり、触れたりすることを楽しむ
養護（生命の保持・情緒の安定）	●梅雨期を快適に過ごせるようにする ●園児の声や表情を見逃さず、気持ちを受け止め適切に対応することで安心して過ごせるようにする	●手洗いやうがいを通して、風邪や感染症などの予防に努め、健康的に過ごす ●保育教諭（保育者）などとの応答的な触れ合いの中で安心感を持ち、探索活動を楽しむことができる
教育（健康・人間関係・環境・言葉・表現）	●楽しい雰囲気の中で、スプーンやフォークを使って喜んで食事をする ●お気に入りの玩具を保育教諭（保育者）などの所へ持っていき、渡したり、もらったりすることを楽しむ ●散歩に出かけ、水たまりを見たり、身近な草花に触れながら、梅雨期に親しむことを喜ぶ ●友達の名前を覚えて呼んでみる ●ブロックをつなげて遊ぶことを楽しむ	●汗をかいたら、タオルで拭いたり、着替えをしたりして清潔にすると心地よいことを知る ●園内外の散策を通して、壁飾りや窓の飾り、窓から見る景色の中で梅雨期の季節を感じる ●保育教諭（保育者）などや友達と片言の言葉を交わしながら、かかわることを楽しむ ●ままごとをしながら友達や保育教諭（保育者）などの模倣をしたり、やり取りを楽しむ
★援助・■環境構成・配慮	■好きな遊びを選べるよう、コーナー遊びの設定をする ■取り合いにならないよう、玩具は十分に用意する ★雨が降っている時の音を園児たちと確かめたり、カエルの模倣を促したりして、楽しい雰囲気で散歩へ行けるようにする ★玩具の取り合いで、噛みつきや押す行為が見られる前に、保育教諭（保育者）などが止められるよう、しっかりと全体を見る	■散歩コースは、事前に安全を確認しておく ■探索活動時に危険のないような環境を整えておき、十分に動き回れるスペースの確保を心がける ★模倣が見られたり、指差しや言葉が聞こえたらその意欲を認め、次への期待につながるよう、たくさんほめる ★受け渡しながら、「ありがとう」や「はい、どうぞ」などの言葉のやり取りが楽しめるよう、遊びを展開していく
自己評価（教育・保育に対する）	●雨の日の活動に意欲的ではない園児には、声かけやかかわりを工夫することで、意欲を持つ姿が見られた	●園児の様子に応じて活動を展開することができた

配慮すべき事項
- 運動会に向けての活動では、無理のないように、一人一人の気持ちに寄り添いながらも楽しく体を動かせるように導く
- この時期ならではの植物や小動物に興味・関心が持てるようにしながら、戸外散歩を安全に楽しめるような環境を確保する

子育ての支援（保護者支援）
- 季節の変わり目で体調を崩しやすい時期でもあるため、家庭との連絡を密にし、家庭でも衛生面に気を付けてもらい、健康に過ごせるようにする
- 衣服の調節ができるよう準備してもらう

前月末の園児の姿	
健	食べたことのない食材などにも興味を示し、自分で食べようとしている
人	保育教諭（保育者）などや友達とのやり取りが楽しめるようになってきた
環	散歩で見つけた物に興味を示す
言	かかわりを持つことが多い友達の名前を覚え、呼んでいる
表	手遊びを多数覚え、遊びの中でも友達や保育教諭（保育者）などと一緒に楽しんでいる

3週	4週
●運動会の遊戯曲に親しみ、保育教諭（保育者）などと一緒に体を動かすことを楽しむ ●新聞紙を破く感触や音を聞いて楽しむ	●保育教諭（保育者）や友達とのやり取りを楽しむ ●雨の合間の散歩を楽しむ
●過ごしやすい気温や湿度の中で、心地よく過ごす ●一人一人の気持ちを受け止め、共感することで自分でやってみようとする気持ちが芽生える	●室内の気温や湿度が快適に保たれ、ゆったりと過ごす ●安心した環境の中で、様々な活動に意欲的に参加しようとする
●行事参加に向けて、期待感を持ち、活動を楽しむ ●保育教諭（保育者）などや友達と一緒に、同じダンスをすることを喜ぶ ●散歩に出かけ、水たまりを見たり、身近な草花に触れながら、梅雨期に親しむことを喜ぶ ●ホールでボール遊びやフープ遊びを通して、走ったり、ボールを投げたりし、体を十分に動かして楽しむ	●散歩に行くことを喜び、自ら帽子をかぶろうとする ●自分の欲求を指差したり、一語文で表現したりして、保育教諭（保育者）などに気持ちが伝わることを喜ぶ ●自分の気に入った遊びや場所を見つけ、じっくり遊ぶ ●アジサイ製作では、素材の感触を楽しみながら、スタンプを押すことを喜ぶ
■スポンジでスタンプを作り、園児たちが押す感触を楽しめるような物を用意する ■フープをくぐったり、ボールをフープの中に入れたりすることを楽しめるよう、園児たちの使いやすいサイズを用意する ★園児が興味を示してくれるような言葉をかけ、運動遊びの際には転倒防止に努める ★体を動かしたあとは、手洗い・うがいを援助し、水分補給を行う	■玩具に十分にかかわることができるように用意し、保育教諭（保育者）などの目が行き届くように設置する ■製作に必要なスタンプやスタンプ台は、自分で選べるように数種類用意する ★製作が苦手な園児には無理強いせず、気分転換しながら、本人の気持ちを尊重しながら行う ★園児たちが伸び伸びと体を動かせるよう、保育教諭（保育者）などが元気に踊る
●遊びの中で園児の気持ちに寄り添ったことで、言葉を使って伝える姿が見られた	●保育教諭（保育者）などの声かけや動作で、意欲的に活動できるようになってきている

園の行事
● 身体測定
● 誕生会
● 安全教室
● 総合避難訓練

6月の月間指導計画 ②

ねらい
- 梅雨期を室内、戸外で健康安全に過ごす
- 身の回りのことに関心を持ち、保育教諭（保育者）などと一緒にやってみようとする
- 保育教諭（保育者）などが見守る中で、好きな遊びを十分に楽しむ

	1週	2週
週のねらい	●散歩や戸外遊びで、身近な草花を見たり触れたりすることを楽しむ ●保育教諭（保育者）などや友達とかかわりながら、遊びを十分に楽しむ	●父の日に向けて、プレゼント作りに取り組む ●梅雨期ならではの絵本を見たり、歌をうたったりしながら楽しく過ごす
養護（生命の保持・情緒の安定）	●保育教諭（保育者）などとの応答的な触れ合いの中で安心感を持ち、探索活動を楽しむことができる ●保育教諭（保育者）などや友達と一緒に、楽しく過ごせるようにする	●室内の気温や湿度が快適に保たれ、心地よい環境の中で製作に取り組む ●園児の声や表情を見逃さず、気持ちを受け止めて対応することで安心して過ごせるようにする
教育（健康・人間関係・環境・言葉・表現）	●戸外で遊べることを喜び、自分で靴を履いたり帽子をかぶろうとしたりする ●自分の気に入った場所や遊びを見つけ、じっくり遊ぶ ●ブロックや積み木を重ねたりつなげたりして遊ぶことを楽しむ	●クレヨンやシール貼りなど、いろいろな素材に触れたり指先を使って製作を楽しむ ●曲に合わせて歌ったり、保育教諭（保育者）などのまねをしたりしながら一緒に踊る ●絵本に出てくる言葉のリズムやくり返しをまねして楽しむ
★援助・配慮　■環境構成	■戸外に出る時は、必ず帽子をかぶり、天気によっては日陰での休息を取り入れる ■探索活動で十分に動き回れるスペースの確保を心がけ、危険のないように環境を整える ★自分でしてみようという姿に励ましの言葉をかけ、より意欲的になれるようにする ★園児が安心して遊ぶことができるよう、保育教諭（保育者）なども遊びに加わる	■様々な素材で、ダイナミックに製作に取り組めるように準備する ■取り合いにならないよう、玩具や絵本などは十分に用意する ★製作が苦手な園児には無理強いせず、気分転換したりしながら本人の気持ちを尊重して行う ★歌うことの楽しさを十分味わえるように、動作を加え、共有し合えるようにする
自己評価（教育・保育に対する）	●保育教諭（保育者）などが遊びを十分に楽しむ中で、園児の遊びへの興味・関心が広がってきた	●活動に意欲的ではない園児にはこまめに声をかけたことで、一緒に遊ぼうとする姿が見られた

配慮すべき事項
- 戸外へ出て遊べる機会が少なくなるため、室内で体を動かして遊び、気持ちが発散できるよう安全な環境を整える
- この時期ならではの植物などに興味・関心が持てるようにしながら、散歩を安全に楽しめるような環境を保護する

子育ての支援（保護者支援）
- 梅雨期は、気温や湿度により食欲にもムラが出やすく、体調を崩しやすいため、家庭でも衛生面に気を付けてもらい、健康に過ごせるよう家庭との連絡を密に取る
- 衣服の調節ができるよう準備してもらう

前月末の園児の姿
- 健 遊びの中で体を動かすことを楽しむようになっている
- 人 友達や保育教諭（保育者）などとのやり取りが楽しめるようになってきた
- 環 天気のよい日は、戸外で伸び伸びと遊ぶ
- 言 話す言葉も増え、少しずつ思いを伝えられるようになってきている
- 表 歌や音楽に合わせて、体を動かすことを喜んでいる

3週	4週
●身の回りのことに興味を持ち、自分でもやってみようと取り組む ●新聞紙を破く感触や音を楽しむ	●いろいろな素材に触れ、七夕製作を楽しむ ●雨の合間の散歩や戸外遊びを楽しむ
●食後、自分で口や手を拭き、清潔にする気持ちよさを味わえるようにしていく ●安心した環境の中で、様々な活動に意欲的に参加しようとする	●園児のやってみたいという思いを引き出し、楽しく参加できるようにする ●一人一人の遊びの様子を見守り、事故やけがのないようにする
●保育教諭（保育者）などに手伝ってもらいながら、おしぼりで自分の口や手を拭く ●靴を履いてみようとしたり、身の回りのことに取り組んでみたりする意欲が増す ●園児が遊んでみたくなるように、思いを引き出し、楽しく参加できるようにする	●絵の具の感触を楽しみながら手形を取ったり、シールを貼ったりするなど、保育教諭（保育者）などと一緒に七夕製作を楽しむ ●水たまりを見たり、草花に触れたりしながら梅雨期ならではの自然に親しむことを喜ぶ ●走ったりボールを投げたりして、体を十分に動かして遊ぶ
■危険のない生活用品を準備し、触れられるようにする ■新聞紙で思いきり楽しめるよう、スペースを確保しておく ★身の回りのことに関して、さりげなく援助をしたり言葉をかけたりする。自らの発見から、行動へと導けるよう促す ★新聞紙を靴に入れてしまわないよう、注意して見守りながら、園児の発想や遊び方を受け入れ、一緒に楽しむ	■製作に必要な折り紙や画用紙などは、自分で選べるように数種類用意する ■散歩コースは、事前に安全を確認しておく ★園児たちが製作をしてみたくなるように、保育教諭（保育者）なども一緒に楽しみながら雰囲気を盛り上げる ★雨が降っている音を聴いたり、カエルの模倣を促したりして、楽しい雰囲気で散歩に出かける
●自分でやってみたいという気持ちをくみ取り、さりげない支援をすることで、一人でできた喜びを一緒に味わえた。今後も、一人一人への対応を大切にしていきたい	●自然にも目が向くようなかかわりを意識したことで、園児の驚きや発見を見逃さず共感でき、さらに興味が広がった

園の行事
- 避難訓練
- 歯科検診
- 身体測定
- 誕生会

6月の月間指導計画 ③

ねらい
- 梅雨期ならではの自然や素材に触れて楽しむ
- 友達と全身を使った運動遊びやリズム遊びに、喜んで取り組む
- 身の回りのことに興味を持ち、やってみようとする

	1週	2週
週のねらい	●保育教諭（保育者）や友達とかかわりながら、遊びを十分に楽しむ ●全身を使って伸び伸びと遊ぶ	●梅雨期ならではの遊びをしたり、絵本を見たりして季節を感じて過ごす ●保育教諭（保育者）や友達と、歌ったり踊ったりして表現することを楽しむ
養護（生命の保持・情緒の安定）	●伸び伸びと体を動かし、汗をかきながら健康的に過ごせるようにする ●保育教諭（保育者）に仲立ちをしてもらいながら、友達と一緒に楽しく過ごせるようにする	●感染症予防のため、手洗いをしたり休息の時間を設けたりしながら、健康的に過ごせるよう援助する ●友達や保育教諭（保育者）とのやり取りを通して、かかわりを喜べるようにする
教育（健康・人間関係・環境・言葉・表現）	●生活に必要な言葉が分かり、保育教諭（保育者）のまねをして話そうとする ●戸外で遊べることを喜び、走ったりジャンプしたりして、全身を動かしながら遊ぶ	●散歩に出かけ、水たまりや草花に触れることを喜ぶ ●友達の名前を呼び、親しみを持ってかかわる ●汗をかいたら着替えをしたり、水分補給をしたりしながら、心地よさを感じて過ごす
★援助・配慮　■環境構成	■園児の好きな遊びを把握し、じっくり遊びを楽しむことができる環境に整える ■伸び伸びと体を動かせるように、広々とした環境を設定する ★保育教諭（保育者）が仲立ちしながら、友達とのかかわりを楽しめるようにする ★トラブルになった時は仲介に入り、玩具の貸し借りの仕方などを一緒に示しながら伝える	■長靴を用意し、水たまりでも思いきり遊べるようにする ■簡単な楽器を取り入れ、興味を引き出す ★歌や踊りを通して、表現する楽しさを感じられるように、一緒に歌うなど楽しさを共有する ★衣服の調節をしながら、快適に過ごせるように配慮する
自己評価（教育・保育に対する）	●好きな玩具を用意したことで、雨の日も楽しく遊べた。玩具の取り合いになった時には丁寧に対応し、「貸して」と言えるようになった園児も増えたので、よかったと思う	●梅雨の自然に触れ、発見を楽しむなど、園児たちなりに指差し、喃語、言葉で伝えようとする気持ちを引き出すことができた

配慮すべき事項
- 梅雨期で戸外遊びが減るため、室内での運動遊びや梅雨期ならではの遊びを増やし、気分転換をしたり、発散したりできるようにする
- 園児同士のトラブルが見られるため、ストレスを感じないように仲介に入り、友達とのかかわりを楽しめるようにする

子育ての支援（保護者支援）
- 梅雨期は感染症になりやすく食欲にもむらが出やすくなることを伝え、家庭との連絡を密にとり、一人一人の体調を管理する
- 排泄の様子を伝え、少しずつトイレトレーニングを視野に入れられるようにする

前月末の園児の姿
- 健 少しずつ身の回りのことに興味を持ちはじめ、自分でやろうとする
- 人 友達とのかかわりが増える中で、玩具の取り合いなどのトラブルも見られる
- 環 春の自然に興味を持ち、虫や草花に触れてみようとする
- 言 保育教諭（保育者）と言葉のやり取りを楽しむ
- 表 様々な素材の感触を楽しみながら、製作を楽しむ

3週	4週
●絵本や紙芝居を通して、言葉のやり取りを楽しむ ●身の回りのことに興味を持ち、自分で身の回りのことをやろうとする	●簡単な手伝いや当番活動に、喜んで取り組む ●素材の感触を楽しみながら、七夕製作に取り組む
●トイレでの排泄に興味を持ち、便座に座って排泄しようとする気持ちを育てる ●保育教諭（保育者）に見守られる中で、安心して意欲的に活動に取り組めるようにする	●当番活動や手伝いを通して、達成感やできた喜びを感じられるようにし、様々な活動への意欲につなげる ●伸び伸びと自分を表現し、開放感を感じられるようにする
●絵本の中で気に入った言葉を見つけ、まねてくり返し話す ●友達と一緒に食べられることを喜び、苦手な物も食べてみようとする ●個別のマークに親しみを持ち、身の回りのことを自分でしようとする ●トイレで排泄することに興味を持つ	●絵の具で指スタンプをしたり、クレヨンでなぐり書きをしたりして、感触を楽しみながら製作する ●保育教諭（保育者）に声をかけられ、達成感を感じながら過ごす ●色や形に興味を持つ
■やろうとする気持ちを引き出せるように、ロッカーなどに個別マークを付ける ■絵本や紙芝居に注目できるように、目移りしそうな物は移動する ★自分でやろうとする姿を十分に認め、意欲を引き出す。また、できた時も動作を加えて分かりやすくほめ、自信につなげられるようにする ★個々の気持ちに寄り添い、便器に座って排泄してみようと思えるような声かけをする	■ダイナミックな表現を楽しめるような環境を設定する ■室内の温度や湿度を調節し、心地よく過ごせるようにする ★分かりやすい言葉で伝え、製作の楽しさを共感する ★当番活動や手伝いができた時は、「ありがとう」と目を見て伝え、達成感を味わえるようにする
●身の回りのことや排泄などができた時にたくさんほめ、かかわったことで、自信を持って取り組む姿が見られた	●玩具の貸し借りの仕方をくり返し伝えたことで、上手にやり取りできることが増え、友達と親しみを持ってかかわる姿が見られるようになった

園の行事
- 保育参観日
- 誕生会
- 身体測定
- 避難訓練

年間計画　4月　5月　6月　7月　8月　9月　10月　11月　12月　1月　2月　3月

6月の月間指導計画 ④

ねらい
- 保育教諭（保育者）に欲求を受け止めてもらいながら生活リズムが整い、安定して過ごす
- 遊びや生活の中で様々な経験を重ね、興味・関心が広がり、好奇心が旺盛になる
- 保育教諭（保育者）に見守られながら安心して探索活動を楽しみ、身近な物への興味・関心が高まる

	1週	2週
週のねらい	●甘えやこだわりの気持ちに寄り添ってもらい、安心して自分の思いを表す ●好きな遊びを満足するまで楽しむ	●落ち着いて過ごせる時間が増える ●特定の保育教諭（保育者）に見守られながら好きな場所、気に入った玩具などに向かう
養護（生命の保持・情緒の安定）	●園児一人一人の健康管理に十分留意しながら環境を整え、一日を元気に過ごせるようにする ●甘えやこだわりの気持ちに寄り添い、一人一人の欲求や気持ちを受け止め、応答的にかかわることで安心して過ごせるよう、担任間で連携を図る	●生活の中での変化や不調の兆しに十分に留意し、いち早く気付き対応できるようにする ●十分にスキンシップを取りながら甘えやこだわりの要求を受け止め、丁寧に気持ちに寄り添っていく ●水分補給や休息をこまめに取るようにする
教育（健康・人間関係・環境・言葉・表現）	●おむつの交換や着替えを通して心地よさを感じる ●落ち着いた雰囲気の中で、担当の保育教諭（保育者）に甘えやこだわりなどの様々な欲求を受け止めてもらい、安心してゆったりと過ごす ●快適で衛生的な環境の中で安心して過ごす ●様々な方法で自分の思いや気持ちを保育教諭（保育者）に伝えようとする	●特定の保育教諭（保育者）の丁寧なかかわりの下、オマルやトイレで排泄しようとする ●保育教諭（保育者）や他児の姿や動きに興味を持ち、主体的にかかわろうとする ●自分の要求などを指差しや喃語、片言で伝え、思いを受け止めてもらうことを喜ぶ ●製作や造形を通して感触遊びをする
■環境構成 ★援助・配慮	■安心しておむつ交換や着替えができるよう、環境作りを工夫する。発達に合わせてオマルやトイレでの排泄に誘う ■視野を広く取り、生活する場所や遊ぶ場所に死角や危険のないよう十分に留意する ■玩具や園児が触れる場所はこまめに消毒する ★甘えやこだわりを受け止め、愛着関係を深める ★園児の様子を丁寧に見ることで、一人一人に合った対応や援助、かかわりができるようにする ★引き続き担当制を取り入れるが、園児の様子は保育教諭（保育者）間で共有し、担当以外とのかかわりも広げる	■主体的に自分から進んで遊びに向かえる環境や、ゆったりと落ち着いて過ごせる空間作りを工夫する ■気付きや振り返りを保育教諭（保育者）間で伝え合い、保育環境の見直しや改善を図る ★個人差に配慮してグループに分けて過ごす ★グループ別に過ごす中で園児の様子を丁寧に見ながら、日々の気付きや振り返りを行い、園児の様子の報告、意見交換を行い、保育に生かす ★園児の興味・関心や手指の発達に合わせた内容での製作活動や、感触遊びを計画する

配慮すべき事項
- 登園時の視診や健康チェックを入念に行う。休み明けは特に留意する
- 手洗い、消毒など感染症予防に努める
- 室温や湿度の調節をして快適な環境を整える
- 個々の成長を保育教諭（保育者）間で共有し、様々な視点で園児を捉える

子育ての支援（保護者支援）
- 梅雨期に入り体調を崩しやすくなるので、園児の健康状態についてはより丁寧に伝え合うようにする
- クラスで遊んでいる手作り玩具など、親子で作って遊べる物やその作り方を紹介し、梅雨期の室内で園児と遊ぶアイデアを提供する

前月末の園児の姿

- 健 スプーンやフォークで意欲的に食べる。オマルやトイレでの排泄に興味を持つ
- 人 担任との愛着関係が育まれ、食べる、眠る、遊ぶが安定してきている
- 環 環境に慣れ、興味のある玩具などで落ち着いて遊ぶ
- 言 保育教諭（保育者）の語りかけに応じたり、応えたりしている
- 表 自分なりの方法で意思を保育教諭（保育者）に伝えようとする

3週	4週
●自分の思いや意思を、身振りや手振り、言葉で伝えようとする ●保育教諭（保育者）の存在を確認しながら、行動の範囲を広げる	●保育教諭（保育者）が近くにいることで安心して過ごす ●保育教諭（保育者）と一緒に室内外で気に入った遊びをくり返し楽しむ
●天候により室内活動が中心になっても、定期的に休息を取り、脱水症状や熱中症に十分に留意する ●特定の保育教諭（保育者）以外の担任との愛着関係も深まるよう、遊びの中でかかわりを持つようにする	●園児一人一人の様子に合わせたかかわりに努め、機嫌よく元気に過ごせるようにする ●特定の保育教諭（保育者）との愛着関係を基盤に、他の保育教諭（保育者）や友達とも遊ぼうとする姿が出てくるので、かかわりを広げていく
●特定の保育教諭（保育者）がそばにいることで安心して他の保育教諭（保育者）ともかかわろうとする ●読み聞かせや手遊びなどを喜び、まねようとしたりくり返すようせがんだりする ●担任やクラスの友達に関心を持ち、主体的にかかわろうとする ●自分の思いを身振りや手振り、言葉で伝えようとする	●他の担任保育教諭（保育者）との愛着関係ができる ●食べる、眠る、遊ぶなど、園生活のリズムが整う。トイレでの排泄に興味を持つ ●保育教諭（保育者）の仲立ちによって他児と一緒に遊び、かかわりを深める ●保育教諭（保育者）との応答的なかかわりを喜び、見聞きした言葉をまねたり、くり返したりして楽しむ
■コーナー作りをする中で一人遊びが充実するよう、玩具や遊具は十分な数を用意する ■散歩カーや散歩リュックの点検をしておく ★身近な花や虫を見る機会を作り、危険な物は十分に注意するよう伝える ★園児の遊びの様子からコーナー作りを振り返り、改善する ★散歩に出かける人数やメンバー、行き先などに合わせて散歩カーを使うのか、歩いて出かけるのか事前に十分に検討し、一人一人の発達に合った散歩が楽しめるようにする	■視野を広く持ち、園児の様子に十分に留意する。死角になっている場所を再確認する ■生活の中で動線などの課題が生じている場合は、どのような点が要因かをしっかり捉えて改善する ★一人一人の園児の様子について丁寧に伝え合い、個々に合わせた対応や援助ができるよう、担任間で共有しながら努める

教育・保育に対する自己評価

- 梅雨期に入り室内遊びが続いたが、担任間でいろいろな遊びを考え、工夫を重ねたことで、変化を楽しみ遊び込む姿が見られた。ただ、戸外でグループ別にゆったりと遊ぶことができず、全員が常に室内にいるので落ち着いた静かな雰囲気を作ることが難しかった

園の行事
- 身体測定
- 父の日のプレゼント持ち帰り
- 食育の日
- 内科健診
- リズム運動

年間計画 / 4月 / 5月 / 6月 / 7月 / 8月 / 9月 / 10月 / 11月 / 12月 / 1月 / 2月 / 3月

6月の月間指導計画⑤

ねらい
- 保育教諭（保育者）や友達と一緒に水や土に触れ、いろいろな遊びを楽しむ
- 梅雨期ならではの自然の様子や身近な生き物に興味を持ってかかわる

	1週	2週
週のねらい	●保育教諭（保育者）のまねをしてリズムに合わせ、身体を動かすことを楽しむ ●梅雨期ならではの生き物を発見、観察して興味を持つ	●いろいろな手法や素材を使って製作を楽しむ ●保育教諭（保育者）や友達と一緒に体を動かして遊ぶ
養護（生命の保持・情緒の安定）	●汗をかいたら体を拭いてもらい着替えるなどし、気持ちよく過ごせるようにする ●保育教諭（保育者）が思いや気持ちを受け止めることで、安心して活動に参加できるようにする	●湿度や気温が上がり不快になりやすいので、涼しい場所で休息したり、水分の補給をしたりして快適に過ごせるようにする ●保育教諭（保育者）の仲立ちの下で友達と一緒に遊び、かかわるうれしさを味わえるようにする
教育（健康・環境・人間関係・言葉・表現）	●保育教諭（保育者）の動きをまねたり、友達と一緒に音楽に合わせたりして、体を揺らして踊る ●散歩に出かけ、この時期ならではの生き物を探したり、観察して喜ぶ ●保育教諭（保育者）の仲立ちの下、友達との活動を楽しむ	●様々な手法を使い、楽しみながら父の日（ファミリーデイ）のプレゼントを作る ●保育教諭（保育者）や友達と一緒に伸び伸びと体を動かして遊ぶ ●「親と子のふれあいデー」に参加し、家族との触れ合いを楽しむ
■環境構成　★援助・配慮	■広く環境を確保して、一人一人が伸び伸びと体を動かせるようにする ■透明の容器などを用意し、梅雨期ならではの生き物を見るなどして、興味を持てるようにする ★玩具や園児が触れる場所はこまめに消毒をしたり洗ったりする ★戸外遊びでは危険のないよう園児の様子を把握し、周囲の様子にも配慮する	■製作時は汚れてもいいように環境を整える ■広々とした環境を確保し、伸び伸びと体を動かせるようにする ★製作では、活動の過程の楽しさを言葉にして伝え、興味を持って取り組めるようにする ★「親と子のふれあいデー」では、密にならないよう十分な間隔を取り、活動ができるようにする

配慮すべき事項
- 梅雨期で湿度や気温が高くなるので、快適に過ごせるよう汗を拭いたり、着替えや水分補給をこまめにしたりして、園児の体調に配慮する
- 手洗いや玩具の消毒を行い、感染症の予防に努める

子育ての支援（保護者支援）
- 感染症が流行する時期なので、園児の体調についてこまめに連絡をとり合い、おたよりなどで情報提供をする
- 気候の変化に合った着替えを十分用意してもらう

64

前月末の園児の姿
- 健 食べこぼしをしながらもスプーンや手づかみなどで意欲的に食べる
- 人 友達への興味から距離感が近くなりトラブルにつながることがある
- 環 季節の花や昆虫・石など、身近な自然に興味を持ち、かかわる
- 言 片言ながらも、思いや気付いたことなどを伝えようとする
- 表 手遊びや歌に合わせて体をゆすったり、分かる部分を歌おうとする

3週	4週
●砂場や寒天遊びなど、様々な素材の感触を味わいながら遊ぶことを楽しむ ●着脱や手洗いなどの身の回りのことに興味を持ち、自分でできることをやろうとする	●カエルの声や雨音、しずくなど、梅雨期の自然に触れ、興味を持って楽しむ ●七夕の製作をする中で、感触や素材などを楽しむ
●トイレでの排泄に興味を持てるよう丁寧にかかわり、トイレで排泄しようとする気持ちを育てる ●保育教諭（保育者）に気持ちを受け止めてもらいながら、安心して活動に取り組めるようにする	●活動の前後には水分補給を行い、脱水症状や熱中症にならないよう留意する ●保育教諭（保育者）と思いを共有することでうれしさを感じ、次の活動の意欲につなげられるようにする
●さらさら、ペタペタ、ひんやりなどの感触を味わいながら感触遊びを楽しむ ●保育教諭（保育者）に見守られながら、着脱や手洗いを一緒にしたり、自分でしてみたりする ●自分の感じたことや驚きを言葉で伝える	●カエルの声や雨音に耳をすませたり、葉についたしずくに触れたりして、梅雨期の自然に興味を持つ ●様々な手法や素材で七夕の製作を行い、できあがりを喜ぶ
■感触遊びはスムーズに進められるよう事前の準備をしっかり行い、園児の興味が途切れないようにする ■気温や湿度に留意し、快適に過ごせるような環境を作る ★感触遊びは誤って口に入れたりしないよう園児の様子に留意する。感触が苦手な園児には無理をさせず、ビニール越しの感触などが楽しめるようにする ★園児の素直な驚きや発見に共感し、気持ちを受け止めていく	■梅雨期ならではの音などに興味が持てるよう、雨つぶの音が出る容器などを用意しておく ■疲れたらゆっくりと休息したり、水分補給したりできるようにする ★園児の発見や驚きに共感し、指差しには「○○がいたねー」などと言葉にして応え、気持ちに寄り添う ★製作に興味を持って取り組めるよう声をかける

教育・保育に対する自己評価

●一人一人の気持ちに寄り添い、受容したことで、気持ちが安定し、伸び伸びと過ごせるようになってきた。感触遊びを多く取り入れたことで、楽しさや気付きを様々な反応や言葉で表す姿が見られた。友達とのかかわりも多くなったが、自己主張からトラブルになることもあるので、けがのないよう、保育教諭（保育者）同士が連携しかかわるようにする

園の行事
- 衣替え
- 地震体験車
- 親と子のふれあいデー
- 父の日プレゼント持ち帰り
- 身体測定
- お誕生会
- 避難訓練

年間計画 / 4月 / 5月 / **6月** / 7月 / 8月 / 9月 / 10月 / 11月 / 12月 / 1月 / 2月 / 3月

65

6月の月間指導計画⑥

ねらい
- 安心できる保育教諭（保育者）とのかかわりの中で、食事や排泄などを自分から意欲的に行う
- 保育教諭（保育者）や友達と集中して遊びを楽しむ
- いろいろな物に触れながら、梅雨期ならではの遊びを楽しむ

	1週	2週
週のねらい	●簡単な衣服の着脱を自分でしようとする ●梅雨期の自然物に興味や関心を持つ ●生活や遊びの中で、簡単な言葉のやり取りを楽しむ	●食事や排泄などの必要な生活習慣に気付き、自分でやってみようとする気持ちが育つ ●全身を使う遊びを楽しむ
養護（生命の保持・情緒の安定）	●自分でしようとする気持ちを認めながら着脱を介助し、意欲へつなげていく ●湿度や気温に留意し、健康的に過ごせるようにする ●園児の気持ちに寄り添い、応答的にかかわることで自分の気持ちを表現できるようにする	●さりげなく援助しながら、自分で食べようとする姿を見守る ●湿度や気温に留意し、汗をかいたら着替えたり水分補給をしたりして、健康的に過ごせるようにする ●伸び伸びと体を動かせるようにする
教育（健康・人間関係・環境・言葉・表現）	●雨や、アジサイ、カタツムリなどを見たり触ったりする ●発見したことを言葉で伝えたり、簡単な言葉のやり取りを楽しんだりする ●季節の歌をうたったり、小動物の様子を体で表現したりする	●保育教諭（保育者）と一緒に転がったり、手足をつく動きをしたりして、体幹を育てる ●サーキット遊びでいろいろな体の動きを楽しむ
■環境構成 **★援助・配慮**	■エアコンや扇風機を使い、換気をしながら、室温や湿度の調整を行う ■園児が見やすい位置に飼育ケースを置き、触れる際は優しく触るよう声をかける ★園児が発見したことや気付いたことを言葉にし、思いに共感することで、言葉で伝え合う楽しさにつなげる ★「いっぱい降っているね」「ポッタンって音がするね」など、雨の様子を言葉で伝え、身近な自然事象に興味が持てるようにする ★園児の発見や感動に寄り添い、保育教諭（保育者）が見本となって表現遊びをする	■座る姿勢が安定するよう、園児の足がつく高さの椅子を用意する ■またいだり押したりなどの動きができるよう、牛乳パックで作ったパーツを用意する ■発達に合った遊具を組み合わせ、無理なく楽しく体を動かせるようにする ★一人一人の生活リズムに合わせ、少人数でゆったりとした雰囲気の中で食事ができるようにする ★一人一人に合わせて丁寧にかかわり、自分でできた時は達成感を味わえるよう、分かりやすい言葉やしぐさで認める

配慮すべき事項
- トイレトレーニングなどの基本的な生活習慣は、家庭での生活体験に配慮し、家庭との連携の下で行う
- 室内活動が増えるため、広いスペースで体を動かし、ダイナミックに表現する遊びを取り入れる

子育ての支援（保護者支援）
- 今している遊びが、園児の育ちにつながることを伝え、見通しが持てるようにする
- 個人面談を行い、家庭との連携を図りながら子育てを一緒にする意識を持つ

前月末の園児の姿

- 健 戸外で伸び伸びと体を動かしたり、固定遊具で遊んだりする
- 人 友達と一緒に同じ遊びを楽しんでいる
- 環 季節の草花や虫を見たり触ったりすることを喜ぶ
- 言 保育教諭（保育者）の言葉や絵本の言葉をまねて伝えようとする
- 表 音楽に合わせて体を動かすなど、様々な表現を楽しむ

3週	4週
●食事や排泄などを自分からやってみようとする ●保育教諭（保育者）や友達と好きな遊びを楽しむ	●身の回りのことに興味を持ち、自分でやってみようとする ●様々な素材を使って表現遊びを楽しむ
●自分で食べようとする姿や排泄しようとする姿を見守り、できた時は認めていく ●湿度や気温に留意し、健康的に過ごせるようにする ●友達と一緒に安心して遊べるよう仲立ちしていく	●自分でやってみようとする姿を見守り、できた時は認めて達成感へとつなげる ●湿度や気温に留意し、健康的に過ごせるようにする ●自由に表現することで開放感を味わい、情緒の安定を図る
●友達に関心を持ち、かかわろうとする中で共に過ごす心地よさを感じる ●砂や水、絵の具などの様々な感触を楽しむ ●新聞ちぎりをしたり、てるてる坊主を作ったりする	●身の回りの物に触れる中で色や形に興味を持つ ●様々な素材を使ってにじみ絵やなぐりがきをして、七夕飾りを作る
■様々な感触が楽しめるよう、湿った砂やサラサラな砂を準備しておく。型抜きは保育教諭（保育者）が手本を見せてから遊ぶ ■いろいろな大きさの容器を用意し、園児が自分で選んで遊べるようにする ★園児同士のかかわりを見守り、声をかけたり一緒に遊んだりすることで、遊びが広がるようにする。遊びが見つけられない園児には、そばに寄り添い、安心して遊び出せるようにする ★玩具の取り合いでは、互いの気持ちを受け止め、かかわり方をくり返し伝える	■大きさの違う容器や小さな玩具を色ごとに分けるなどして、色や形の違いに気付けるようにする ■絵筆やスポンジなどの用具や、絵の具や水、片栗粉などの素材を用意する ★ダイナミックに遊び込めるよう、汚れてもいい服装で行うようにする ★遊びがくり返し楽しめるよう園児の遊びを見守り、素材を足したり片付けたりする ★保育教諭（保育者）も一緒に遊びを楽しみながら、「気持ちいいね」「赤くなったね」など、園児の思いを言葉にして伝える

教育・保育に対する自己評価

- 一人一人の発達に合わせて園児のやろうとする姿を認め、丁寧にかかわることで、少しずつ身の回りのことに自分から取り組む姿が出てきている。室内での遊びが多かったが、カタツムリやアジサイ、雨にも興味を持っていたので、戸外での遊びや環境を工夫したことで、雨に触れるなど、季節ならではの体験ができた

園の行事

- 個人面談
- 誕生会
- 身体測定
- 内科健診
- 歯科検診
- 消火避難通報訓練

年間計画 4月 5月 **6月** 7月 8月 9月 10月 11月 12月 1月 2月 3月

67

7月の月間指導計画 ①

ねらい
- 安心できる環境の中で、身の回りのことに興味を持って過ごす
- 水に触れ、夏ならではの遊びを保育教諭（保育者）などや友達と一緒に楽しむ
- 衣服の着脱や排泄などに意欲的に取り組もうとする

	1週	2週
週のねらい	●運動会に向けて、遊戯やかけっこを友達と一緒に楽しむ ●様々な素材を使った七夕飾りに興味や関心を持つ	●リズム遊びや体操など、体を動かすことを楽しむ ●身の回りのことに興味を示し、自分でできることを進んでしようとする
養護（生命の保持・情緒の安定）	●体調に合わせて無理なく楽しく過ごす ●暑い夏を快適に過ごせるようにする	●衛生面に配慮しながら、快適に過ごす ●手洗いでは、自分で「できた」という満足感や、清潔であることの心地よさを感じる
教育（健康・環境・人間関係・言葉・表現）	●素材に興味を示し、その素材を使った遊びを楽しむ ●十分な休息を取りながら、戸外活動や水遊びを楽しむ	●身の回りのことに関心を持ち、自分でやってみようとする ●自分から友達を遊びに誘い、かかわりを持とうとする
環境構成★援助・配慮	■出かける場所は事前に下見をし、危険の有無や日陰の場所を確認して、安全に遊ぶことができるようにする ■タオルや着替え、水分補給の準備をしておく ■玩具などは十分な数を準備しておき、取り合いにならないようにする ★興味を持って取り組んでいることに共感し、より関心が深まるようにする	■「きれいになったね」と自分で手洗いしようとする気持ちを認め、さりげなく手助けし、仕上げ洗いを行う ★汗や汚れに気付くよう誘導し、着替えることで気持ちよさが感じられるようにする ★友達とのかかわり方を知らせながら遊びを見守る
教育・保育に対する自己評価	●運動会に向けて、体操やかけっこをし、親しみが持てるようにした。当日は緊張する園児もいたが、泣くことなく参加できた	●排泄後の衣服の着脱を自分でしようとする姿が多く見られた。徐々に自分でできることが増えていく中で、必要に応じて援助するようにしてかかわることができた

配慮すべき事項
- 暑さから体調を崩しやすくなるので、午睡時、十分に休息できるよう、快適な室温を保つなどして過ごしやすい環境を整える
- 個々の体調を把握し、体調の変化に素早く対処する

子育ての支援（保護者支援）
- 夏の暑さで疲れやすくなるので、水分補給や十分な休息の大切さを知らせる
- 健康状態や水遊びの可否を連絡帳などで伝えてもらい、体調管理に気を付けて連絡し合う

前月末の園児の姿
- 健 身の回りのことを自分でしたがり、手伝われることを拒む姿が見られる
- 人 友達の存在を意識して、遊びや活動を楽しんでいる
- 環 戸外散歩で、ダンゴムシやアリなどを見つけて足を止め、見たり触れたりしている
- 言 喃語や片言で、保育教諭（保育者）などに自分の思いを伝えようとする姿が見られる
- 表 曲が流れると、保育教諭（保育者）などの動きをまねて体を動かし楽しんでいる

3週	4週
●保育教諭（保育者）などの言葉に反応したり、簡単な言葉のやり取りを楽しんだりする ●水の感触や冷たさを感じる	●友達に興味を持ち、そばで同じ遊びを楽しむ ●簡単な衣服の着脱を、手伝ってもらいながら自分でしようとする
●保育教諭（保育者）などのそばで安心感を持ち、落ち着いて過ごせるようにする ●体調に合わせた活動をし、休息を取りながら元気に過ごす	●保育教諭（保育者）などに仲立ちしてもらいながら、友達とのかかわりを楽しむ ●ゆったりとしたかかわりの中で欲求を満たしてもらい、落ち着いて過ごす
●自分の名前を呼ばれたら返事をしたり、簡単なあいさつを進んでしたりする ●水の感触や涼しさを感じながら水遊びを楽しむ	●季節の歌に親しみを持ち、歌ってみようとする ●リズム遊びや体操など、体を動かして遊ぶことを楽しむ
■暑さ対策や水分補給、休息の時間を十分に取り入れる ■気温の変化や個々の体調に合わせ、衣服調節を行う ★個々のしぐさや発語を丁寧に受け止め、言葉に置き換えることで、自分の思いが伝わる喜びが感じられるようにする ★容器などを用意し、すくったりこぼしたりして水の感触が十分に味わえるようにする	■友達とのかかわり方を知らせながら、そばで遊びを見守る ■転倒したり友達同士がぶつかったりしないような安全で広い場を確保し、十分に体を動かして楽しめるようにする ★スキンシップを十分に取る ★好きな歌や手遊び、体操などをくり返し一緒に楽しむことで、満足感が得られるようにする
●保育教諭（保育者）などが丁寧な言葉でかかわることで、覚えている単語が増え、自分の思いや気持ちを二語文で話せる園児が増えてきた	●保育教諭（保育者）などが一緒に遊び、仲立ちすることで、友達とのかかわりが見られるようになってきている

園の行事
- 身体測定
- 運動会
- 七夕誕生会
- プール開き
- 安全教室
- 避難訓練
- トーリー祭（夏祭り）

7月の月間指導計画 ②

ねらい
- 夏ならではの遊びを楽しむ
- 自分の思いを言葉や指差しなどで伝えようとする
- 言葉のやり取りを楽しむ

	1週	2週
週のねらい	●好きな遊びをくり返し楽しむ ●様々な物で、友達とかかわって遊ぶ	●夏ならではの遊びを、保育教諭（保育者）などや友達と思いきり楽しむ ●絵本を通して言葉に触れ、身振りで思いを表現する
養護（生命の保持・情緒の安定）	●保育教諭（保育者）などに見守られ、かかわりを持つ中で、心地よく過ごすことができるようにする ●湿度や室温を適切に設定し、水分補給をしながら快適に過ごすことができるようにする	●水に親しむ機会を設け、水で遊ぶ楽しさを味わうことができるようにする ●室内を快適な湿度や温度に調節し、着替えに配慮する
教育（健康・人間関係・環境・言葉・表現）	●喜んで着替えができるようにする ●友達同士、かかわって遊ぼうとする ●簡単な言葉をまねてしゃべろうとする	●水に触れることを喜び、伸び伸びと体を動かして遊ぶ ●発見や思いを指差しや喃語・片言などで、保育教諭（保育者）などに知らせる ●絵本や紙芝居を見ることで言葉に親しみを持つ
■環境構成 ★援助・配慮	■興味を持てるような玩具を用意し、安全に遊ぶことができるように環境を整える ■玩具に興味が持てるような言葉がけを行う ★遊ぶ前に簡単な約束事を伝えるようにする ★遊びに飽きてしまう園児には、他の玩具にも興味が持てるように促す	■水遊びを楽しめるような遊具などを準備し、安全に遊べるようにする ■体温を調節できるように、プール後はしばらくエアコンを消すなど、室温に気を配るようにする
教育・保育に対する自己評価	●玩具に興味を持たない園児たちには声をかけ、保育教諭（保育者）などと一緒に遊んだことで、興味を持たせることができた	●水に少しずつ慣れるように無理なく一人一人のペースに合わせた。徐々に慣れてくると、楽しく遊ぶ姿が見られた

配慮すべき事項
- 熱中症に気を付け、水分補給を十分に取り休息の時間を設ける
- 水遊びが増えるので事故防止に努め、園児だけにならない環境を作る

子育ての支援（保護者支援）
- 気温や湿度の変化により、園児たちの体調にも影響が出ることを伝える
- 食生活のリズムを整えるように促したり、園での援助の仕方を伝えたりしていく

前月末の園児の姿
- 健 気候の変化に伴い、体調が不安定になることがある
- 人 保育教諭（保育者）などとのやり取りを楽しむ姿がある
- 環 水に触れて遊ぶことが多くなり、楽しんで遊ぶ
- 言 言葉を使うことができるようになり、自分の思いを表現しようとする
- 表 保育教諭（保育者）などに対しての要求が増えてきた

3週	4週
●保育教諭（保育者）などや友達とかかわって遊ぶことを少しずつ楽しむ ●簡単な言葉のやり取りを楽しむ	●水に触れて遊ぶことを楽しむ ●汗をかいたらこまめに着替え、快適に過ごす
●保育教諭（保育者）などに気持ちを受け止めてもらい、安心して過ごすことができる ●園児たちの体調に気を配り、職員間で共有して対応する	●明るく伸び伸びと、快適に過ごす ●保育教諭（保育者）などに促され、少しずつ快、不快に気付けるようになる
●保育教諭（保育者）などとの簡単な言葉のやり取りを楽しむ ●夏ならではの遊びに興味を持って楽しむ ●遊びを通して言葉に親しみを持ち、自分の思いを伝えようとする	●知っている様々な物を遊びの中で指差したり、簡単な言葉で伝えようとする ●友達や保育教諭（保育者）などとかかわって遊ぶことを楽しむ ●好きな玩具を用いて自分なりに表現する
■園児たちが十分な活動ができるように、遊具などを配置する ■一日を通して、気候などに配慮した室内環境を整える ★園児同士のかかわりが持てるように仲立ちする ★室温や湿度に気を配り、園児たちが快適に過ごせるようにする	■安全に遊べるように、固定遊具のそばについたり、配慮する位置を考えたりする ■トイレに行きやすい環境を整え、楽しく排泄できるようにする ★園児たちの動きをよく見て、安全に遊べるように配慮する ★園児たちの気持ちに気付き、共感しながらかかわるようにする
●いろいろな玩具を用意したことでさらに興味がわき、自分からかかわって遊ぼうとする姿があった	●室温を調節したり、着替えをしたりしたことで、園児たちも快適に過ごせたようだ

園の行事
- 七夕会
- 誕生会
- 避難訓練
- 夏祭り

年間計画
4月 5月 6月 **7月** 8月 9月 10月 11月 12月 1月 2月 3月

7月の月間指導計画 ③

ねらい
- 季節ならではの遊びを楽しみ、開放感を味わいながら遊ぶ
- 保育教諭（保育者）や友達と言葉のやり取りを楽しみ、積極的にかかわろうとする
- 衣服の着脱や排泄に意欲的に取り組む

	1週	2週
週のねらい	●保育教諭（保育者）や友達と歌をうたったり、手遊びを楽しんだりする ●七夕飾りを見て興味を示す	●保育教諭（保育者）の声かけに反応し、やり取りを楽しむ ●便座に座り、トイレで排泄しようとする
養護（生命の保持・情緒の安定）	●快適な室温、湿度の中で過ごせるようにする ●保育教諭（保育者）に欲求を受け止めてもらいながら、安心感を持って過ごせるようにする	●安心できる環境の中で、便座に座って排泄できるよう援助する ●自分の思いを受け止めてもらうことで、伝わる喜びを感じられるようにする
教育（健康・人間関係・環境・言葉・表現）	●七夕飾りに興味を持ち、指差ししたり言葉を発したりする ●歌や手遊びに親しみを持ち、保育教諭（保育者）と一緒に歌ったり身振りをまねしたりする	●簡単な言葉をまねしながらやり取りを楽しむ ●友達の姿に刺激を受け、トイレの便座に座り、排泄しようとする
★援助・配慮 ■環境構成	■季節を感じられる歌や手遊び歌をくり返しうたい、楽しい雰囲気にする ■保育室内を七夕飾りで装飾する ★一緒に歌いながら、歌をうたう楽しさを伝えていく ★発した言葉を受け止め、共感し、発見を楽しむことができるようにする	■分かりやすい言葉で、ゆっくり丁寧に言葉がけをする ■トイレに行きやすい環境を整え、意欲的に取り組むことができるようにする ★無理強いはせず、個々の気持ちを受け止めながらトイレに誘う ★一人一人の気持ちに寄り添い、自分の思いが伝わる喜びを感じられるようにする
自己評価（教育・保育に対する）	●保育室内に七夕飾りの装飾をしたことで、園児たちから多くの言葉を引き出すことができた	●安心できる言葉がけをしたことで、嫌がることなくトイレに行き、便座に座ってみるよう誘うことができた

配慮すべき事項
- 水分補給や休息の時間を十分に設け、健康的に過ごすことができるようにする
- 個々に合った方法で援助することで、達成感を味わいながら生活できるようにする

子育ての支援（保護者支援）
- 徐々に感染症が流行してくる時期であることを伝え、体調の変化について保護者と密に連絡をとり合う
- 園での身の回りのことへの取り組みを伝え、家庭でも取り組むことができるように助言していく

前月末の園児の姿

- 健 保育教諭（保育者）に援助されながら、身の回りのことをする
- 人 保育教諭（保育者）の仲介の下、友達と玩具の貸し借りができるようになってきている
- 環 散歩に出かけ、草花や虫の発見を楽しむ
- 言 自分なりに指差しをしながら喃語や単語を話し、伝えようとする
- 表 クレヨンを握り、なぐりがきを楽しむ

3週	4週
●冷たさを感じながら、水に触れて遊ぶことを楽しむ ●保育教諭（保育者）に手伝ってもらいながら、自分で衣服の着脱をしようとする	●友達に興味を示し、そばで同じ遊びを楽しむ ●水遊びをし、心地よさを味わう
●水の事故に配慮し、水遊びを思いきり楽しめるようにする ●保育教諭（保育者）に認めてもらい、自信を持って活動に取り組めるようにする	●遊びと休息のバランスを取りながら、健康に過ごせるようにする ●保育教諭（保育者）に仲立ちしてもらいながら、友達とかかわりを持てるようにする
●水に触れ、冷たさを感じながら思いきり水遊びを楽しむ ●身の回りのことに関心を持ち、自ら取り組もうとする	●水に触れることに喜びを感じ、伸び伸びと遊ぶ ●友達のまねをしながら、かかわりを楽しむ
■水遊び用の手作り玩具を用意する ■個々の発達に合わせ、手伝ったり見守ったりする ★水に恐怖心を持つ園児には、徐々に慣れていくことができるようにする ★個々の発達に合わせた援助をすることで、達成感を味わうことができるようにする	■暑さ対策をし、水分補給、休息の時間も十分に取り入れる ■保育教諭（保育者）が友達とのかかわり方を見せる ★遊びをそばで見守り、必要に応じて仲介に入る ★水に触れる心地よさを感じられるような言葉がけをする
●手作り玩具を用意していたことで、ほとんどの園児が怖がることなく水遊びを楽しんでいた	●玩具の貸し借りなど、保育教諭（保育者）がやって見せたことで、まねをして言葉や動作でかかわろうとしている姿が見られた

園の行事

- 七夕集会
- 防犯訓練
- 親子夏祭り
- 誕生会
- 身体測定
- 避難訓練

年間計画　4月　5月　6月　7月　8月　9月　10月　11月　12月　1月　2月　3月

7月の月間指導計画 ④

ねらい
- お腹がすくリズムができ、いろいろな食材に興味を持って自分で食べようとする
- 夏ならではの様々な遊びを経験しながら砂、水、泡、ボディーペインティングなど感触遊びの楽しさを存分に味わう

	1週	2週
週のねらい	●保育教諭（保育者）に寄り添ってもらいながら、安心して自分の気持ちを表す ●気に入った遊びを満足するまで楽しむ	●保育教諭（保育者）に見守られ落ち着いて過ごす ●保育教諭（保育者）と様々な感触遊びを経験する ●好きな場所、気に入った玩具を自分で選び、満足するまでじっくりと遊ぶ
養護（生命の保持・情緒の安定）	●園児一人一人の健康管理に十分留意しながら快適な環境を整え、一日を元気に過ごせるようにする ●一人一人の欲求や気持ちを受け止め、丁寧にかかわりながら、安心して過ごせるよう担任間で連携を図る	●水分補給や休息をこまめに取り入れ、園児の変化や不調の兆しにいち早く気付き、対応できるようにする ●十分にスキンシップを取りながら甘えやこだわりの要求や、不安定な気持ちを受け止め、丁寧に気持ちに寄り添うようにする
教育（健康・環境・人間関係・言葉・表現）	●シャワーや着替えをして清潔に過ごす心地よさを感じる ●落ち着いた雰囲気の中で担当の保育教諭（保育者）に甘えやこだわりなどの様々な欲求を受け止めてもらい、ゆったりと過ごすことで安定する ●特定の保育教諭（保育者）と一緒に落ち着いて食事をしたり、安心して入眠したりする	●水遊びなどを通して、水の感触や心地よさを感じたり、様々な感触遊びを経験したりする ●保育教諭（保育者）の丁寧なかかわりの下で、トイレで排泄する ●保育教諭（保育者）に自分の思いを受け止めてもらい、共感や寄り添いの中で安心して活動する
■環境構成 ★援助・配慮	■シャワーや着替えなどは他クラスと重ならないよう連携を図り、環境作りを工夫する ■視野を広く取り、生活する場所や遊ぶ場所に死角や危険がないよう十分に留意し、園児の人数を把握する ■玩具などの清潔保持に努め、感染症対策ガイドラインに添った消毒作業をこまめに行う。園児が触れる場所はより丁寧に消毒する ★園児一人一人の甘えやこだわりの気持ちを受け止め、愛着関係を深めるようにする ★園児一人一人に合った対応や援助、かかわりができるよう細やかなミーティングを重ねる	■じっくりと遊び込め、ゆったりと落ち着いて過ごせるコーナーや空間を作る ■保育環境での気付きや振り返りはこまめに保育教諭（保育者）間で伝え合い、見直しや改善につなげる ■水遊びを行う中で起こりうる様々な危険について話し合い、安全に活動できるよう環境を確認する ★個人差に配慮してグループ分けを行い、園児の姿から、適宜メンバー変更を行う ★園児の様子を丁寧に見ながら、日々の気付きや振り返りを行い、報告や意見交換をすることで、保育に生かす

配慮すべき事項
- 園児の様子や健康状態に気を配り、体調の変化に留意する
- 室温、湿度、換気に配慮し、快適に過ごせるようにする
- 活動と休息のバランスに留意し熱中症対策を徹底し、屋外で活動する際は直射日光を避ける
- 手洗い、消毒をはじめ、感染症予防に努める

子育ての支援（保護者支援）
- 暑さや様々な要因で急な体調の変化も予想されるので、再度緊急連絡先を確認しておく
- 園児の健康状態を丁寧に伝え合い、体調の変化に早急に対応できるようにする
- 夏季特有の病気や皮膚の疾患などについて掲示やおたよりで知らせ、早めの受診につなげる

前月末の園児の姿

- 健 排泄に誘われ便座に座り、タイミングが合うと成功する園児もいる
- 人 行動範囲が広がり、友達に興味を持つが、トラブルも見られる
- 環 園での生活や環境に慣れ、興味のある玩具などで主体的に遊び込むことができる
- 言 保育教諭（保育者）とのやり取りの中、言葉やしぐさで思いを伝えようとする
- 表 自己主張が強くなりかんしゃくを起こすなど気持ちの切り替えが難しい園児もいる

3週	4週
●愛着関係にある保育教諭（保護者）に自分の思いや意思を身振り手振りや言葉で伝えようとする ●保育教諭（保育者）の存在を確認しながら活動や行動の範囲を広げる	●保育教諭（保育者）が近くにいることに安心して一日を過ごす ●保育教諭（保育者）と一緒に、気に入った夏ならではの感触遊びを楽しむ
●室内活動が中心になっても定期的に換気をしたり、こまめに休息を取り入れたりして、脱水症状や熱中症には十分に留意する ●特定の保育教諭（保育者）以外の担任との愛着関係も育っていくよう生活や遊びの中でのかかわりを持つようにする	●夏の疲れが出ていないかなど、園児一人一人の様子に合わせたかかわりができるようにする ●夏を元気に過ごすことができるよう快適な環境作りを工夫していく ●担当の保育教諭（保育者）との愛着関係を基盤に、他の担任や友達ともかかわって遊べるようにする
●水遊びをはじめとした様々な感触遊びを経験する ●愛着関係のある保育教諭（保育者）がいつでもそばにいることで安心感を持ち、他の保育教諭（保育者）ともかかわろうとする ●保育教諭（保育者）の読み聞かせなどにより、ゆったりした時間の中で落ち着いて過ごす	●感触遊びを楽しみ、じっくりと主体的に遊び込む ●他の担任との愛着関係ができはじめ、信頼関係も芽生える ●夏の園生活の仕方に慣れ、食べる、眠る、遊ぶなどのリズムが整う ●読み聞かせなどで見聞きした言葉をまねて、楽しむ
■遊びのコーナーが充実するよう玩具は十分な数を用意し、各コーナーには必ず保育教諭（保育者）がつき、死角のないようにする ■マットレスやゴザを敷き、休息できるコーナーを用意する ■水遊びの際の保育教諭（保育者）の配置を見直し、死角のないようにする ★園児の遊びの様子からコーナー作りを振り返り、改善に生かす ★水遊びの際は一斉ではなく、水に親しむ様子や状態に合わせて少人数のグループ別で行う	■死角になっている場所を再確認する ■生活の動線で課題が生じているところについて確認し、ただ変えるのではなくどういう点が要因になっているかをしっかり捉えて改善していく ★視野を広く持ち、園児の様子に十分に留意し、丁寧にかかわっていく ★一人一人の園児の様子について丁寧に伝え合い、個々に合わせた対応、援助ができるよう努める

教育・保育に対する自己評価

●部分的な担当制をとることで愛着関係を構築し、また日々のミーティングを丁寧に行うことで園児一人一人の様子を担任間で共有、把握できた。今後は担当制を徐々にはずし、いろいろな保育教諭（保育者）との愛着関係を広げ、異なる視点から園児を見守るようにしたい

園の行事
- プール開き
- 七夕のお楽しみ会
- 避難訓練
- 身体測定
- 食育の日
- 夏祭り
- 誕生会
- リズム運動

年間計画 4月 5月 6月 **7月** 8月 9月 10月 11月 12月 1月 2月 3月

7月の月間指導計画 ⑤

ねらい
- 伸び伸びと水遊びを楽しみ、開放感を十分に味わう
- 安心できる環境の中で身の回りのことに興味を持ち、やってみようとする

	1週	2週
週のねらい	● 水遊びに興味を持ち、水の感触、感覚を楽しむ ● 様々な素材を使った七夕飾りに興味を持つ	● 水に慣れ、感触や気持ちよさを味わう ● 七夕の歌、集会、ゲームを通して七夕に興味を持ち、楽しむ
養護（生命の保持・情緒の安定）	● 水分補給や着替えに配慮し、快適に過ごせるようにする ● 保育教諭（保育者）と一緒に水に触れることで、不安がなくなるようにする	● 心地よく過ごせるよう、室温や湿度を適切に設定する ● 食材に興味を持ち、スプーンやフォークを下から握る持ち方で食べられるようにする
教育（健康・人間関係・環境・言葉・表現）	● プール開きに参加し、プール遊びに興味を持つ ● 素材に興味を持ち、七夕製作を楽しむ	● 異年齢児クラスと一緒に七夕祭り集会に参加し、楽しむ ● 素材の感触や色などを楽しみながら製作をする ● 水の感触を楽しみながらプール遊びをする
★援助・配慮 ■環境構成	■ 水遊びでは、伸び伸びと遊べるよう環境を整え、安全に配慮し職員を配置する ■ 様々な色や形、感触を味わえるような素材を用意する ★ 水遊びでは、職員同士声をかけ合い、安全面、衛生面に十分配慮する ★ 形や色彩への興味が深まるよう声をかける	■ プール後、床が濡れていて滑ることがないよう十分注意する ■ 衣服の着脱が行いやすいよう十分に場所を確保し、服の並べ方などを工夫する ★ 無理なく水に慣れていけるよう、水に触れる時間を徐々に延ばしていく

配慮すべき事項
- こまめな水分補給や着替え、室温や湿度の調節を行い、快適に過ごせるようにする
- 水遊びがスムーズに行えるよう、職員間で連携を図り、安全に楽しめるようにする

子育ての支援（保護者支援）
- 水遊びが始まるので、園児の様子や健康状態をこまめに保護者に伝え、連携していく

前月末の園児の姿
- 健 トイレに興味を持ち、便座に座り排泄に成功する園児がいる
- 人 友達に興味を持ち、名前を呼んだり同じ場で遊んだりする
- 環 小動物に興味を持ち、季節の自然物や生き物に親しんでいる
- 言 保育教諭（保育者）や友達に言葉やしぐさで伝えようとする
- 表 手遊びやダンスで伸び伸びと体を動かすことを楽しむ

3週	4週
●水や片栗粉スライム、新聞などの感触遊びを全身で楽しむ ●野菜を収穫し、夏野菜の手触り、におい、色に興味を持ち、感覚を豊かにする	●全身で水の感触を楽しみ、心地よさを感じる ●身の回りのことに興味を示し、自分でできることを進んで行おうとする
●園児一人一人の健康状態を把握し、職員間で共通理解していく ●保育教諭（保育者）とのゆったりとしたかかわりの中で、安心して過ごせるようにする	●体調に合わせた活動を行い、休息を取りながら元気に過ごせるようにする ●トイレで排泄する、拭く、水を流す一連の流れを保育教諭（保育者）に見守られながら行えるようにする
●夏野菜に興味を持ち、収穫を楽しむ ●野菜や片栗粉スライムの感触を楽しむ ●トウモロコシの皮むきを体験する	●身の回りのことに関心を持ち、自分でやってみようとする ●春雨を使った感触遊びを楽しむ
■暑くなってくるため、朝の涼しいうちに野菜の収穫や散歩を行い、そのあと、水遊びや着替え、水分補給などをして快適に過ごせるようにする ★野菜の手触りや、収穫できた喜びなどを園児と共有していく ★園児の様子について丁寧に伝え合い、一人一人に合わせた対応、援助ができるようにする	■室温や気温を調節し、過ごしやすい環境を作る ■衛生面に気を付け、あせもやとびひなど全身のチェックを行う ★天候や気温を見ながら、水遊びや戸外活動の時間を調整する ★水遊びでは、一緒に水に触れ、声をかけるなどして楽しめるようにする

年間計画
4月 5月 6月 **7月** 8月 9月 10月 11月 12月 1月 2月 3月

教育・保育に対する自己評価
- 水遊びでは伸び伸びと活動できるよう配慮したことで、一人一人が水の感触に慣れ、水遊びを楽しみに登園する姿が見られた。園児の姿を認め、楽しさに共感したことで元気いっぱい楽しむことができ、育ちを感じた。また、夏野菜の収穫やトウモロコシの皮むき体験を通し、食材への興味が広がり、食欲にもつなげることができた

園の行事
- プール開き
- 七夕祭り集会
- 身体測定
- 避難訓練

7月の月間指導計画 ⑥

ねらい
- 夏ならではの遊びを保育教諭（保育者）に仲立ちしてもらいながら、友達と一緒に楽しむ
- 一人一人の思いを受け止めてもらいながら、暑い季節を快適に過ごす
- 手伝ってもらいながら、衣服の着脱や片付けをしようとする

	1週	2週
週のねらい	●夏の自然に触れ、興味・関心を持つ ●保育教諭（保育者）と一緒に、排泄や衣服の着脱を自分でしようとする	●保育教諭（保育者）と一緒に、着替えなどの身の回りのことを自分でしようとする ●いろいろな素材を使い、感触を楽しむ
養護（生命の保持・情緒の安定）	●湿度や気温に留意し、健康的に過ごせるようにする ●園児の気持ちに応答的にかかわり、安心して過ごせるようにする	●ゆったりとしたかかわりの中で、落ち着いて過ごせるようにする ●体調の変化をよく観察し、こまめに水分補給をする
教育（健康・人間関係・環境・言葉・表現）	●畑の夏野菜に触れ、興味・関心を持つ ●季節の歌をうたう ●保育教諭（保育者）と一緒に、風船遊びやリズム遊びをする	●保育教諭（保育者）が仲立ちしながら、友達と一緒にいろいろな玩具や素材を使い、感触遊びを十分に楽しむ ●シャボン玉や水絵で遊ぶ
環境構成 ★援助・配慮	■育てたピーマンやゴーヤを収穫し、保育教諭（保育者）も一緒に触ったり、においを嗅いだりする ■暑さ指数計を使い、湿度や気温に留意し、冷房や換気をしながら熱中症対策をする ★風船遊びの際は広い場所で行い、「高くあがったね」などの言葉をかけながら、風船があがったりゆっくり落ちたりする様子を楽しめるようにする ★こまめな水分補給、着替えを心がけ、快適に過ごせるようにする	■寒天や片栗粉など、水遊びや感触遊びで使う素材を十分に用意する ■ボトルキャップなど、小さい物はあらかじめ取り除き、安全に遊べるようにする ★健康チェックカードや毎日の健康観察で園児の体調（体温・皮膚の状態）を把握し、安全に水遊びができるようにする ★水遊びの際は、監視員を配置し、安全に水遊びができるようにする ★保育教諭（保育者）と感触遊びやシャボン玉を楽しみ、「キラキラするね」など園児の発見や気付きに共感し、言葉を添える

配慮すべき事項
- 暑さから体調を崩しやすいので、休息時は過ごしやすい室内環境を整え、汗をかいたら着替えて清潔に保つ
- 水遊び後の活動への移行がスムーズにいくよう、保育教諭（保育者）間で連携を図る

子育ての支援（保護者支援）
- 流行している感染症について、症状や予防の仕方を知らせていく
- 発達に合った夏ならではの遊びを紹介し、家でも試してもらうことで園児の学びを共有していく

前月末の園児の姿

- 健 保育教諭（保育者）の援助の下、身の回りのことをしようとする
- 人 手遊びなど、保育教諭（保育者）の模倣をしながら友達とかかわる
- 環 小動物に興味を持ち、季節の生き物や自然物に親しんでいる
- 言 一語文やしぐさで自分の思いを保育教諭（保育者）に伝えようとする
- 表 季節の歌をうたうことや表現遊びを楽しんでいる

3週	4週
● 水に触れ、友達と一緒に心地よさを味わう ● 自分の思いを言葉やしぐさで表現しようとする	● 様々な素材を使って表現遊びを楽しむ ● 暑い時期を健康的に過ごす
● 保育教諭（保育者）と一緒に心地よさを味わいながら、水遊びを十分に楽しむ ● 保育教諭（保育者）に誘われて、トイレの便座に座ろうとする ● 食事の際には保育教諭（保育者）と「いただきます」「ごちそうさま」のあいさつをする	● 保育教諭（保育者）に誘われてトイレの便座に座ろうとする ● 夏の疲れに留意し、静と動の活動をバランスよく取り入れ、健康的に過ごせるようにする
● 水や泥などの感触を味わいながら水遊びを楽しむ ● してほしいことや発見を、しぐさや言葉で表現する	● 手形スタンプやボディーペインティングをする ● 色水や氷などに触れて遊ぶ ● 絵本や歌に出てくるくり返しのある言葉を、保育教諭（保育者）と一緒に楽しむ
■水遊びに使う水は、太陽光で温めておく ★保育教諭（保育者）も一緒に楽しみながら園児の気付きや発見に共感し、「つるつるするね」「べたべたするね」「気持ちいいね」などと言葉にして伝える ★感触遊びをする際は、物を口に入れないように見守り、嫌がる子には無理強いせず、他児のする様子を見せたり、保育教諭（保育者）も一緒にしたりしながら、少しずつ興味が持てるようにする ★園児が安心して自分の思いを表現できるよう、一人一人に丁寧にかかわる	■落ち着いて食事や入眠ができるよう、温度や湿度だけでなく、明るさや音にも留意しながら快適に過ごせるようにする ■水遊びの際の着替えは、外から見えないよう、場所や着替えの仕方などに配慮する ■水遊びが苦手な園児には、落ち着いて遊べるコーナーを準備する ★手や体に絵の具がついても、シャワーで洗い流せるという体験ができるようにする ★手形スタンプでできた形を使い、「カニさんみたい」など言葉で伝えながら見立てることで、いろいろな表現遊びができるようにする

教育・保育に対する自己評価

- 熱中症警戒アラートの発令により、涼しい時間帯に少人数で活動したり、感触遊びを多く取り入れたりすることを心がけた。保育教諭（保育者）自身が活動の段取りを整え、気持ちに余裕を持ち、園児とゆったりとかかわっていきたい
- 園児の興味のある絵本を読んだり、一人一人と丁寧にかかわったりしたことで、言葉で伝えようとする姿が見られた

園の行事

- 水遊び
- 消火避難通報訓練（台風・洪水）
- 園外保育
- 身体測定
- 誕生会

7月

8月の月間指導計画 ①

ねらい
- 簡単な言葉をくり返したり、模倣したりして楽しむ
- 排泄の際の簡単な着脱などを生活の中でくり返し、スムーズに行えるようにする
- 水遊びなど、夏ならではの活動を行い、水の感触を楽しむ

	1週	2週
週のねらい	●保育教諭（保育者）などに誘われ、便座に座って排泄しようとする ●言葉や指差しなどで気持ちを伝えようとする	●水遊びで体を動かして元気に過ごす ●夏の虫や花など自然に触れ、興味・関心を持つ
養護（生命の保持・情緒の安定）	●暑い夏の日を快適に過ごす ●保育教諭（保育者）などや友達と一緒に遊ぶことを楽しむ	●心地よさを味わいながら、水遊びを十分に楽しむ ●友達や保育教諭（保育者）などと一緒に、水遊びを楽しむ
教育（健康・人間関係・環境・言葉・表現）	●保育教諭（保育者）などや友達と一緒に、カラートンネルやマットなどで体を動かして遊ぶ ●スプーンやフォークを使って自分で食べようとする	●水遊びなど、夏ならではの活動を行い、暑い中でも元気に体を動かす ●水や砂などの感触を味わいながら、道具の出し入れや運ぶことを楽しむ
★援助・配慮 **■環境構成**	■保育室の室温や湿度などを確認し、快適に保つ ■その日の気温に合わせて室内温度や衣服の調節、水分補給をし、心地よく過ごせるように配慮する ★個々の発達に合わせた配慮や設定をする ★食べたい意欲を大切にしてさりげなく手を添え、一口の量を確認しながらスプーンやフォークの持ち方を知らせる	■室温設定や休息の取り方などを見直し、快適な環境作りを心がける ■水や様々な感触が楽しめるよう、素材や用具を準備し、保育教諭（保育者）なども一緒に遊びながら楽しさを共有していく（べたべた・ぬるぬる・ひえひえなど） ★一人一人の疲れ具合や機嫌に応じて、個別に休息や睡眠を確保する
自己評価（教育・保育に対する）	●簡単な衣服の着脱など、身の回りのことを自分でしようとする姿が増えた。その子の状態に応じて声かけをしたり手伝ったりすることにより、一人一人の意欲を高めることができた	●水遊びでは、アブが寄ってこないように、追い払ったり、十分な配慮の下行ったことで、けがもなく安全に遊ぶことができた。また、水遊びのあとは、水分補給をしっかりと行い、快適に過ごすことができた

配慮すべき事項
- 水遊びの際には、そのあとの始末から、食事への移行がスムーズに進むよう、職員間の準備や動きの確認を十分に行う
- 遅番の職員に引き継ぎをしっかりと行い、大切な連絡は、口頭でも伝える

子育ての支援（保護者支援）
- 子どもの健康状態の連絡を密にし、水遊びの際はしっかりと可否を記入してもらう
- 着替えや紙パンツの枚数を確認し、こまめに伝え、補充を依頼する

前月末の園児の姿

- 健 自分の持ち物をかばんにしまったりするなど、簡単な身の回りのことに意欲を持ち、取り組む姿が見られる
- 人 保育教諭（保育者）などや友達に積極的にかかわり、活動や遊びを楽しんでいる
- 環 散歩に出かけ、草花や虫を見たり触れたりして楽しんでいる
- 言 徐々に言葉数が増え、自分の気持ちを自分なりに口に出して話す姿が見られる
- 表 季節の歌を手拍子などしながら楽しんでうたっている

3週	4週
●保育教諭（保育者）などや近くの友達と簡単な会話を楽しむ ●保育教諭（保育者）などと一緒に夏ならではの活動や遊びを行い、安心して楽しむ	●園生活での決まり事や遊びの中の約束事を守って過ごそうとする ●季節の製作を様々な素材の感触を楽しみながら行う
●友達や友達のしていることに興味を持ち、まねたり一緒にしたりすることを楽しむ ●保育教諭（保育者）などに誘われてトイレの便座に座ろうとする	●自分の気持ちや欲求を簡単な言葉で伝えようとする ●保育教諭（保育者）などや友達と、様々な食べ物を食べようとする
●走る、跳ぶ、くぐる、よじ登るなど、様々な体の動きを楽しむ ●保育教諭（保育者）などとゆったりとかかわりながら、興味のある絵本を読んでもらう	●くり返しの言葉がある絵本を見て、片言で話したり指差しをしたりしながら保育教諭（保育者）などと一緒に楽しむ ●季節の製作を、様々な素材の感触を楽しみながら行う
■いろいろな動きが経験できるように用具を準備し、設定の仕方を工夫する。また、体を十分に動かせるよう、空間を広く設定する ■保育教諭（保育者）などと一対一の時間や空間を持つなどして、穏やかに過ごせるようにする ★排尿のタイミングをつかみ、しぐさや表情を見ながらトイレに誘う。また、排尿できた時には共に喜び、次につなげる ★物の取り合いなどの際には、園児の思いをしっかりと受け止め、保育教諭（保育者）などが仲立ちとなって一緒に遊び、「遊びたい」という思いが満たされるように配慮する	■スキンシップを図りながら、ゆったりとした雰囲気の中で、言葉のおもしろさや楽しさが伝わるようにしていく ■園児が興味を持って取り組める題材を用意し、友達と一緒に製作活動が楽しめるよう工夫する（フィンガーペインティングなど） ★食事中に「酸っぱいね」「カリカリするね」などと言葉を添え、様々な味や食感があることを伝えながら興味を引き出していく ★簡単な言葉のやり取りを楽しみながら、園児の思いに対して丁寧に言葉で返していく
●天気の悪い日が続いたが、ホールで運動遊びをすることで十分に体を動かして健康的に過ごすことができた。友達との会話も多く見られ、様子を見守り必要に応じて仲立ちをし、援助することを心がけた	●コーナー遊びの際には、遊ぶ前に約束事をくり返し伝えることで、約束を理解し、守って遊ぼうとする姿が見られた。食事面では、苦手な物でも一口食べたことをほめ、一緒に喜び合うことで、自ら食べようとする姿が見られた

園の行事

- 身体測定
- 安全教室
- 誕生会
- 大掃除
- 避難訓練
- プール納め
- 総合不審者対応訓練

8月

8月の月間指導計画②

ねらい
- 衣服の着脱を自分からしようとする気持ちを受け止めてもらい、自分でできる意欲を味わう

	1週	2週
週のねらい	●夏ならではの遊びを楽しむ ●簡単な言葉のやり取りをくり返す	●水に慣れ、プールの中で気に入った玩具を使って楽しむ ●絵の具の感触に興味を持ち、自分から触って遊ぶことを楽しむ
養護（生命の保持・情緒の安定）	●ゆったりとした時間を提供し、気持ちよく過ごせるようにする ●室温や湿度が適切に保たれた中で、快適に過ごせるようにする	●水分補給や室温調整により、体温調整を行い、熱中症にならないようにする ●保育教諭（保育者）などと一緒に遊ぶ中で、かかわって遊ぶことを楽しむ
教育（健康・人間関係・環境・言葉・表現）	●簡単な言葉のくり返しのある絵本を楽しむ ●話に興味を持ち、まねして発音してみたりかかわって遊んでみたりする ●水遊び用の玩具を使いながら、水の感触を楽しむ	●不安がある際に保育教諭（保育者）などに寄り添い、安心する ●水に触れ、プールに入ってダイナミックに遊ぶ ●絵の具遊びを楽しむ
★援助・配慮　■環境構成	■様々な絵本や玩具を用意する ■気温に合った水温に調節する ★楽しんで遊べるように様々な言葉がけを行う ★遊ぶ前に簡単な約束事を伝えるようにする	■水遊びや手形スタンプなどの活動の中で水や絵の具に触れることができるように、道具を用意したり環境を整えたりする ■園児の転倒や誤飲につながらないように、遊具の配置の仕方を考える ★安全に活動できるように、水とのかかわり方などを伝える ★水や遊びに興味が持てるような言葉がけをする
教育・保育に対する自己評価	●保育教諭（保育者）などと一緒に遊ぶ中で、少しずつやり取りの言葉を発する園児が見られるようになった	●水や絵の具に触れて遊ぶことを嫌がる園児には、少しずつ言葉がけをしていった。自分から触れてみようとする園児が徐々に増えてきた

配慮すべき事項
- 水遊びが増えるので事故の防止に努め、楽しんで遊べるようにする
- 食中毒や感染症にも注意し、清潔に過ごせるようにする

子育ての支援（保護者支援）
- 食中毒や感染症の予防に努め、夏の過ごし方を伝える
- 気温や湿度の状況に応じて、水分補給をきちんとするように伝える

82

前月末の園児の姿
- 健 気温の変化から体調を崩す園児もいる
- 人 水遊びや夏ならではの遊びの中で、友達とかかわることを楽しむ姿がある
- 環 水や氷を使って遊ぶ機会が増え、楽しんでいる
- 言 簡単な言葉を使って自分の思いを伝えようとする
- 表 楽しいことや悲しいことを体を使って表現することが増える

3週	4週
●体を動かし、保育教諭（保育者）などや友達とかかわって遊ぶことを楽しむ ●周りの人や物に興味を持ち、かかわる	●衣服の着脱を自分でしようとする ●自然に触れながら、夏の様々な遊びを楽しむ
●保育教諭（保育者）などに気持ちを受け止めてもらいながら、落ち着いて過ごす ●保育教諭（保育者）などが見守る中で、好きな遊びを楽しめるようにする	●快、不快を感じ、保育教諭（保育者）などに伝えようとする ●好きなことに集中して遊びを楽しむ
●保育教諭（保育者）などと一緒に遊ぶ中で、体を動かして遊ぶことを楽しむ ●言葉や身振りを使って保育教諭（保育者）などに伝えようとする ●周りの友達や保育教諭（保育者）などとやり取りをしたり、かかわって遊んだりすることを楽しむ	●ゆったりとした雰囲気の中で、着脱ができるようにする ●水遊びを通して、友達や保育教諭（保育者）などとかかわって楽しく過ごす ●遊びの中で言葉を使い、保育教諭（保育者）などに伝えようとする
■夏の自然に触れることができるように、環境を設定する ■水遊びを楽しめるような遊具を準備する ★夏の虫や草花に興味が持てるようにする ★保育教諭（保育者）などや友達とかかわれるように、仲立ちをする	■衣服の置いてある場所や種類を、園児が分かりやすいようにする ■周りの自然に触れやすい環境を整える ★日中の気温の変化に留意し、快適に過ごせるようにする ★着脱の意欲を受け止めながら、援助を行う
●保育教諭（保育者）などのまねをして、歌や手遊びができる園児が増えてきた	●言葉がけをしながら着脱の援助を行ったことで、自分からしようとする姿が見られるようになってきた

園の行事
- 誕生会
- 避難訓練
- 夏祭り

8月の月間指導計画 ③

ねらい
- 様々な素材を使い、全身を使って夏を感じる活動を楽しむ
- 保育教諭（保育者）や友達に言葉が伝わるうれしさを感じ、積極的に発語する
- 身の回りのことに関心を持ち、自分でやろうとする

	1週	2週
週のねらい	●暑さを感じ、水や氷に触れる気持ちよさが分かる ●水遊びの身支度に保育教諭（保育者）と一緒に取り組む	●言葉や喃語、指差しなどで自分の思いを伝えようとする ●全身を使った遊びを楽しむ
養護（生命の保持・情緒の安定）	●保育教諭（保育者）に援助されながら、水遊びの身支度に意欲的に取り組めるようにする ●休息の時間を設け、心身共に健康的に過ごせるようにする	●信頼できる保育教諭（保育者）に欲求を受け止めてもらうことで、安心して過ごせるようにする ●安全な環境の中で、伸び伸びと体を動かして遊べるようにする
教育（健康・人間関係・環境・言葉・表現）	●水や氷に触れ、涼しさを感じる ●生活の流れを理解し、身の回りのことを自分でしようとする	●夏ならではの遊びを、全身を使って楽しむ ●知っている言葉や喃語を発しながら、自分の気持ちを表現する
★援助・配慮　■環境構成	■水遊び、氷遊びなど、夏を感じられる活動を設定する ■保育室をその日の気温に合わせた温度や湿度設定にする ★「気持ちいいね」「涼しいね」などの言葉がけをし、園児が気持ちよさを感じられるようにする ★次の活動への期待感を持ち、身支度に積極的に取り組めるような言葉がけをする	■スキンシップを図りながら、思いを表現しやすい環境を作る ■運動遊びをする時は、広々とした場所で活動する ★運動機能の発達を促し、バランス感覚を養うことができるように援助する
自己評価（教育・保育に対する）	●水遊びをすることを伝えてから身支度をすることで、できないながらもやってみようとする姿が見られ、よかった	●月齢によって運動機能の発達に差が見られた。それぞれの運動機能の発達に合わせた遊具を用意し、発達を促していく

配慮すべき事項
- 室温、湿度の変化に留意し、快適に過ごすことができるようにする
- 園児が発信する言葉やしぐさを受け止め、伝えようとする気持ちを大切にする

子育ての支援（保護者支援）
- 暑さから食欲が落ちやすい時期であることを伝え、家庭と連携を取りながら無理のないように食事を進める
- 体調の変化の連絡を密に取り、健康な状態で水遊びに参加できるようにする

前月末の園児の姿
- 健 保育教諭（保育者）にほめられることで、意欲的に身の回りのことに取り組んでいる
- 人 友達とかかわる楽しさを覚え、積極的にかかわりを持って遊んでいる
- 環 夏ならではの遊びを楽しんでいる
- 言 保育教諭（保育者）の言葉をまねし、言葉で思いを伝えようとする
- 表 季節の歌に親しみを持ち、歌うことを楽しむ

3週	4週
●戸外に出て、自然とのかかわりを楽しむ ●スプーンやフォークを持ち、自分で食べる	●様々な素材を使い、製作を楽しむ ●友達と刺激し合いながら、身の回りのことに取り組む
●探索活動や発見を楽しめるようにする ●楽しい雰囲気の中で食事ができるようにする	●自分でできるようになったことに喜びを感じながら、身の回りのことに積極的に取り組めるようにする ●保育教諭（保育者）に認めてもらうことで心が満たされるようにする
●夏の虫や草花に興味を持ち、触れたり観察したりすることを楽しむ ●スプーンやフォークを使って意欲的に食事をする	●ゆったりとした雰囲気の中で、身の回りのことに取り組む ●指先で素材の感触を楽しみながら製作を行う
■夏の自然に触れられる場を設定したり、簡単な図鑑を置いたりする ■清潔に食事ができるよう、環境を整える ★草花や虫の名前を教えるなどして興味を引き出す ★「自分で」という思いを尊重し、さり気なく援助する	■それぞれのロッカーや靴下を入れる場所が分かるように、個別のマークで示す ■落ち着いて製作に取り組むことができるように、環境を設定する ★成長に合わせて援助し、製作の楽しさを感じられるようにする ★自分でできた喜びを感じられるように、ほめて意欲を引き出す
●夏の草花や虫の観察をしたことで昆虫への興味を持ちはじめた。虫かごに入れて室内で観察するなど、園児の反応に対応することができた	●友達とのかかわりが増えることで、同時にトラブルも増えてきている。保育教諭（保育者）が仲介に入り、様子を見守っていくようにしたい

園の行事
- 誕生会
- 身体測定
- 避難訓練

85

8月の月間指導計画 ④

ねらい
- 快適に整えられた環境の中、水分や休息を十分に取りながらゆったりと過ごし、暑い夏を元気に過ごす
- 生活の様々な場面で「自分でやりたい」という気持ちが芽生える
- 夏ならではの遊びの楽しさが分かり、期待を持つようになる

	1週	2週
週のねらい	・安心して自分の気持ちを表すことができ、一日を元気に過ごす ・気に入った夏の遊びを満足するまで楽しむ	・保育教諭（保育者）と一緒に様々な感触遊びの楽しさを味わう ・気に入った遊びをくり返し行い楽しむ
養護（生命の保持・情緒の安定）	・睡眠不足や暑さによる疲れに十分に配慮し、一人一人の体調の把握に努め、気になる点を担任間で共有する ・室内温度や換気に留意し快適な環境を整え、一日を元気に過ごすことができるようにする（CO_2センサーを定期的にチェックする）	・園児が不安になることがないよう、愛着関係のある保育教諭（保育者）が近くにいるようにする ・担任以外の保育教諭（保育者）とかかわる ・一人一人の様子に十分に留意しながら引き継ぎや申し送りを丁寧に行う
教育（健康・人間関係・環境・言葉・表現）	・保育教諭（保育者）とトイレに行って、排泄したり、おむつに排泄したことを伝えようとしたりする ・生活の流れが少しずつ分かるようになる ・保育教諭（保育者）に様々な欲求を受け止めてもらい、落ち着いて食事をしたり入眠したりする ・清潔にする心地よさを感じながら、快適で衛生的な環境の中で一日を元気に過ごす	・おむつに排泄すると保育教諭（保育者）に伝えたり、自分でおむつを脱ごうとしたりする。保育教諭（保育者）とトイレに行き排泄したり、自分で水を流そうとしたりする ・シャワーや着替えの際、担任以外だとぐずったり嫌がるが、担任がそばで見守ることで他の保育教諭（保育者）とも安心して過ごせるようになる
★援助・配慮　■環境構成	■トイレの衛生管理、安全確認を徹底する ■シャワーや着替えなどは他クラスと重ならないよう事前に確認する ■視野を広く取り、死角や危険のないよう十分に留意し、園児の人数把握をしっかりと行う ■玩具などの清潔保持に努め、こまめに消毒する。園児が触れる場所はより丁寧に消毒する ■生活動線で気になるところを保育教諭（保育者）間で確認し、改善する ★園児一人一人の甘えやこだわりに丁寧に対応できるよう保育教諭（保育者）間で連携を図る	■トイレの衛生管理、安全確認を徹底する ■異年齢児と合同になってもゆったりと落ち着いて過ごせるコーナーや空間を作る ■食育期間においては異年齢混合保育になるので各年齢の園児の生活環境や生活動線についてこまめに保育教諭（保育者）間で話し合う ■異年齢児と水遊びやどろんこ遊びなどを行う中で起こりうる様々な危険について話し合い、安全に楽しく活動できるよう確認する ★園児の様子から日々の気付きや振り返りを行い、異年齢混合保育に生かす

配慮すべき事項
- 園児の様子や健康状態に留意し、体調の変化にいち早く気付けるよう努める
- 活動と休息のバランスに留意し、水分を十分に取る
- 室温、湿度、換気に配慮し、快適に過ごせるようにする

子育ての支援（保護者支援）
- 食育期間についてはおたよりのほかに個別に説明する
- 受け入れ時の健康観察を丁寧に行い、健康状態について保護者と共に確認する
- 感染症は早めの受診が重症化を防ぐことを伝える

前月末の園児の姿

- 健 意欲的にスプーンを持って最後まで自分で食べようとする姿が見られる
- 人 夏ならではの様々な遊びを経験する中で友達と遊びの楽しさを共有する
- 環 気に入った遊びを楽しむが、欲しい物が重なるとトラブルになることも多い
- 言 わらべ歌やくり返しのある絵本の場面などを覚えて一緒に言うことを楽しむ
- 表 楽しいことを見つけるといろいろな方法で保育者に伝えようとする

3週	4週
●保育教諭（保育者）に遊びを通しての気付きや驚きなどを言葉やしぐさで伝えようとする ●気に入った遊びをくり返す中で、様々な発見をする	●いろいろな遊びを試し、思うようにいかない時は保育教諭（保育者）に言葉やしぐさで思いを伝える ●保育教諭（保育者）や気の合う友達と気に入った遊びを楽しむ
●園児一人一人の体調や様子に合わせた対応ができるように室内を大きくコーナー分けする（動的活動スペース・静的活動スペース） ●生活や遊びを2グループに分け、少人数でゆったりと過ごせるようにする	●2つのスペースを有効に使い、疲れや体調の変化などの欲求を十分に満たしながら、一人一人に合わせた対応ができるようにしていく ●少人数でゆったりと過ごすことで保育教諭（保育者）との愛着関係を深めていく
●遊びに夢中になり、途中で誘われるとおむつ交換やトイレに行くことを嫌がることもある ●トイレでは保育教諭（保育者）をまねてスリッパを揃えようとする ●手洗いを通して水道の蛇口に興味を持つ ●特定の保育教諭（保育者）以外とも自分からかかわろうとする	●トイレに行くことが習慣になり、誘われると保育教諭（保育者）と一緒に行き、排泄する ●手洗いが上手になり、手を添えられることを嫌がる ●長期の休み明けから、食べる、眠る、遊ぶなどの生活リズムが整いにくい ●保育教諭（保育者）の仲立ちによって他児と一定時間一緒に遊べるようになる
■トイレに並べるスリッパの数は転倒などの危険につながることのないよう、必要最小限にする ■コーナーは実際に過ごしてみて、振り返りや気付きを大切に改善を重ねていく ■園児が安全に過ごせるよう生活の動線を見直す ★トイレへの興味・関心、不安や戸惑いからの抵抗感は園児によって違うので、様々な気持ちを受け止めながら一人一人に合わせて無理なくトイレトレーニングを進める ★保育教諭（保育者）の配置について、生活や活動の様々な場面や状況を考えながら改善につなげる	■トイレや手洗い場は足元の水滴などをこまめにふき取り、踏み台の高さを成長とともに調節する ■夏から秋に向けて生活や活動の動線が少しずつ変わるので、実際に過ごしてみて改善する ■着脱に興味が出はじめている園児がじっくりと取り組めるよう、着脱スペースを用意する ★トイレで排泄ができた時は一緒に喜び、次への意欲につながるよう声をかける ★保育教諭（保育者）も遊びの中に入り、園児の興味に寄り添いながら気付きや気持ちを共有する ★絵本の読み聞かせを通して、絵本の楽しさを伝える

教育・保育に対する自己評価

●体調や機嫌などを担任間で共有することで、体調の変化に早く気付き、保護者に受診を促すことができた。動きが活発になり体力もついてきたため、朝の涼しい時間に短時間ではあるが戸外での運動遊びを楽しんだ

園の行事
- 食育期間（弁当期間・異年齢混合保育期間）
- 身体測定
- 食育の日
- 誕生会
- 避難訓練
- リズム運動

8月の月間指導計画 ⑤

ねらい
- 水遊びを十分に楽しみながら、いろいろと工夫して遊ぶ
- 身の回りのことに関心を持ち、自分でやろうとする

	1週	2週
週のねらい	●納涼大会に参加し、夏ならではの祭りの雰囲気を味わう ●水遊びや行事の中で友達や保育教諭（保育者）と応答的なやり取りをする	●水や氷に触れ、冷たさを感じたり、氷が溶け、ゆっくりと変化していく不思議さを経験したりする ●衣服の着脱を自分で行おうとする
養護（生命の保持・情緒の安定）	●室温や湿度を適切に調整し、快適に過ごせるようにする ●気温や活動に合わせて、水分補給をこまめに行うようにする	●暑さによる疲れに十分に配慮し、一人一人の体調の把握に努めるようにする
教育（健康・人間関係・環境・言葉・表現）	●納涼大会に参加する ●プールでの水遊び、泡遊びを楽しむ	●花氷を作り、花氷遊びを楽しむ ●素材の感触を楽しみ、製作をする ●水着に着替える際やトイレの着脱時に、ズボンやおむつ、パンツを自分で脱ごうとする
★援助・配慮／■環境構成	■プール遊びでは、園児の育ちと遊ぶ様子を考慮しながらプールの水の量を調節する ■快適に過ごせるよう、外気温との差に配慮しつつ、室温や湿度を調節する ★納涼大会では、保育教諭（保育者）が仲介し、やり取りを存分に楽しみ満足感を持てるようにする ★泡遊びでは、安全に配慮しながら無理のないよう行う	■園児たちが不快に感じないよう、汗の始末などを行い、身の回りを清潔に保つ ★花氷遊びでは、花氷を事前に園児と一緒に作り、ワクワクする気持ちを大切にする ★スプーンやフォークを下から握る持ち方やペン持ちで持てるよう、手を添えたり声をかけたりして援助していく

配慮すべき事項
- 一人一人の体調把握に努め、こまめに水分補給をして快適に過ごせるようにする
- 水遊びでは、水温、水量、遊ぶ時間に配慮し、安全に遊べるようにする

子育ての支援（保護者支援）
- 汗をかき着替えることが増えるため、着替えを多めに用意してもらうよう依頼する
- 夏の疲れにより体調を崩しやすいため、連絡帳や送迎時に健康状態を伝え合うようにする

前月末の園児の姿

- 健 水遊びの心地よさを感じながら、楽しく遊ぶ姿が見られる
- 人 保育教諭（保育者）や友達とかかわり、活動や遊びを楽しむ
- 環 梅雨期ならではの自然や自然物に親しみ、楽しむ
- 言 見たことや感じたことを自分なりの言葉で伝えようとする
- 表 保育教諭（保育者）と歌ったり、リズム遊びをしたりして楽しむ

3週	4週
●水の冷たさや気持ちよさを感じながら伸び伸びと水遊びを楽しむ ●保育教諭（保育者）や友達とやり取りを楽しみながら、かき氷の感触遊びをする	●夏の虫に興味を持ち、虫の声を聴いたり触れてみたりする ●色水遊びを通して色が混ざり合うおもしろさ、変化する不思議さを感じる
●進んでトイレに行き排泄できるよう、声をかける ●自分でやってみようとする気持ちを大切にし、状況に応じて見守ったり援助したりする	●体調管理に留意し、たくさん体を動かしたあとはゆっくり休息を取るようにする
●ペットボトルシャワー、傘袋シャワーを楽しむ ●シャリシャリとした、かき氷ならではの感触を楽しむ	●色の変化を楽しみながら、色水遊びをする ●プール納めに参加する ●夏の虫を探しに行く
■休み明けのため、一人一人の生活リズムを大切にしながら、状況に応じて休息できる時間と場を確保していく ★一人一人の体調や家庭での様子を確認し、心の安定と体調管理に配慮する ★一人一人の排泄のタイミングをつかみ、しぐさや表情を見ながらトイレに誘うようにする。また、進んでトイレに行ったり排泄したりした時には、共に喜び、次の意欲につなげていくようにする	■水に対しての恐怖心が和らいでくるため、安全に遊べるよう、プールに入る際は職員同士で声をかけ合い連携する ★戸外活動を多く取り入れ、虫探しを楽しめるようにする ★色水遊びでは誤飲のないよう、十分に配慮して行う ★プール遊びや戸外での活動後は、水分補給をしっかり行い、外気温と室温の差に配慮して健康に過ごせるようにする

教育・保育に対する自己評価

- 行事やプール遊び、感触遊びを通して、夏ならではの遊びや活動を存分に経験できるようにした。特に納涼大会では、熱気や雰囲気を感じられるよう声かけをしたことで、ワクワクしながら一人一人が楽しむことができた。プール遊びでは、スキンシップを取りながら身支度や水に慣れるよう進めたことで、水の感触や心地よさを全身で感じることができた

園の行事
- 納涼大会
- 身体測定
- 避難訓練
- プール納め

8月の月間指導計画 ⑥

ねらい
- 保育教諭（保育者）や友達と一緒に、夏ならではの遊びを十分に楽しむ
- 暑い夏の時期を健康的に過ごす
- 食事や排泄、着替えなど、簡単な身の回りのことを自分でしようとする

	1週	2週
週のねらい	●保育教諭（保育者）や友達と水遊びを楽しむ ●簡単な身の回りのことを自分でしようとする	●夏の虫や花に触れ、自然に興味を持つ ●簡単な身の回りのことを自分でしようとする
養護（生命の保持・情緒の安定）	●安心できる保育教諭（保育者）の下で、自分でしようとする気持ちを育てる ●安全な環境の下で、伸び伸びと体を動かす ●「鼻を拭こうね」と声をかけながら優しく拭き取り、清潔に保てるようにする	●気温や湿度に留意し、暑い夏を健康的に過ごせるようにする ●長期間休む園児もいるので、園児の気持ちを十分受け止め、安心して過ごせるようにする
教育（健康・人間関係・環境・言葉・表現）	●水の感触を十分味わい、全身を使って遊ぶ ●様々な素材や道具を使って遊ぶ	●朝顔の花で色水を作り、色の変化を楽しむ ●身近な生き物に気付き、親しみを持つ
■環境構成 **★援助・配慮**	■水遊びの道具はこまめに日光消毒し、清潔が保てるようにする ■水遊びや体を動かして遊んだあとは、ゆったりと落ち着いて遊べるコーナーを準備する ■園児の遊ぶ様子を見守り、気付きに共感しながら道具を減らしたり増やしたりする ★保育教諭（保育者）も一緒に園児と遊びながら、道具の使い方や遊び方を伝え、おもしろさに気付けるようにする ★自分でしてみようとする気持ちが育つよう、せかさずに見守り、「〇〇してみようか」「こうしてみる？」などと声をかける	■セミやカニなどを飼育ケースに入れ、見やすい高さの場所に置く ■水を入れたビニール袋に萎んだ花を入れ、もんだり押したりすると水の色が変化していくことに気付くようにする ★汗をかいたり汚れた時は、着替えたり、拭いたりして心地よさを感じられるようにする ★生き物の動きや特徴を伝えたり、一緒に体で表現したりするなどし、興味が持てるようにする

配慮すべき事項
- 暑さ指数計を確認しながら、水分補給や休息を十分行う
- 園児の発達の様子や自分でしようとする姿を記録し、一人一人に合った援助の仕方を保育教諭（保育者）間で話し合っていく

子育ての支援（保護者支援）
- 夏の疲れなどで体調不良や情緒が不安定になる園児もいるので、家庭と園での様子を丁寧に連絡し合う
- 自分の思いが通らないと園児同士のトラブルが起こりやすい時期なので、発達の見通しや成長のエピソードをドキュメンテーションなどで伝える

90

前月末の園児の姿
- 健 保育教諭（保育者）に見守られながら、衣服の着脱をしようとする
- 人 保育教諭（保育者）の仲立ちで友達と手をつなぐなど、かかわろうとする
- 環 水に触れたり、色水遊びをしたりして水に親しむ
- 言 簡単な言葉で、思いを表現する
- 表 季節の歌をうたったり、体で表現したりしている

3週	4週
●保育教諭（保育者）や友達と一緒に、手先や指先を使って十分に遊ぶ ●自分からいろいろな物を食べようとする	●保育教諭（保育者）や友達と簡単なやり取りを楽しむ ●トイレで排泄しようとする
●スプーンやフォークを使い、自分で食べられるようにする ●保育教諭（保育者）と一緒に手遊びを楽しむ	●保育教諭（保育者）が誘い、トイレの便座に座れるようにする ●保育教諭（保育者）が園児の思いを受け止める
●握る、つまむなどして手指を使って遊ぶ ●色や形、大きさに興味を持つ	●保育教諭（保育者）や友達とごっこ遊びやシール貼りをし、簡単なやり取りを楽しむ ●好きな絵本を見て楽しむ
■玩具のスプーンを使い、おもちゃすくいをすることで、スプーンの持ち方や使い方が学べるようにする ■いろいろな形の型はめパズルや色分けシールを用意し、遊びながら色や形に興味が持てるようにする ★食事中に、キュウリを食べる時など「ぽりぽり音がするね」と言葉を添えながら、様々な味や食感があることを伝える ★スプーンを上手に使えない園児には、手を添えて援助することで食べる意欲を持てるようにする	■段ボールやエアパッキンなど様々な素材にシールを貼れるようにする ■シールを口に入れないよう、保育教諭（保育者）がついて遊びを楽しめるようにする ★貼ったりはがしたりするおもしろさを、保育教諭（保育者）も共有し、楽しむ ★園児の伝えたい思いを受け止め、応答的なやり取りの中で言葉のおもしろさ、伝える喜びが味わえるようにする ★保育教諭（保育者）が気持ちを代弁したり、玩具を介して遊びに誘ったりして、友達とやり取りが少しずつできるようにする

教育・保育に対する自己評価
- 暑さや長期の休みなどで体調を崩し、長引く園児が多かった。一人一人応答的に丁寧にかかわり、情緒の安定を図った
- シール貼りや粘土遊びなど、指先を使った遊びを多く取り入れた。指先を使う遊びに興味を持ったので、来月も続けて取り入れ、保育教諭（保育者）や友達とのやり取り、生活習慣へつなげていきたい

園の行事
- うら盆
- 園外保育
- 消火避難通報訓練（不審者対応訓練）
- 身体測定
- 誕生会

9月の月間指導計画 ①

ねらい
- 友達や保育教諭（保育者）などとかかわりながら、好きな遊びを十分に楽しむ
- 身近な自然事象に関心を持ち、自分からかかわろうとする
- 語彙が増え、言葉のやり取りを楽しむ

	1週	2週
週のねらい	●祖父母参観で一緒に触れ合い遊びを楽しむ ●戸外に出かけ、秋の草花を見たり、触れたりする	●絵本や歌を通して、秋の自然に親しみを持つ ●知っている言葉で保育教諭（保育者）などや友達と会話を楽しむ
養護（生命の保持・情緒の安定）	●休息と活動のバランスを整え、元気に生活できるようにする ●欲求や甘えを片言やしぐさで表し、保育教諭（保育者）などに受け止めてもらいながら安心して過ごす	●体調や生活リズムに配慮しながら、健康に過ごせるようにする ●子どもの欲求を受け止め、ゆったりとしたかかわりの中で安心感を持って好きな遊びを楽しめるようにする
教育（健康・人間関係・環境・言葉・表現）	●十分に体を動かすことで、自分で活動することの喜びや達成感を味わう ●様々な素材に触れ、秋の製作を楽しむ	●保育教諭（保育者）などや友達に関心を持ち、かかわろうとする ●音楽に合わせて体を動かして遊ぶ
★援助・配慮　■環境構成	■発達に応じたいくつかの遊びを用意し、好きな遊びにじっくり取り組めるように見守りながら一緒に遊ぶ ■園児が動きやすい環境を整え、自分でしようとする姿を認め、できない部分はさりげなく手伝い、「自分でできた」満足感を味わえるようにしていく ★言葉にならない思いや気持ちをくみ取り、言葉にして丁寧に返していく ★園児たちが興味を持って取り組めるような題材を用意して、保育教諭（保育者）などや、友達と一緒に製作活動が楽しめるように工夫する（シール貼りなど）	■室温設定や休息の取り方などを見直し、快適な環境作りを心がける ■泣いたり甘えが見られたりする際には、だっこなどスキンシップを図り、落ち着くのを待ち、思いを受け止めて別の遊びに誘っていく ★言葉で伝えようとする気持ちを大切にし、足りない部分は保育教諭（保育者）などが補い、やり取りが楽しめるようにする ★季節の歌「とんぼのめがね」などを用意し、保育教諭（保育者）なども一緒に曲に合わせて動き、歌いながら楽しさを共有する
教育・保育に対する自己評価	●事前に手遊び歌で遊んでいたので、祖父母参観日に、園児たちがリードして楽しみ、そのあとの製作活動も和やかな雰囲気の中で行うことができた	●絵本やパネルシアターを通して、保育教諭（保育者）などとの言葉のやり取りを楽しむことができた。また、同じ絵本をくり返し読み聞かせることで、見通しを持ってストーリーを覚え、話す姿も見られた

配慮すべき事項
- 園児たちの体調に合わせて、室内と戸外の職員配置をし、保育ができるようにする
- 季節の変わり目でもあり、体調を崩しやすい時期なので、ゆったりと過ごせる環境を整えたり、園児の甘えを受け止めたりして、心と体の安定を図る

子育ての支援（保護者支援）
- 夏の疲れが出てくる時期なので、家庭でも十分に休息を取り、生活リズムを整えるよう伝える
- 食事、着脱、排泄など園での様子を細かく伝え、成長の喜びを感じてもらえるようにする
- 持ち物や着替えには、必ず名前の記入をお願いする

前月末の園児の姿
- 健 意欲的にトイレに行き、排尿する園児が増えている
- 人 気の合う友達のそばで同じ遊びをしながら、少しずつかかわって遊ぶ姿が見られる
- 環 キンギョやカブトムシがいる部屋に行きたがり、興味深く観察する姿が見られる
- 言 保育教諭（保育者）などや友達の名前を覚え、積極的に呼んでいる
- 表 季節の歌や手遊びを覚え、積極的に歌ったり、体を動かして楽しむ姿が見られる

3週	4週
●様々な素材を使った製作活動を楽しむ ●身の回りのことに興味を示し、自分でもやってみようとする	●遊びの中で簡単な言葉のやり取りを楽しもうとする ●歌やリズムに合わせて楽器遊びを楽しむ
●手洗いやうがいを通して、清潔にする心地よさを感じる ●保育教諭（保育者）などがゆったりとかかわりながら、自分でやろうとする気持ちを大切にし、できた喜びを共有する	●保育教諭（保育者）などに見守られながら、トイレで排泄しようとする ●自分でやりたい気持ちを受け止めながら、個々に応じた援助をし「できた」という満足感を得られるようにする
●保育教諭（保育者）などや友達に、片言やしぐさで自分の思いを伝えようとする ●友達や保育教諭（保育者）などと一緒に、手や指を使ってひも通しや洗濯ばさみなどで楽しむ	●絵本や紙芝居、パネルシアターなどに親しみ、くり返しの言葉を楽しむ ●保育教諭（保育者）などの動きをまねて、手遊びやリズム遊びを楽しむ
■様々な動きが体験できるように用具や場面の設定を工夫し、空間構成に配慮する ■安全に配慮し、自分でやりたいという気持ちをくみ取り、必要に応じて援助し、達成感が味わえるよう見守る ★「きれいにしようね」などの言葉をかけながら援助し、清潔になる心地よさを感じられるようにしていく ★言葉にならない思いや気持ちをくみ取り、代わりに言葉にして丁寧に返していく	■ズボンは、はきやすいように裏返したり向きを整えたりしておく ■親しみの持てる題材を用意し、保育教諭（保育者）なども一緒に体を動かしながら行うことで、楽しさを伝える ★できたことをほめ、自分でやりたいという気持ちを受け止めることで、次につなげていく
●秋の歌や絵本、戸外遊びを通して、秋の自然に十分親しむことができた。週末には、元気に全員での遠足を経験することができた	●天気のよい日は、園庭に出て滑り台で遊んだり虫をつかまえたり、ノギクを摘むなどして楽しむことができた

園の行事
- 身体測定
- 誕生会
- 祖父母参観日
- 総合安全教室
- 避難訓練

93

9月の月間指導計画 ②

ねらい
- 夏の疲れや残暑からくる体調の変化に留意し、健康に過ごせるようにする
- 保育教諭（保育者）などや友達との遊びを楽しみ、行事や生活を通して身の回りのことに興味を持つ
- 保育教諭（保育者）などや友達と体を動かしたり、リズムに合わせて遊んだりする

	1週	2週
週のねらい	●伸び伸びと体を動かして遊ぶ ●簡単な言葉のやり取りを楽しむ	●散歩を楽しみ、季節を感じる ●様々な素材に触れ、楽しむ
養護（生命の保持・情緒の安定）	●適切な室温の中で、伸び伸びと過ごす ●保育教諭（保育者）などの言葉がけに反応し、楽しい気持ちになる	●秋の空気を感じ、心地よく過ごす ●体温調節を適切に行い、健康に過ごす
教育（健康・人間関係・環境・言葉・表現）	●衣服の着脱にも少しずつ慣れ、意欲的に取り組む ●遊びを通して、保育教諭（保育者）などや友達との会話を楽しむ ●ままごとやブロックで友達と一緒に遊ぶ	●散歩で外の景色や様子を楽しむ ●落ち葉や木の実などを使って遊ぶ ●友達と一緒に体を動かすことを楽しむ
■環境構成 ★援助・配慮	■体を十分動かすことができるスペースを確保する ■くり返しの言葉などが楽しい絵本を選び、言葉に興味が持てるようにする ★遊びに興味を持てるような言葉がけをする ★園児に負担がないペースや動きを心がけてかかわる	■散歩コースに危険がないか事前に確認する ■秋の自然物に触れ合えるように素材を準備する ★草木に興味が持てるように声をかける ★いろいろな素材に触れ、感覚に共感する
自己評価（教育・保育に対する）	●できたことをしっかりとほめていくことで、遊具、用具などで意欲的に遊ぶことができた	●散歩中に分かりやすい言葉がけをすることで、秋の自然など周囲の様子に興味を持つことができた

配慮すべき事項
- 夏の疲れが出やすい時期なので、気温の変化に留意し、園児の体調をこまめに伝え合う
- 保育室内の温度や風通しに配慮し、水分補給をこまめにして、熱中症対策を心がける

子育ての支援（保護者支援）
- 季節の変わり目での体調管理や食事、アレルギーなどへの対応をアドバイスする
- 園児の成長を伝え、家庭での子育ての励みとなるように配慮する

前月末の園児の姿
- 健 夏バテしている様子もなく元気に過ごしている
- 人 保育教諭（保育者）などとのかかわりを楽しむ姿が見られる
- 環 虫や草花に興味を持ってかかわっている
- 言 自分の気持ちを言葉にして伝えようとする
- 表 好きな歌を口ずさんだり、手遊びを楽しんだりしている

3週	4週
●戸外での開放感を楽しむ ●音楽に合わせて体を動かすことを楽しむ	●運動会に向けて雰囲気を味わう ●音楽に合わせて体を動かすことを楽しむ
●気温の変化に応じて衣服の着脱を促す ●保育教諭（保育者）などとリズムに合わせて体を動かし、楽しく過ごす	●楽しんで体を動かしながら、行事への関心を高める ●思いを受け止め、安心して過ごす
●草花を観察したり触ったりして感じる ●体を動かすことが楽しく、何度もやってみる ●歌やリズム遊びを、言葉や体を使いながら楽しむ	●楽しみながら、進んで練習に参加しようとする ●体を使った遊びに楽しく参加する ●周りの友達と一緒に運動することを楽しむ
■園児同士が一緒にできる遊びを準備する ■体を思いきり動かせるスペースを確保する ★転んだりした時の気持ちなどを受け止める。また、思わぬけががないように、園児の状況を注視する ★保育教諭（保育者）も一緒になって楽しむ中で、園児の意欲を高める	■気候や体調に合わせ、水分補給や十分な休息が取れるようにする ■遊びや活動に集中できる環境作りを心がける ★園児たちのペースに留意し、無理のない活動を展開する ★声かけをしたり、手本を見せたりしながら、活動に取り組む意欲を高める
●園児たちが好きな音楽や反応がよい曲を使うことで、曲に合わせて体を動かすことを楽しんでいた	●負担がかからないように時間を配分したので、毎日楽しく練習に取り組んでいた。また、運動会当日も元気に参加することができた

園の行事
- 避難訓練
- 敬老の日参観
- 身体測定
- 誕生会
- 運動会

9月の月間指導計画 ③

ねらい
- 全身を使って遊んだり、リズムに合わせて体を動かしたりすることを楽しむ
- 戸外遊びを楽しみ、自然に触れる
- 保育教諭（保育者）に仲介に入ってもらいながら、友達とのかかわりを広げる
- 保育教諭（保育者）に排泄を伝え、トイレに行く

	1週	2週
週のねらい	●音楽に合わせて体を動かすことを楽しむ ●全身を使った遊びを楽しむ	●運動会に参加することを楽しむ ●友達とのやり取りを楽しむ
養護（生命の保持・情緒の安定）	●伸び伸びと全身を動かし、健康的に過ごせるようにする ●保育教諭（保育者）に甘えながら、安心して過ごせるようにする	●楽しんで体を動かしながら、運動会への関心が高まるようにする ●休息を十分に取り、安定して過ごせるようにする
教育（健康・人間関係・環境・言葉・表現）	●運動会に向けて、遊びの中でかけっこなどを楽しむ ●曲に親しみを持ち、友達と一緒に踊る	●ままごとやブロック遊びを通して、友達とのやり取りを楽しむ ●友達や保育教諭（保育者）と、体を動かすことを楽しみながら運動会に参加する
環境構成★援助・配慮	■運動後は、十分に水分補給や休息の時間を設ける ■甘えを受け止め、安心して過ごすことができるようにする ★疲れがたまっている時は無理をせず、ゆったりと過ごせるようにする ★様々な曲に合わせて保育教諭（保育者）も一緒に体を動かし、楽しさを共有する	■練習をする時は事前に安全点検を行う ■発達に応じた玩具を用意し、かかわりを広げられるようにする ★運動会があることを伝え、期待感を持つことができるようにする ★園児同士のやり取りを見守りながら、足りない部分は保育教諭（保育者）が補うなどして、かかわりを楽しめるようにする
教育・保育に対する自己評価	●くり返し曲を流して踊ったことで、園児たちの興味を引き出し、楽しく活動することができた	●運動会当日は泣く子もいたが、保育教諭（保育者）が寄り添ったことで落ち着いて参加できた

配慮すべき事項
- 園児同士のトラブルが増えているため、そばで遊びを見守りながらすぐに対応できるようにする
- 運動会練習で疲れがたまりやすくなるので、休息の時間を十分に設ける

子育ての支援（保護者支援）
- 園での様子を伝え、友達とのかかわりの様子を伝える。また、トラブルも見られるが、成長の一つとして見守ることができるような言葉がけをする
- 季節の変わり目で体調を崩しやすい時期であることを伝え、体調管理ができるように促す

96

前月末の園児の姿
- 健 自分でスプーンやフォークを持って食事をする
- 人 友達とのトラブルがありつつも、かかわりを楽しんでいる
- 環 虫や草花などに興味を持ち、触れてみようとする
- 言 片言や二語文で言葉を発することを楽しんでいる
- 表 のりやクレヨンを使った製作に、意欲的に取り組んでいる

3週	4週
●トイレに行き、排泄する ●戸外に出て季節の変化を感じる	●戸外に行く喜びを感じながら身支度をする ●言葉を発する楽しさを感じる
●保育教諭（保育者）に誘われ、トイレに行けるようにする ●保育教諭（保育者）に伝えたい思いを受け止めてもらうことで、安心して気持ちを表現できるようにする	●保育教諭（保育者）がほめることで、満足感を味わえるようにする ●心地よさを感じながら、戸外で思いきり体を動かして遊べるようにする
●秋の自然に興味を持ち、発見を楽しむ ●便座に座ることに慣れ、トイレで排泄する	●二語文や片言で言葉のやり取りを楽しむ ●身支度をして戸外遊びを楽しむ
■マツボックリやドングリなど、季節の変化を感じられる自然物を見せたり手渡したりする ■トイレにイラストを貼るなどして、意欲的にトイレに行けるようにする ★草花や虫などに興味が持てるように声をかける ★園児の気持ちに負担をかけないように、様子を見ながらトイレに誘う	■着たり履いたりしやすいように、靴などの向きを整える ■園児の発する言葉を丁寧に受け止める ★戸外へ行くことを事前に知らせるなどして、積極的に身支度ができるように促す ★言葉にならない思いは代弁するなどし、応答的なかかわりを持つ
●トイレトレーニングを通してトイレでの排泄に徐々に慣れ、おむつを濡らすことなく過ごしている園児も見られた	●個々の意思表示を丁寧に受け止めてきたことで、戸外に出かける際の身支度では、できない時は「できない」「やって」と言葉で伝えに来るようになった

園の行事
- 運動会
- 個人面談
- 誕生会
- 身体測定
- 総合防災訓練

年間計画 / 4月 / 5月 / 6月 / 7月 / 8月 / 9月 / 10月 / 11月 / 12月 / 1月 / 2月 / 3月

97

9月の月間指導計画 ④

ねらい
- 夏の疲れや体調の変化に十分留意しながら一人一人が健康に過ごせるようにする
- 「自分でやってみたい」という気持ちを受け止め、個々の主体性の芽生えを見守る
- 園庭の散策や園外の散歩を通して身近な秋の自然に触れる

	1週	2週
週のねらい	●一日をゆったりと過ごし、生活リズムを整える ●気に入った遊びを満足するまでじっくりと楽しむ	●保育教諭（保育者）と一緒に様々な運動遊びの楽しさを味わう ●探索活動を通して様々な物に興味を持つ
養護（生命の保持・情緒の安定）	●睡眠不足や夏の疲れ、休み明けの生活リズムの崩れなど、一人一人の体調の把握に努め、個々が元気に過ごせるようにする（CO_2センサーを定期的にチェックする） ●園児の健康状態や気になる点を担任間で共有する	●愛着関係のある保育教諭（保育者）がそばにいることで安心して自分から遊び出せるようにする ●遊びの中で保育教諭（保育者）や友達とかかわりを持てるようにする ●一人一人に合わせた休息を取り入れる
教育（健康・人間関係・環境・言葉・表現）	●スプーンを使い自分で食べようとする。保育教諭（保育者）と共に食事のあいさつをする ●オムツに排泄したことを保育教諭（保育者）に伝えたり、便座に座って排泄したりする ●保育教諭（保育者）に様々な欲求を受け止めてもらい安定するが、愛着関係のある保育教諭（保育者）が離れると不安になる	●最後まで自分で食べようとし、保育教諭（保育者）の援助を嫌がる。嗜好が出てくる ●保育教諭（保育者）とトイレに行き排泄したり、自分で水を流そうとしたりする ●保育教諭（保育者）のすることに興味を持ち、同じことをしたがる。また、そばで見守られることで安心して過ごす
★援助・配慮　■環境構成	■生活や遊びの場の衛生管理、安全確認を徹底する ■水分を取りたがらない園児には特に留意し、水分補給をこまめに行う ■汗をかいたらシャワーや沐浴がすぐできるよう準備しておく ■視野を広く取り、死角や危険のないよう十分に留意し、園児の人数把握をしっかりと行う ■玩具などの清潔保持に努め、こまめに消毒する。園児が触れる場所はより丁寧に消毒する ★園児一人一人の甘えやこだわりに丁寧に対応できるよう保育教諭（保育者）間で連携を図り工夫する	■アルコールでの消毒を徹底する ■ゆったりと落ち着いて過ごせるコーナーや空間を作る ■デイリープログラムを見直し、よりよい環境や動線について保育教諭（保育者）間で話し合う ■様々な運動遊びの中で起こりうる危険について話し合い、安全に楽しく活動できるよう確認する ★園児の様子から日々の気付きや振り返りを行い、個人差に配慮したデイリープログラムを設定する ★園で行う運動遊びや触れ合い遊びの中で親子で取り組めるものを家庭に知らせ、運動会につなげていく

配慮すべき事項
- 園児の健康状態や体調の変化などに十分に留意する
- 活動と休息のバランスに留意し、水分を十分に取る
- 室温、湿度、換気に配慮し、快適に過ごせるようにする（CO_2センサーも活用）
- 手洗いと消毒を徹底する（アルコールが使えない園児にも留意）

子育ての支援（保護者支援）
- 行事については個別に説明を行い、きちんと理解をした上で協力してもらうようにする
- 受け入れ時の健康観察を丁寧に行い、健康状態について保護者と共に確認する
- 小さな体調の変化に十分に留意することや早めの受診が重症化を防ぐことをくり返し伝える

前月末の園児の姿

- 健 長期の休み明けは生活リズムの乱れや疲れた様子の園児も多く見られる
- 人 保育教諭（保育者）との愛着関係が深まり、落ち着いて遊び込めるようになった
- 環 生活の流れがなんとなく分かり、1歳児なりに生活の見通しが立つようになる
- 言 日常の生活の中でのあいさつや言葉のやり取りが少しずつ見られる
- 表 着替える機会が多くなり「自分で」と主張しながら着ようとする園児が増える

3週	4週
●戸外の固定遊具や乗り物などに興味を示す ●探索活動の中でのいろいろな発見を楽しむ	●気に入った運動遊びを友達と共有しながらくり返し楽しむ ●興味を持った物や発見した物を使って試す
●夏の疲れが出て体調を崩しやすい時期なので、園児一人一人の健康状態や様子、変化に十分に留意する ●生活や遊びの中でゆったりと休息を取ったり睡眠がしっかりと取れるように工夫する	●欲求を十分に満たしながら一人一人に合わせた対応ができるようにする ●朝夕の気温差が出てくるので体調の変化には十分に留意する
●食事の際に保育教諭（保育者）の援助を拒み「自分で」という気持ちが強くなる ●保育教諭（保育者）に誘われオムツ交換やトイレに行く ●「スリッパを揃える」「排泄後に手を洗う」ことが習慣になる	●トイレに行くことが少しずつ習慣になり、保育教諭（保育者）に誘われてトイレに行く ●水道の蛇口の開け閉めをしようとする ●食べる、眠る、遊ぶなどの生活リズムが少しずつ整う ●運動会の全体練習に参加し、他クラスの演目や競技の様子に興味を示す
■食事介助に必要な用品を机の近くに用意し、なるべく園児のそばから離れないようにする ■環境面で気付いたことを担任間で話し合い改善する ■トイレでの排泄は隣のクラスと連携を図り、動線を見直し園児の安全面を考慮する ★「自分で」という気持ちを受け止めながら食事や排泄、着脱の援助を工夫する ★園児一人一人の気持ちを受け止め応える ★園児の動きがより活発になり行動範囲が広がるので、視野を広く取りながら保育教諭（保育者）の立ち位置を検討し、適切に対応できるようにする	■生活や活動の動線が少しずつ変わるので実際に過ごしてみて改善を重ねる ■様々な活動の中で「自分で」という気持ちに寄り添えるよう、興味を持ったことに園児がじっくりと取り組めるコーナーを用意する ★水道では必ず保育教諭（保育者）が付き添い、蛇口の開閉や手洗いなど丁寧にかかわる ★運動会の演目では保育教諭（保育者）も入り、園児の様々な姿に寄り添いながら園児一人一人が「楽しい」という気持ちを持てるように内容の検討を重ねていく

教育・保育に対する自己評価

- 汗をかくことが多かったが、シャワーや沐浴で皮膚を清潔に保ち、快適に過ごせた。動きがさらに活発になり、転倒する姿も増えているので、けがを防ごうと活動を制限しがちになってしまった。園児の挑戦しようとする気持ちの芽生えを摘み取らないよう、どんな援助や配慮ができるかを考えていく

園の行事
- 避難訓練
- 身体測定
- お月見会
- 食育の日
- 誕生会
- リズム運動

9月の月間指導計画⑤

ねらい
- 保育教諭（保育者）や友達と一緒に、体を動かして遊ぶことを楽しむ
- 散歩や園庭の散策をする中で身近な自然に触れ、楽しんだり、興味を持ったりする

	1週	2週
週のねらい	●保育教諭（保育者）の動きをまねて、全身を動かして運動遊びを楽しむ ●音楽に合わせ体を揺すったり、踊ったりすることを楽しむ	●友達とかかわる楽しさを味わう ●散歩や園庭を散策し、季節の変化を感じる
養護（生命の保持・情緒の安定）	●一人一人の表現を受け止め、共感し、表現する楽しさを味わえるようにする ●暑さの残る時期なので、運動や休息のバランスを取り、無理なく過ごせるようにする	●気温や活動に応じて水分補給や、着替えを適宜行う ●季節の変化に気付いた園児のつぶやきに共感したり、受け止めたりする
教育（健康・人間関係・環境・言葉・表現）	●保育教諭（保育者）や友達と一緒に音楽に合わせて踊ることを楽しむ ●保育教諭（保育者）と一緒にかけっこやトンネルくぐり、ジャンピングマットなどで全身を動かし、楽しむ	●友達と一緒に手をつないで散歩をする ●裏山や園庭で、虫探しをしたり虫の声に耳を澄ませたりする ●散歩で摘んだ秋の草を筆にして、絵をかいて楽しむ
■環境構成 ★援助・配慮	■玩具や生活の場はこまめに消毒し、清潔に保つよう心がける ■天候や体調に応じて水分や休息を取り、汗をかいたらシャワーができるよう、準備しておく ★園児と一緒にリズムに乗って体を動かし、楽しさを共有する ★排泄や着脱、食事など自分でやりたいという意欲を持てるよう励ましたり、できたらほめたりするなど、かかわり方を工夫する	■室内の気温や湿度に配慮し、園児が快適に過ごせるようにする ■天候や体調に応じて水分や休息が取れるようにする ★園児が興味を持って活動に取り組めるよう声をかけたり、働きかけたりする ★自分でしたいという気持ちを受け止めつつ、できない時はやり方を教えたり適切にかかわったりし、達成感を感じられるようにする

配慮すべき事項
- 園児の健康状態を伝え合い、検温や視診でいち早く体調の変化に気付けるようにする
- 活動や休息のバランスを取り、園児全員が水分補給をしっかり行えているかに留意する

子育ての支援（保護者支援）
- 季節の変わり目なので、着替えの入れ替えをお願いする
- 送迎時や連絡帳を通じて園児の様子や成長を伝え、喜びを共有する

前月末の園児の姿

- 健 水がかかっても平気になり、腹ばいで水の感触を楽しんだ
- 人 納涼大会で異年齢児とかかわり、お祭りごっこを楽しんだ
- 環 秋の虫の声に気付いたり探したりする姿が見られる
- 言 氷の遊びを通し、「つめたい」「きれい」など会話を楽しむ
- 表 運動会の遊戯の音楽に合わせ、体を動かして楽しむ

3週	4週
●音楽に合わせて踊ったり、全身を使って遊んだりすることを楽しむ ●探索活動をする中で、秋ならではの発見を楽しむ	●保育教諭（保育者）や友達と一緒に踊ったり、かけっこしたりすることを楽しむ ●大勢の人の前で踊ったり、競技したりすることを経験する
●気温の変化に合わせ、衣服の調節を適切に行い、園児が活動しやすいようにする ●戸外遊びで秋ならではの心地よさを共有する	●体を動かしたあとは十分に休息を取り、心身共に健康に過ごせるようにする ●普段とは違った場所での活動に不安を感じる園児の気持ちを受け止め、安心して運動会に参加できるようにする
●運動会練習に参加し、踊ったりかけっこをしたりすることを楽しむ ●園庭で、友達や保育教諭（保育者）と虫探しをしたり、ツリーハウスに登り秋の涼しい空気に触れたりして、季節の移り変わりを感じる	●運動会練習やサーキット遊びで体を動かし楽しむ ●運動会の全体練習で異年齢児の遊戯などを見学する ●運動会に参加し、大勢の人の前で踊ったりかけっこをしたりして楽しむ
■運動会練習に行く際は保育教諭（保育者）間で連携を図り、バスの乗降がスムーズにできるよう配慮する ■つかまえた虫を入れて観察できるよう虫かごを用意し、身近な自然への興味を持てるようにする ★運動会に楽しんで参加できるよう声をかけたり、励ましたりする ★排泄後にスリッパを揃えたり、手洗いをしたりするなどの習慣が身に付くよう知らせていく	■サーキット遊びでは必要な箇所に保育教諭（保育者）がつき、見守ったり一緒に行ったりすることで安全に楽しめるようにする ■運動会では保育教諭（保育者）の立ち位置に配慮する ★運動会に無理なく参加できるよう、気持ちに寄り添い声をかけていく ★食事の際は、スプーンをペン持ちで持ったり皿に手を添えたりすることが身に付くよう、声をかけていく

教育・保育に対する自己評価

- 遊びの中で友達と手をつないで歩いたり、かけっこをしたりすることで、無理なく運動会に参加する準備を進められた。体育館などの広い場所が苦手な園児には、気持ちに寄り添うことで徐々に慣れ、当日は笑顔で参加できた。戸外活動で虫を見つけたり、秋草で製作をしたりすることで、身近な自然への興味を高めることができた

園の行事
- 身体測定
- 避難訓練
- 運動会

年間計画　4月　5月　6月　7月　8月　**9月**　10月　11月　12月　1月　2月　3月

9月の月間指導計画 ⑥

ねらい
- 友達や保育教諭（保育者）とかかわりながら、好きな遊びを十分に楽しむ
- 夏の疲れに留意し、健康に過ごせるようにする
- ごっこ遊びを通して、言葉のやり取りを楽しむ

	1週	2週
週のねらい	●自分の思いや欲求を言葉やしぐさで伝える ●意欲的に最後まで一人で食べる	●保育教諭（保育者）や友達と、簡単なやり取りを楽しむ ●様々な素材に触れ、表現遊びを楽しむ
養護（生命の保持・情緒の安定）	●思いを言葉やしぐさで表し、保育教諭（保育者）に受け止めてもらいながら安心して過ごせるようにする ●保育教諭（保育者）に介助してもらいながら、最後まで食べられるようにする	●保育教諭（保育者）が丁寧にかかわりながら、自分でしようとする気持ちが持てるようにする ●休息や水分補給を十分に行う
教育（健康・人間関係・環境・言葉・表現）	●ままごとなどのごっこ遊びを通して、しぐさや簡単な言葉を使ってかかわろうとする ●積み木やブロックを使い、見立て遊びをする ●様々な素材に触れ、秋の製作を楽しむ	●こどもまつりを通して、しぐさや簡単な言葉を使ったやり取りを楽しむ ●こどもまつりに使う商品や、敬老の日のプレゼントを作る
■環境構成 ★援助・配慮	■落ち着いて一人になれる場所や、じっくりと好きなことに取り組める場所を用意する ★一人一人の伝えたい思いを丁寧にくみ取り、言葉を補って返していくことで、自分の思いを伝えたいという意欲を高める ★マツボックリ拾いに行ったり、キノコやブドウなど秋の食材を実際に見たり触れたりすることで、表現活動が楽しめるようにする ★食事は、一人一人の食べられる量に合わせて盛り付け、「食べられた」という満足感につなげる	■野菜やエアパッキンスタンプなど、いろいろな素材を使った表現遊びの準備をする ■提灯など、作った作品を保育室に飾り、こどもまつりに期待が持てるようにする ★手洗いや着替えを自分でしようとする姿を見守り、さりげなく援助して「できた」という満足感が味わえるようにする ★保育教諭（保育者）も一緒に遊びに加わり、言葉のやり取りをして手本となることで、こどもまつりのイメージが持てるようにする

配慮すべき事項
- 朝と昼の気温差が大きくなり、体調を崩しやすくなるので、保育室を快適に過ごせる環境にする
- 一人一人の思いや欲求を受け止め、自分でしようとする気持ちや意欲を大切にしながらかかわる

子育ての支援（保護者支援）
- 体を動かす遊びでは、動きやすい服やサイズの合った靴を用意してもらう
- こどもまつりでの様子などをドキュメンテーションで可視化して伝え、家庭でも一緒に言葉の発達を促してもらう

前月末の園児の姿

- 健 自分でスプーンやフォークを持って食事をしようとする
- 人 友達とのかかわりが少しずつ増え、遊びをまねる姿がある
- 環 感触遊びや色や形に興味が出てきている
- 言 保育教諭（保育者）の仲立ちで、言葉で玩具の貸し借りをする姿がある
- 表 季節の歌や手遊びを覚え、歌ったり、体を動かしたりして楽しむ

3週

- リズムに合わせて体を動かしたり、楽器遊びを楽しんだりする
- 着替えを手伝ってもらいながら、自分でしようとする

- 汗をかいたら着替えるなどして、心地よさが感じられるようにする
- 休息や水分補給を十分に行う

- 音楽やリズムに合わせ、保育教諭（保育者）の動きをまねしたり、様々な動きをしたりする
- 保育教諭（保育者）や異年齢児の遊びをまねして楽しむ

- ■異年齢児の運動会ごっこを見に行き、まねした遊びを楽しめる道具などを準備する
- ■園児が親しみの持てる曲や季節の歌「とんぼのめがね」や「まつぼっくり」などを用意し、保育教諭（保育者）も一緒に体を動かしながら楽しさを伝える
- ★園児なりに表現している姿を認め、楽しさに共感する
- ★着替えなど、自分でしようとする姿を見守りながら、できないところを一緒に行い、やり方を伝える

4週

- 全身を使った遊びを楽しむ
- 排泄の際、トイレの便座に座ってみる

- 伸び伸びと体を動かし、健康的に過ごせるようにする
- 休息と活動のバランスを整え、健康的に過ごせるようにする
- 気候に合わせて衣服の調節をし、快適に過ごせるようにする

- サーキットなどで、上ったり下りたりくぐったりして、全身を動かしながら遊ぶ
- 気候のよい日は、戸外で散策したり追いかけっこをしたりして遊ぶ

- ■発達に合ういろいろな体の動きができるように、斜面や高低差のある感覚統合遊具を組み合わせる
- ■自分なりに体を動かす様子を見守りながら、遊具を足したり片付けたりして、一人一人に合った動きを楽しめるようにする
- ★「できた」という達成感とともに、少し難しいことにもチャレンジできる環境を準備したり、見守ったりする
- ★一人一人の排尿間隔に合わせてトイレに誘い、座ってみようとする意欲につなげる

教育・保育に対する自己評価

- 絵本の読み聞かせやごっこ遊びを多く取り入れたことで、少しずつ言葉でのやり取りが増えてきている。園児の伝えたい思いに丁寧に応えながら、見立て遊びやごっこ遊びを取り入れていきたい

園の行事

- こどもまつり
- 園外保育
- 総合訓練
- 誕生会
- 消火避難訓練
- お月見（絵本のおやつ）

年間計画

4月 5月 6月 7月 8月 **9月** 10月 11月 12月 1月 2月 3月

10月の月間指導計画 ①

ねらい
- 保育教諭（保育者）などに援助されながら、衣服を自分で着脱しようとする
- ハロウィンの雰囲気を感じながら、衣装作りを楽しむ
- 秋の自然を少しずつ感じながら、自然に触れて楽しむ

	1週	2週
週のねらい	●音楽発表会の雰囲気を味わい、楽しんで見る ●衣服の着脱を進んでしようとする	●かけっこやボール遊びで、体を動かして楽しむ ●保育教諭（保育者）などや友達に自分の思いを伝えようとする
養護（生命の保持・情緒の安定）	●苦手な食材を食べてみようとする ●保育教諭（保育者）などや友達のまねをしたり、一緒に遊んだりすることを楽しむ	●ゆったりとした環境の中で好きな遊びをじっくり楽しむ ●保育教諭（保育者）などや友達と一緒に体を動かすことを楽しむ
教育（健康・人間関係・環境・言葉・表現）	●ズボンや靴下を自分からはこうとする ●友達や保育教諭（保育者）などに、片言や指差しなどのしぐさで思いや要求を伝えようとする	●自分から友達を誘い、一緒に遊びを楽しもうとする ●言葉のやり取りを楽しみ、伝えようとする
■環境構成 ★援助・配慮	■好きな食べ物の量を加減しながら楽しい雰囲気の中で食事ができるよう、環境を整える ★友達とのかかわりを見守りながら、時には仲立ちをして、互いの思いが通じ合えるように援助していく ★園児がやってみようとする姿を見守り、必要に応じて援助する ★保育教諭（保育者）なども一緒に遊びながら、個々のしぐさや思いを言葉にして伝えていく	■興味のあることに集中できる環境を作り、楽しんで過ごせるようにする ■動きに合った用具や遊びを用意して、十分に楽しめるようにする ★言葉のやり取りができていることに喜びが感じられるよう応答する ★一人一人の意見や言葉を受け止め、共感しながらしっかりと答えたり、言葉がけをする
教育・保育に対する自己評価	●自分でできたことを認めてほめることで、簡単な衣服の着脱を意欲的にしようとする姿が見られた	●ホールで、体を十分に動かして運動遊びをすることができた

配慮すべき事項
- 気温差に留意しながら、個々の健康状態を把握し、健康的に過ごせるようにする
- 園児たちの伝えたい気持ち、思いを受け止め、個々にしっかりとかかわるよう努める

子育ての支援（保護者支援）
- 季節の変わり目なので、衣服の調節ができるように、着替えの準備をお願いする
- 食べられるようになった苦手なメニューや食事を伝え合い、ほめて自信につなげられるようにする

前月末の園児の姿

- 健 戸外に出かけ、伸び伸びと体を動かして楽しんでいる
- 人 友達のしていることに興味を持ち、まねて遊んでいる
- 環 おしぼりケースにおしぼりをしまうなど、自分でできる身の回りのことに意欲的に取り組んでいる
- 言 片言や簡単な言葉で、自分の思いを友達や保育教諭（保育者）などに伝えようとする
- 表 保育教諭（保育者）などに自分の思いや欲求を伝えようとする

3週	4週
●喜んで戸外に出かけ、秋の自然に触れて楽しむ ●くり返しのある絵本に親しみ、言葉をまねてみようとする	●ハロウィンの製作を楽しんで行う ●身の回りの簡単なことを自分でやってみようとする
●衣服の調節をし、快適に過ごせるようにする ●靴を履くことに興味を持ち、自分でしようとする	●清潔な室内で穏やかに過ごす ●生活の流れが分かり、自分から身の回りのことをしようとする
●秋の自然に興味を持ち、探索活動を楽しむ ●散歩中などに、落ち葉や木の実を拾い、探索活動を楽しむ ●リズム遊びや手遊びなどをくり返し楽しむ	●絵本や紙芝居を通して、保育教諭（保育者）などや友達と言葉のやり取りを楽しむ ●自分の好きな楽器を見つけ、好きな曲に合わせて楽器を鳴らして楽しむ
■戸外に出かける際には、特に上着や帽子など、気温に合った服装で出かけるようにする ■戸外や散歩コースに危険な箇所がないか、事前に下見をして確認しておく。また、園児の発見や発言に共感し、秋の自然が味わえるようにする ★興味を示した物の名前を伝え、自然物に親しみが持てるようにする ★「自分で」しようとする姿を見守り、その姿を認め、さり気なく援助し、自分でできたという満足感が味わえるようにする ★親しみやすいテンポやリズム、振りを取り入れて体を動かすおもしろさや楽しさを感じられるようにする	■危険な箇所のないよう環境設定し、安全な遊びの空間を確保しておく ■様々な楽器を用意し、実際に触れたり音を出したりして楽しめるようにする ★絵本や紙芝居に興味が持てるような読み方や演じ方を工夫し、くり返しのある場面では、発語を促して一人一人の様子や表情を見ながら読み進めていく ★自分でしようとする姿を認め、すぐに声をかけたり、手助けせずに見守り、できない時には、さりげなく援助したり励ましたりする
●天気のよい日を逃さずに、園庭での遊具や丘を利用して十分に体を動かして戸外遊びを楽しむことができた	●製作を通して行事に関心を持ち、「おばけ」「かぼちゃ」などと指差しして話して喜んでいた

園の行事
- 身体測定
- 音楽発表会
- 誕生会
- 避難訓練
- 健康診断
- 内科健診・歯科検診

年間計画 4月 5月 6月 7月 8月 9月 **10月** 11月 12月 1月 2月 3月

105

10月の月間指導計画 ②

ねらい
- 保育教諭（保育者）などと一緒に体を動かすことを楽しむ
- 秋の自然に触れながら、戸外で遊ぶことを楽しむ
- 身の回りのことに興味を持ち、自分でしようとする

	1週	2週
週のねらい	●保育教諭（保育者）などと一緒に身近な秋を楽しむ ●戸外で十分に体を動かして遊ぶことを楽しむ	●人前で踊ったりすることを楽しむ ●保育教諭（保育者）などに見守られながら友達とかかわり、好みの玩具で遊ぶ
養護（生命の保持・情緒の安定）	●戸外で秋の自然に触れ、小さな発見をしたり、保育教諭（保育者）などや友達と発見したことを共有したりしながら楽しむ ●外遊びに出かける際に必要な靴下や帽子を自分から身に付けようとする	●興味のあることに集中できるように配慮する ●衣服を着脱できるように促し、自分でできた喜びを味わう
教育（健康・環境・人間関係・言葉・表現）	●体を動かして遊ぶ楽しさを味わう ●自然に興味を持ち、保育教諭（保育者）などと一緒に発見することを楽しむ ●名前を呼ばれたら返事をしたり、友達にも親しみを持って同じことをまねしたりして楽しむ	●促されてトイレに行ったり、汚れたら言葉やしぐさで伝えようとしたりする ●食事前や遊んだあとには、手を洗うことができるようになる ●ボールやマットを使用し、体全体を使って遊ぶ
■環境構成 ★援助・配慮	■落ち葉や葉の色の変化を伝えることで秋を感じられるようにする ■自分のペースでズボンを着脱する意欲が持てるようにし、援助を行う中でできるようになる ★保育教諭（保育者）などが見つけた自然を園児たちに伝え、一緒に秋の自然を感じ、発見に共感する ★さりげなくかかわりながら、自分でできたことを一緒に喜ぶ	■遊ぶ範囲を設定し、決められた場所で遊ぶことができるようにする ■安全に配慮して遊具の配置を決める ★説明や約束事をしっかりと分かりやすく伝え、遊びやすいようにする ★友達同士でトラブルが起きた際は、危険のないように見守りながら必要に応じて仲介し、互いの気持ちを伝えるように援助する
自己評価（教育・保育に対する）	●戸外遊びなど、友達とかかわりを持てるように仲介しながら遊ぶことで、園児たちなりに会話を楽しみ、かかわって遊ぼうとする姿が見られた	●人前でも踊ることができるように園児たちのペースで無理なく進めたので、徐々に人前で踊る楽しさを感じることができるようになってきた

配慮すべき事項
- 運動会の練習など、楽しい雰囲気の中で行えるようにしたり、異年齢児の練習を見る中で運動会に興味が持てるようにする
- 気温に応じて適切に室温や服装を調節し、快適に過ごすことができるようにする

子育ての支援（保護者支援）
- 季節の変わり目になるため、衣服の調節ができるような服の準備をお願いしたり、感染症への注意を促したりしていく
- 戸外に出る機会も多くなるため、靴のサイズを確認し、園児たちが自分で脱いだり、履いたりしやすいような靴を準備してもらう

前月末の園児の姿

- 健 戸外遊びや散歩に出かけ、体を動かして遊んだり、秋の自然に触れて遊んだりする心地よさを味わう
- 人 友達や保育教諭（保育者）などとかかわろうとすることが増え、友達のまねをしてみたり、一緒に遊ぼうとしたりする姿がある
- 環 走ったり長い距離を歩いたりと、意欲的に活動をする
- 言 友達や保育教諭（保育者）などの呼びかけに反応したり、言葉でも伝えたりしようとする
- 表 保育教諭（保育者）などのまねをして踊ったり、歌ったりすることを楽しんでいる

3週	4週
●様々な運動遊びを取り入れ、しっかりとした歩行力が身に付くようにする ●身近な秋の自然を楽しむ	●友達とのかかわりの中で言葉で伝えようとする意欲を持つ ●指先を使う遊びを保育教諭（保育者）などや友達と楽しむ
●ズボンやパンツ、靴などの着脱に興味を持ち、自分でやりたいという気持ちを持ちながら取り組むことができる ●十分な運動をし、休息や睡眠もしっかり取るようにする	●気温の変化に応じながら衣服の調節をし、健康に過ごすことができるようにする ●落ち着いた雰囲気の中で自分から布団に入り、安心して眠ることができる
●落ち葉や木の実を探したり、拾ったりしながら秋の自然に興味を持ち、楽しむことができるようにする ●散歩に出かけ、友達や保育教諭（保育者）などと一緒に歩く楽しさを味わう ●拾ってきた落ち葉を使って、自分なりの表現で製作を楽しむ	●簡単な単語を覚え、言葉を発する楽しさを感じる ●手先を使った遊びを楽しむ ●歌をうたったり、音楽に合わせて踊ったりすることを楽しむ
■散歩の際は安全に歩くことができるように、保育教諭（保育者）の配置など十分に注意を払う ■広いスペースを確保し、ゆったりと着脱ができるようにする ★秋の自然を保育教諭（保育者）などから伝え、園児たちが興味を持てるようにし、発見を共有する ★園児同士の言葉のやり取りを見守り、仲介しながらかかわる	■体調を崩しやすい時期なので、家庭と保育教諭（保育者）などが連携を取り、一人一人の体調の変化に留意する ■汗をかかないように、個々に応じて寝具や衣服の調節をする ★園児たちの気持ちや発する単語を受け止め、話すことの楽しさや、発語の楽しさを味わうことができるようにする ★園児同士のかかわりの中で、トラブルにつながらないようにその都度仲立ちをする
●木の実や落ち葉などを拾った際に、色や大きさの違いにも気付ける言葉がけを行ったので、興味・関心の幅が広がったように感じる	●体調管理にも留意したことで、体調を崩す園児はあまりいなかった。これから気温が下がってくるので、個々の体調管理に気を付けていきたい

園の行事

- 運動会
- 避難訓練
- 誕生会

10月の月間指導計画 ③

ねらい
- 秋の自然に触れながら、友達と一緒に戸外で思いきり体を動かして遊ぶことを楽しむ
- 伝えたいことを言葉や指差しなどで伝えようとする
- 自然物を使いながら、秋の製作を楽しむ

	1週	2週
週のねらい	●身近な自然に触れ、発見を楽しむ ●保育教諭（保育者）などに自分なりの表現で、思いを伝える	●知っている言葉を使いながら保育教諭（保育者）や友達と会話を楽しむ ●季節の歌に親しみを持ち、楽しむ
養護（生命の保持・情緒の安定）	●伝えたい思いを保育教諭（保育者）に受け止めてもらうことで、満たされ、生き生きと活動に参加できるようにする ●戸外で身近な自然に触れ、友達や保育教諭（保育者）との発見や共有を楽しめるようにする	●適した室温の中で、健康的に過ごせるようにする ●安心できる環境の中で、保育教諭（保育者）などや友達とかかわれるようにする
教育（健康・人間関係・環境・言葉・表現）	●秋の自然に気付き、発見したことを言葉や指差しで伝えようとする ●自然とのかかわりの中で数や色、形に興味を持つ	●単語や二語文での会話をする ●保育教諭（保育者）や友達と一緒に、秋の歌をうたったり踊ったりする
★援助・配慮 **■環境構成**	■葉の色の変化を伝えたりしながら、秋を感じることができるようにする ■数や色、形に興味を持つことができるよう、声かけをして促していく ★発見や気付きに共感し、自然とのかかわりを楽しめるようにする ★色や形の名前をくり返し伝えていく	■個々の言葉の発達に合わせてやり取りをしていく ■季節の歌に親しみを持つことができるよう、くり返し歌っていく ★個々に合わせて言葉のやり取りをすることで、通じ合う喜びを感じられるようにする ★歌や踊りを楽しむことができるよう、保育教諭（保育者）も一緒に歌い、楽しさを共有していく
自己評価（教育・保育に対する）	●自分の思いを言葉にして伝えようとする姿が増えてきた。言葉が出ない時は、代弁してあげることで、保育教諭（保育者）の言葉をまねて発語する姿も見られた	●朝の会で季節の歌をくり返しうたったことで、活動中も口ずさむなどの姿が見られた

配慮すべき事項
- 日中と夕方で気温差が大きくなるため、こまめに室温管理をしたり衣服を調節したりする
- 伝えたい思いを受け止め、個々に丁寧にかかわるようにしていく

子育ての支援（保護者支援）
- 身の回りのことに取り組んでいる様子を伝え、家庭でも取り組んでいくことができるように促していく
- 感染症の情報を共有しながら、共に感染症対策に努めていくことができるようにする

前月末の園児の姿
- 健 トイレでの排泄に慣れ、積極的に便座に座って排泄している
- 人 保育教諭（保育者）の仲立ちで、友達との触れ合いや会話を楽しんでいる
- 環 運動会当日まで期待感を持って過ごし、当日も楽しく参加した
- 言 片言や二語文を発し、コミュニケーションを取る姿が増える
- 表 親しみのある曲に合わせて体を動かしながら遊ぶことを楽しんだ

3週	4週
●指先を使いながら秋の製作を楽しむ ●秋の自然物の名前を知り、自然に親しむ	●友達と一緒にかけっこやボール遊びなどを楽しむ ●ハロウィンの雰囲気を楽しむ
●じっくりと興味のある遊びを楽しめるようにする ●戸外に行くことへ期待感を持ちながら、身支度を進んで行えるようにする	●十分な運動をし、睡眠をしっかりと取れるようにする ●保育教諭（保育者）や友達がそばにいることで、安心して過ごせるようにする
●指先を使いながら、のりやシールを使った製作に取り組む ●秋の自然物の名前を覚え、探索活動を意欲的に行う	●仮装をするなどして、ハロウィンの楽しさを感じる ●走る、跳ぶ、蹴るなどしながら全身を動かして遊ぶ
■秋の自然物を用意し、製作に取り入れる ■戸外遊びの際は、安全点検をしっかり行う ★のりの使い方を伝え、使い方が身に付くようにする ★自然物の名前をくり返し伝え、秋の自然を身近に感じられるようにする	■ボールや巧技台など全身で楽しめる遊具を用意する ■保育室内にハロウィンの装飾をして、雰囲気を楽しむことができるようにする ★転倒や衝突などけがにつながることのないよう、注意して見守っていく ★仮装は簡単な物にし、転倒を防ぐ
●秋の自然物の名前を覚え、探索活動を楽しんでいた。のりを塗ることにまだ慣れていない様子だったため、今後も経験を積んでいく必要があると感じた	●ハロウィンの装飾をしたことで、「カボチャ」「おばけ」と言いながら雰囲気を楽しんでいた

園の行事
- 誕生会
- 身体測定
- 避難訓練

10月

10月の月間指導計画 ④

ねらい
- 一日の寒暖差や体調の変化に十分留意し、健康的に過ごす
- 「自分でやってみたい」という気持ちを持ち、主体的に活動する
- 保育教諭（保育者）や友達と一緒に体を動かし、遊ぶ楽しさを味わう（粗大運動）

	1週	2週
週のねらい	●保育教諭（保育者）と一緒に体を動かす楽しさを味わう ●友達と元気に運動会に参加する	●保育教諭（保育者）と一緒に戸外に出て、元気に体を動かして遊ぶ楽しさを味わう
養護（生命の保持・情緒の安定）	●戸外遊びが増え、疲れやすくなるので、休息や水分をしっかりと取れるようにする ●一人一人の体調の把握に努め、必要に応じて午前睡を取り入れるなど、丁寧にかかわる ●園児に対し、特に配慮や支援が必要な点は担任間で共有する	●一日の寒暖差や空気の乾燥などに留意しながら、園児一人一人の体調管理を行う ●活動と休息のバランスに十分留意し、水分補給をしっかりと行う（水分補給を嫌がる園児は、こまめに誘うなど、少量ずつでも口にできるよう工夫する）
教育（健康・人間関係・環境・言葉・表現）	●正しい手洗いや手指の消毒を行う ●衣服の着脱に興味を持つ ●おむつに排泄したことを保育教諭（保育者）に伝えたり、便座に座って排泄したりする ●生活の流れが少しずつ分かるようになる ●様々な欲求を受け止めてもらい、安定して過ごす	●手洗いや手指の消毒に慣れ、一緒に歌を口ずさむ ●着脱に興味が出て援助を拒み、一人でやろうとする ●便座に座って排泄したり、水を流したりする ●保育教諭（保育者）に興味を持ち、まねる ●次にすることが分かり自分で支度しようとする ●体を動かして探索活動を楽しむ
環境構成 ★援助・配慮	■トイレや手洗い場などは使用ごとに消毒する ■足元の水滴は危険がないようこまめに拭く ■着脱にじっくり取り組めるようベンチを置く ★楽しく手洗いが身に付くよう「手洗いの歌」を流す ★保育教諭（保育者）は排泄介助や鼻水の対応をした際、その都度手洗いや手指の消毒を行う ★感染症対策ガイドラインに沿って消毒する ★園児一人一人の疲れや体調に十分留意し、丁寧に対応するよう保育教諭（保育者）間で連携を図る ★自己主張も成長の姿と捉え丁寧に気持ちを受け止め、けがやトラブルにつながらないようにする	■アルコール消毒を徹底する。嘔吐や下痢、胃腸炎の場合は次亜塩素酸ナトリウム消毒薬に切り替える ■着脱コーナーは落ち着いて取り組める環境にし、ベンチではそばで見守り転倒を防ぐ ★手洗い、着脱などは「楽しみながら」を大切にし「練習」になりすぎないよう留意する ★デイリープログラムは園児の姿から常に見直し、改善のためのミーティングを重ねる ★活動欲求を十分満たせるよう遊び方を工夫する ★運動遊びを通して個々の発達段階や到達段階を把握し、担任間で共有して今後の課題や工夫につなげる

配慮すべき事項
- 寒暖差に注意し、衣服の調節などに十分配慮する
- 活動と休息のバランスを取り、園児の健康状態や体調の変化などに十分留意する
- 室温や湿度、換気に配慮する（CO_2センサーも活用）
- 丁寧な手洗いと消毒を徹底する

子育ての支援（保護者支援）
- 一日の寒暖差が大きいので調節しやすい衣服をお願いする（見本を掲示して説明する）
- 運動会について個別に知らせ、注意事項を理解してもらい協力をお願いする
- 感染症の情報を提供して体調の変化に留意し、健康状態を伝え合う

前月末の園児の姿

- 健 体を動かす楽しさが分かり、意欲的に様々な運動遊びに挑戦して遊んでいる
- 人 自分から友達にかかわろうとするが、思いが通らずトラブルになることがある
- 環 行動範囲が広がり、様々な物に興味・関心を示して探索活動を楽しんでいる
- 言 挑戦してうまくいかないことは「やって」と言葉や動作で伝えられるようになる
- 表 音楽に合わせて保育教諭（保育者）の動きをまねたり、リズムを取ったりして楽しんでいる

3週	4週
● 身近な秋の自然に触れながら、戸外遊びを十分に楽しむ ● 散策や探索活動の楽しさを経験する	● 保育教諭（保育者）や友達と一緒に散歩の楽しさを味わう ● 散歩を通して「歩く」ことを楽しむ
● 寒暖差から体調を崩しやすい時期なので、園児一人一人の健康状態や変化に十分に留意し、担任間で共有する ● 午睡の環境を見直し、一定時間安定した睡眠が取れるようにする	● 興味や関心、好奇心などといった欲求を十分に満たしながら、一人一人に合わせた丁寧な対応ができるようにする ● 体温調節が難しいので、気温の変化や体調に十分留意しながら衣服の調節をしていく
● 保育教諭（保育者）と一緒に正しい手洗いや手指の消毒ができる ● 水道の蛇口の開閉を自分でしようとする ● 外に出る時は帽子をかぶることを知る ● 友達に興味を持ち自分からかかわろうとする	● 園庭の散策活動や探索活動の楽しさを味わう ● 保育教諭（保育者）と一緒に散歩に出かける ● 保育教諭（保育者）と運動遊びを楽しむ ● 落ち葉集めや木の実拾いなどを通して身近な秋の自然に触れる ● 保育教諭（保育者）と一緒に製作遊びを楽しむ
■ 手洗いや消毒に必要な用品はあらかじめ用意しておき、園児のそばから離れないようにする ■ 蛇口などは園児が使用するごとに消毒する ★「自分で」という気持ちを受け止めながら、必要な援助をさりげなくできるよう工夫する ★ 園児が主体的に友達にかかわろうとする姿を見守り、必要に応じた援助や仲立ちを行う ★ 嚙みつきやひっかきなどが気になる園児には必ず保育教諭（保育者）が付くが、必要以上に動きを止めてしまわないよう留意する	■ 活動の動線に無理がないか、担任間で実際に過ごしてみてから振り返り、改善する ■ 生活だけでなく、遊びにおいても園児がじっくりと取り組めるよう環境を工夫する ■ 園児の課題に合わせ運動遊具を工夫して配置する ★ 散歩は園児の姿に寄り添い、一人一人が「楽しい」という気持ちを持てるよう経験を重ねる ★ 散歩に行く際は必ず、事前にコースや目的地の下見を行う。散歩は無理なく段階的に進める ★ 散歩で見つけた木の実などを製作に生かす（誤飲には十分に留意する）

教育・保育に対する自己評価

- 「自分で」と主張する気持ちを受け止め、声かけや援助をしたことで、園児の意欲の芽生えを大切にできた。今後も満足感を得られるよう援助を工夫する。嚙みつきやひっかきを止めようとするあまり、友達と遊ぼうとする姿まで止めないようにする

園の行事
- 衣替え
- 運動会
- 避難訓練
- 誕生会
- 身体測定
- リズム運動

10月の月間指導計画 ⑤

ねらい
- 秋の自然に触れ、体を十分に動かして遊ぶ
- 身の回りのことに興味を持ち自分でやってみようとする

	1週	2週
週のねらい	●園庭遊びや運動会ごっこを通して全身を使った遊びを楽しむ ●スコップで砂をすくったり、手で穴を掘ったりして砂の感触、感覚を楽しむ	●いも掘りで土やつる、サツマイモに触れ感触を楽しんだり、掘るおもしろさを感じたりする ●製作では、いも掘りの楽しかったことや感触を振り返りながら表現する
養護（生命の保持・情緒の安定）	●登園後の身支度を保育教諭（保育者）に見守られながら行えるよう丁寧にかかわる ●戸外遊びや運動遊びのあとは、水分補給を行い快適に過ごせるようにする ●保育教諭（保育者）に見守られながらトイレで排泄できるようにする	●一人一人の健康状態を把握し、十分に休息が取れるようにする ●給食では、スプーンやフォークをペン持ちで握り、食器に手を添えて食べられるようにする
教育（健康・人間関係・環境・言葉・表現）	●運動会の余韻を楽しみながら運動会ごっこを楽しむ ●感触を味わいながら砂遊びを楽しむ ●全身を使ってサーキット遊びをする	●サツマイモを収穫することを楽しむ ●新聞遊びや土、塩絵の具での製作などで、いろいろな感触を楽しむ ●落ち葉を踏む感触や音を楽しみながら散歩をする
★援助・配慮　■環境構成	■体を動かして遊んだあとは水分補給をし、ゆっくり休息が取れる場を作る ■いろいろな砂の感触を楽しめるよう乾いた砂や湿った砂などを用意する ★楽しく活動したことを話しながらゆったりした気持ちで水分補給をしたり、休息を取ったりする ★保育教諭（保育者）と十分なスキンシップを取り、心の安定を図りながら言葉の発達も促していく	■掘ったサツマイモを入れたり並べたりできるよう、かごやシートを用意する ■サツマイモのつるは遊びや製作に使えるようにとっておき、振り返りを楽しむ ★いも掘りでは、土やつる、サツマイモに触れた感触を楽しんだり、掘り上げた達成感を味わったりできるようにする ★「自分でやってみよう」という気持ちを大切にし、見守っていく

配慮すべき事項
- 朝夕と日中の気温差に留意し、水分補給や衣服の調節をしながら健康で快適に過ごせるようにする
- 室温や湿度、換気に配慮する

子育ての支援（保護者支援）
- 着脱しやすい衣服の準備や、自分でしようとする姿を見守ることの大切さを伝えていく
- 衣服の調節などによる体調管理や感染症の情報を提供し、体調の変化に留意してもらう

前月末の園児の姿

- 健 運動会を経験し、全身を動かして楽しむ
- 人 友達に興味を持ち同じ遊びをしたり、動きをまねたりして遊ぶ
- 環 秋の草や虫の鳴き声に興味を持ち、触れたり、探したりする
- 言 自分でできないことを言葉で伝えたり要求を伝えたりする
- 表 虫の動きを見てジャンプをするなど、自分なりに表現する姿が見られる

3週	4週
●秋の園外保育に参加し、園外での活動を楽しんだり、秋ならではの体験をしたりする	●公園で秋の虫やドングリを見つけ、それらの動きや形、手触りに興味・関心を持つ ●季節の行事を楽しみハロウィンならではの言葉のやり取りをし、周りの人とかかわる
●保育教諭（保育者）と一緒に行うことで歯科検診、内科健診、身体測定を安心して受けられるようにする ●身の回りのことに興味を持つことができるように配慮し、かかわれるようにする	●一人一人を見守り安心して過ごすことができるようにする ●食事や衣服の着脱などを、自分でやろうという気持ちが持てるよう励ましながらかかわる
●パン粉粘土ならではの手触りを味わいながら感触遊びをする ●秋の園外保育で、秋ならではの色合いや木の実、花に触れ秋を感じる	●ハロウィンを楽しみにしながら製作をする ●ハロウィンならではの雰囲気を楽しむ ●バスに乗って出かけ、園外（公園）での活動を楽しむ
■秋の自然に触れたり、探索する機会を多く設け、秋を満喫できるようにする ■園外での活動では安全に配慮し、保育教諭（保育者）間で危険な場所を確認、周知する ★排泄では、トイレで排泄できた姿を認めながら園児のペースに合わせて自立へと促せるようにする ★公共のマナーに留意する	■園児がハロウィンパーティーを楽しみにし、期待を高められるよう雰囲気作りをする ■ドングリ探しを十分に楽しめるよう時間を確保する ★秋の自然物を見つけた時の園児の声や表情を見逃さずに受け止め、発見や驚きに共感する ★保育教諭（保育者）も一緒に楽しみ、園児の楽しさに共感する

教育・保育に対する自己評価

- 運動会の練習を経験し、体を動かすことや大勢の人の前で表現することを喜ぶ姿が見られた。2歳児との運動会ごっこでは、互いの遊戯を踊ったり、競技をしたりして余韻を楽しんでいた。いも掘りでは、汚れを気にせず土を触ったり、掘ったりして全身で楽しむことができた。秋の自然に触れる活動を多くしたことで、伸び伸びと活動を楽しむことができた

園の行事

- いも掘り
- 身体測定
- ハロウィン
- 秋の園外保育
- 避難訓練

10月の月間指導計画 ⑥

ねらい
- 身の回りのことに興味を持ち、自分でやろうとする
- 身近な自然に親しみながら、保育教諭（保育者）の仲立ちで友達とかかわる
- 季節の行事に親しむ

	1週	2週
週のねらい	●衣服の着脱や手洗いなどに興味を持ち、身の回りのことを自分でやってみようとする ●友達と一緒に、体を動かして表現する	●身の回りのことをやってみようという気持ちを受け止めてもらいながら、安心感を持って過ごす ●秋の自然に興味を持つ
養護（生命の保持・情緒の安定）	●夏の疲れや残暑からくる体調の変化に留意し、健康に過ごせるようにする ●安心できる保育教諭（保育者）の下で、自分の思いを受け入れてもらい、安定して過ごせるようにする	●自分で少しずつ着脱や片付けをしようとする姿を見守り、できたことを認めていくことで安心感が持てるようにする
教育（健康・人間関係・環境・言葉・表現）	●走ったり、登ったり、くぐったりするなど、全身を使って体を動かすことを楽しむ ●興味のある曲に合わせて、保育教諭（保育者）や友達のまねをして踊ったり表現遊びをしたりする ●運動会に参加する	●マツボックリを見つけた喜びを保育教諭（保育者）に伝えようとする ●「どんぐりころころ」や「まつぼっくり」の歌をうたったり、絵本を見たりする ●散歩や戸外で虫を見つけたり、木の実を拾いながら探索活動を楽しんだりする
■環境構成 ★援助・配慮	■園児一人一人の興味や発達に合った用具や遊びを用意し、楽しみながら体を十分に動かせるようにする ★自分で着脱や手洗いしようとする姿を認め、見守っていく。また、できない時は、さり気なく援助をしたり、励ましたりする ★保育教諭（保育者）も一緒に遊びながら、全身を使った遊びを楽しめるように、高さや安全にも配慮しながら設定を工夫する ★体調の変化に十分配慮し、水分補給や室内の換気、衣服の調節をする	■園児が興味のあるものを口などに入れないよう、安全面に配慮する ■戸外や散策中は安全に配慮し、事前に下見をしたり、人数確認や動きが把握できるよう、保育教諭（保育者）の立ち位置を確認し合ったりする ■保護者に着脱しやすい服を準備してもらったり、ズボンがはきやすい高さの台を準備したりするなどして、自分でやってみようという意欲が持てるようにする ★見つけた時の喜びに保育教諭（保育者）が共感し、足りない言葉を添え、言葉で伝えようとする姿を大切にする

配慮すべき事項
- 1日の気温差が大きい時期なので、衣服を調節したり水分補給をこまめにしたりするなど、一人一人の健康状態を把握しておく
- 園児の不安な気持ちやうれしい気持ちに応答的にかかわり、安心して思いを伝えられるようにする

子育ての支援（保護者支援）
- 運動会では、プロセスをドキュメンテーションにして成長を一緒に喜び、当日は日頃と違う姿が見られることが予想されるとあらかじめ伝えておく
- 園での取り組みを保護者に伝え、連携して身の回りのことを自分でしようとする意欲を育てていく

前月末の園児の姿
- 健 戸外でかけっこをしたり、体を動かしたりすることを楽しむ
- 人 友達に少しずつ興味を持ち、保育教諭（保育者）が仲立ちしながら「かして」などのやり取りをしたり、同じ場で遊んだりする
- 環 運動会の練習など、季節ならではの行事に参加しようとする
- 言 少しずつ自分の思いを簡単な言葉で伝えようとする
- 表 保育教諭（保育者）や友達と一緒に、リズムに合わせて踊ったり体を動かしたりする

3週	4週
●排泄や着脱などの生活習慣に興味を持ち、自分でやってみようとする ●秋の自然に親しみ、見たり触れたりして関心を持つ	●食事や排泄などの生活習慣に興味を持ち、自分でやってみようとする ●季節の行事に親しみを持ち、感じたことを自分なりに表現しようとする
●保育教諭（保育者）に介助されながらも、少しずつ自分で食事をしようとしたり、トイレに行こうとしたりする姿を見守る	●自分で食事しようとしたり、トイレに行こうとしたりする姿を見守る ●安定して過ごせるよう、園児の気持ちに寄り添っていく
●自然物を使って十分に遊びながら、形や色、手触りなどに気付いたり感じたりする	●様々な素材を使ってかいたり貼ったりして、ハロウィンのマントやお面を作る ●ハロウィンごっこや地域のお祭りを通して簡単なやり取りを楽しみ、周りに様々な人がいることに気付き、かかわろうとする
■木の実や落ち葉は分類しておき、保育教諭（保育者）の見守りの下、いつでも触ったりままごとに使ったりできるようにする ★トイレで排尿した際は、「おしっこ出たね」と言って共に喜び、次もやってみようという意欲が持てるようにする。また、一人一人の排尿感覚を把握し、タイミングを見てトイレに誘ったりオムツ替えをしたりする ★保育教諭（保育者）も一緒に木の実を転がしたり、ままごとに使ったりしながら、「丸いね」「つるつるするね」「こっちのほうが大きいね」など、応答的にかかわりながら簡単な言葉で思いを伝えられるようにする	■スタンプやシール、ポリ袋などを用意し、十分にかいたり貼ったりできるようにする ■スプーンをうまく持てない時はさり気なく知らせ、食べようとする姿を見守る ★保育教諭（保育者）がそばで見守ったり、やり取りの手本になったりしながら、異年齢児や地域の人とかかわれるようにする ★マントなどを着けたがらない園児には無理強いせず、他児の様子を伝えながら雰囲気を楽しめるようにする ★盛り付け量を加減し、「もぐもぐね」「おいしいね」と声をかけながら、食べようとする意欲につなげる

教育・保育に対する自己評価
- 身の回りのことをしようとする姿を認めることで、少しずつ自分で手洗いや着脱をしようとする姿が出てきている。さり気なく援助をしながら、くり返し丁寧にやり方を伝えていきたい
- ドングリやマツボックリなどの木の実に興味を持ち、散歩などで見つけては保育教諭（保育者）に見せに来る姿があった

園の行事
- 運動会
- 誕生会
- 消火避難通報訓練
- ハロウィン
- 四所神社秋祭り（地域の祭り）

11月の月間指導計画①

ねらい
- 秋の自然物を使った製作活動を楽しむ
- 自分が思ったことや感じたことを言葉や動作で表現しながら、友達や保育教諭（保育者）などと一緒に楽しむ
- 曲に親しみを持ち、保育教諭（保育者）などの動きをまねて踊ることを楽しむ

	1週	2週
週のねらい	●行事に参加し、保育教諭（保育者）などの話を聞こうとする ●戸外へ行くことを喜び、靴下や帽子を自分で支度しようとする	●様々な遊びの中から好きな遊びを見つけ、簡単なルールを守って遊ぼうとする ●音楽に合わせて保育教諭（保育者）などのまねをしながら踊ったり、歌ったりすることを楽しむ
養護（生命の保持・情緒の安定）	●室温に留意し、健康に過ごすことができる ●簡単な身の回りのことを自分でやってみようとする	●温度や湿度調整された室内で、快適に過ごす ●生活の中で興味を示したことに、じっくりとかかわって楽しむ
教育（健康・人間関係・環境・言葉・表現）	●保育教諭（保育者）などのしていることに興味を持ち、簡単な手伝いをしようとする ●ボールやフープなどを使い、つかむ、投げるなどの遊びをしながら全身で楽しむ	●保育教諭（保育者）などや友達と一緒に、玩具の片付けや簡単な手伝いをする ●リズミカルな歌や数え歌などをうたうことを楽しむ
■環境構成 ★援助・配慮	■室内の環境や衣服の調節をしながら、快適に過ごせるようにする ■ホールでも全身を使って遊べるように、用具や安全に配慮した空間を用意する ■一人一人の興味に沿った用具・遊具を用意し、保育教諭（保育者）なども一緒に体を動かしながら、楽しさを共有する ★簡単な手伝いを「お願い」することで意欲的に生活できるようになり、自信につながるようにする ★自分でやってみようとする気持ちを受け止め、見守っていく	■室内の温度をこまめに確認し、適度な温度と湿度を保つ ■コーナー遊びを通して、好きな遊びを選び、興味を持った遊びを存分に楽しめるような環境設定を行う ★遊びの延長の中で、片付けや簡単な手伝いに誘う ★模倣しやすい絵本やペープサート、親しみやすい曲を用意する
自己評価（教育・保育に対する）	●戸外散歩で秋の自然に触れ、落ち葉を拾って、友達や保育教諭（保育者）などと集めることを楽しんでいた	●遊びのルールや決まりをくり返し話すことで、徐々に分かり、間違った玩具の使い方をしている友達を保育教諭（保育者）などに伝えてくることも見られるようになった

配慮すべき事項
- 室内や戸外で秋の自然に触れる機会を持つ。また、体を使った遊びを十分に楽しむことができるよう配慮する
- 園児の自分でやってみたいという意欲が引き出せるよう、一人一人とのかかわりを大切にする

子育ての支援（保護者支援）
- 身の回りのことを自分でできるようになってきているので、その様子を保護者に伝え、家庭でも同じことが体験できるようにする
- 朝夕の気温差があり、体調を崩しやすくなるので調節しやすい衣服を準備してもらい、睡眠や食事をしっかり取るように声をかけていく

前月末の園児の姿

- 健 生活リズムが安定し、一日の保育の流れに沿って保育教諭（保育者）などと共に生活することができる
- 人 保育教諭（保育者）などに見守られながら、友達とのやり取りやかかわりを楽しむ
- 環 天気のよい日は戸外散歩や、園庭での遊びを楽しんでいる
- 言 覚えた言葉を話してみたり、気に入ったフレーズやリズムのある言葉を話したりして楽しむ
- 表 身近な曲に親しみを持ちながら、歌に合わせてリズムを取って楽しむ

3週	4週
●戸外散歩に行き、自然を感じながら秋の植物や虫に触れて楽しむ ●流れる曲を聞きながら、リズムを取って体を動かして楽しむ	●友達の名前を覚えて呼んでみたり、同じ遊びを一緒に楽しんだりする ●落ち葉やマツボックリを使った秋の製作を楽しむ
●気温に応じて上着を着用し、戸外で元気に過ごす ●保育教諭（保育者）などと十分にかかわり、安心感を持って過ごす	●手洗いやうがいを促され、健康的に過ごす ●活動の中で、自分の気持ちを言葉やしぐさで表そうとする
●散歩中などに、秋の自然に触れたり、体を動かしたりして楽しむ ●秋の自然との触れ合いの中で、発見や驚きを保育教諭（保育者）などに伝える	●「貸して」などの簡単な言葉のやり取りをしながら、友達と一緒に遊ぼうとする ●遊びの中で様々な言葉のやり取りを楽しむ
■気温の変化に留意し、上着のない園児には園の上着を着用させたり、衣服の調節を行ったりして対応し、戸外遊びが快適にできるようにする ■散歩ルートの下見をし、落ち葉や木の実などの秋の自然物や季節の変化に気付けるような場所を選ぶ ★気持ちや思いを受け止め、一人一人とじっくりとかかわる ★発見したことを共有しながら、名前を伝えるなどして満足感が得られるようにする	■「きれいになったね」などの言葉をかけ、心地よさが感じられるようにする ■伝えようとする姿をくみ取り、代弁したり、言葉にして発語を援助する ★保育教諭（保育者）などが仲立ちしながら一緒に遊び、友達との触れ合いを楽しめるようにする ★ままごと遊びなどを通して、保育教諭（保育者）なども一緒に遊びながら言葉を引き出すような言葉がけをする
●天候により戸外活動ができない分、園内散歩をすることで、様々な事象に興味を示して足を止めて見たり、指差して話したりして刺激を受けていた	●遊びの中で気の合う友達同士で遊ぶ姿が多く見られるようになった

園の行事
- 身体測定
- 安全教室
- 誕生会
- 総合不審者対応訓練
- 総合避難訓練

年間計画

4月 5月 6月 7月 8月 9月 10月 **11月** 12月 1月 2月 3月

117

11月の月間指導計画 ②

ねらい
- 戸外に出て秋の自然を感じながら、たくさん体を動かして遊ぶ
- 自分の思いを言葉や身振りで相手に伝えようとする
- 自分のことは自分でやろうとする意欲を持つ

	1週	2週
週のねらい	●秋の空気を感じる中で、体を動かし遊ぶことを楽しむ ●保育教諭（保育者）などや友達とかかわって遊ぶことを楽しむ	●ごっこ遊びをする中で友達とかかわって遊ぶことを楽しむ ●音楽に合わせて体を動かすことを楽しむ
養護（生命の保持・情緒の安定）	●食事の前後や排泄後に、手を洗うことが身に付くようにする ●友達や保育教諭（保育者）などとのやり取りを楽しめるようにする	●楽しい雰囲気の中で、食事のマナーを知り、様々な食べ物を食べる楽しさを味わうことができるようにする ●衣服の調節をし、快適に過ごすことができるようにする
教育（健康・人間関係・環境・言葉・表現）	●秋の自然に親しみを持ち、戸外遊びや散歩を楽しむ ●言葉のやり取りを楽しみ、たくさん発語する楽しさを感じる ●音楽に合わせ、リズムを取ったり覚えた曲に合わせたりして、自分なりに体を動かして遊ぶ姿がある	●自分で衣服の着脱をしてみようとする意欲を持つ ●指先を使って製作や遊びに取り組もうとする ●友達と一緒に遊ぶ楽しさを感じる
■環境構成 ★援助・配慮	■食事の前は、保育教諭（保育者）などと一緒に手を洗って清潔にする ■散歩の際は安全確認を前もって行い、園児たちに危険がないようにする ★戸外に出る際は、靴が正しく履けているかを確認してから遊びはじめるようにする ★自分で伝えようとする気持ちを大切にし、園児たちが言いたいことをしっかりと受け止め、発語を促す	■リズムのよい音楽を流し、踊ったり楽しい雰囲気で遊んだりすることができるようにする ■ごっこ遊びが楽しめるような雰囲気を作る ★保育教諭（保育者）などが園児たちを仲介しながらかかわることで、友達とのかかわり方を知ることができるようにする ★かかわることの楽しさを共有し、一人一人のイメージや思いを大切にしながら保育を行う
教育・保育に対する自己評価	●戸外遊びでは安全な遊び方を伝え、けがもなく伸び伸びと遊ぶことができていたのでよかった	●園児が興味を持てる声かけや場の雰囲気作りをしたので、楽しんで音楽遊びをすることができた

配慮すべき事項
- 行動範囲が広くなり、けがなどが増加するので、危険な場所を知らせるようにする
- 気温の変化から体調を崩してしまう園児もいるので、室温や服装には気を付けるようにする

子育ての支援（保護者支援）
- 気候に応じた衣服の着脱ができるように準備をしてもらう。また、自分で着脱がしやすい服を用意してもらう
- 家庭での様子も聞き、体調の変化にすぐに気付けるようにする

118

前月末の園児の姿

- 健 健康的な生活のリズムや生活習慣が身に付いてきた
- 人 自分の意思が強く出るようになってきたので、友達とのトラブルも増えてきた
- 環 落ち葉や木の実を見つけ、秋の自然に興味を持つ
- 言 簡単な言葉を使ったり、保育教諭（保育者）などのまねをしたりして発音する
- 表 自分なりに気持ちを相手に伝えようとする

3週	4週
●簡単なルールを知り、遊ぶことを楽しむ ●身の回りのことに興味を持ち、自分でしようとする意欲を高める	●好きな遊びをじっくりと楽しみ、落ち着いて過ごす ●戸外遊びを友達や保育教諭（保育者）などと楽しむ
●鼻水が出たことを保育教諭（保育者）などに伝え、自分でティッシュペーパーで拭き取ろうとする ●保育教諭（保育者）などとのやり取りで、安心して過ごせるようにする	●好きな遊びをじっくりと楽しみながら安心して過ごし、情緒の安定を図る ●気持ちよく過ごすことができるように、要求を満たしていく
●友達や保育教諭（保育者）などと言葉のやり取りを楽しめるようにする ●言葉のやり取りをしながら、保育教諭（保育者）などと簡単な会話を楽しむ ●リズムに合わせ、体を動かして遊ぶことを楽しむ	●指先を使った遊びを用意し、集中して取り組む ●自分の要求を言葉にして伝えようとする ●保育教諭（保育者）などや友達と一緒に、歩いて公園まで行くことを楽しむ
■園児たちの手の届く場所にもティッシュペーパーを用意し、自分で鼻をかめる環境を整える ■簡単なルールのある遊びを用意し、保育教諭（保育者）などと一緒に楽しめるようにする ★落ち着いて話を聞くことができるような声かけをする ★一緒に楽しい体験をすることを通して、情緒の安定を図る	■園児たちの好きな玩具や集中して遊べる玩具を用意し、環境を整える ■動きのある遊びを取り入れることで、心と体のバランスを図っていく ★指先を使えるように援助し、自分でできた喜びを感じられるようにする ★靴の履き方を伝え、必要に応じて援助し、正しく履くことができるようにする
●ティッシュペーパーで鼻水を上手に拭き取ることができない際には、きれいに拭くことができるような援助をした	●園児たちの言葉に丁寧に対応することを心がけたので、保育教諭（保育者）などに自分の思いを伝えることができるようになってきた

園の行事
- 避難訓練
- 誕生会

11月の月間指導計画 ③

ねらい
- 戸外に出て、初冬の自然に触れながらたくさん体を動かす
- 保育教諭（保育者）や友達とごっこ遊びや見立て遊びを楽しむ
- 友達と一緒に遊戯会の練習に楽しく参加する

	1週	2週
週のねらい	●戸外に行く身支度を進んで行う ●保育教諭（保育者）や友達とかかわって遊ぶことを楽しむ	●ごっこ遊びや見立て遊びを通して、やり取りを楽しむ ●音楽を聴きながら、体を動かすことを楽しむ
養護（生命の保持・情緒の安定）	●戸外遊びに行くことに期待感を持ちながら積極的に身支度ができるようにする ●保育教諭（保育者）や友達と十分にかかわり、安心して過ごせるようにする	●適した室温、湿度が保たれた部屋の中で、快適に過ごせるようにする ●保育教諭（保育者）などに欲求を受け止めてもらいながら、安定してごっこ遊びを楽しめるようにする
教育（健康・人間関係・環境・言葉・表現）	●友達のまねをしながら身の回りのことを自ら進んでやってみようとする ●保育教諭（保育者）などの簡単な手伝いをしたりしながらかかわりを喜ぶ	●ごっこ遊びや見立て遊びをする中で、やり取りの楽しさを感じる ●保育教諭（保育者）などと一緒に曲に合わせて体を動かす
■環境構成 ★援助・配慮	■脱ぎ着しやすい衣類や防寒着を用意する ■簡単な手伝いを用意する ★身支度ができたらほめ、自信を持つことができるようにする ★手伝いをしてくれたら「ありがとう」と伝え、満足感を得られるようにする	■ごっこ遊びや見立て遊びを楽しめるような玩具や素材を用意する ■遊戯会の遊戯曲をくり返し流す ★保育教諭（保育者）なども遊びに入り、ごっこ遊びや見立て遊びを展開させていく ★くり返し踊ることで、親しみを持つことができるようにする
自己評価（教育・保育に対する）	●戸外遊びが楽しみになるような声かけをしたことで、身支度を進んで行う姿が見られた	●園児たちの興味を引く題材を遊戯会の遊戯曲に取り入れたため、楽しんで練習を進めることができた

配慮すべき事項
- 気温や室温に合わせて衣服を調節する
- 天気のよい日は戸外活動を取り入れ、体を動かし、健康的に過ごすことができるようにする

子育ての支援（保護者支援）
- 厚着になりすぎないよう、適した服装を伝える
- トイレトレーニングの様子を伝え、家庭でも取り組んでいくことができるように助言する

前月末の園児の姿
- 健 戸外で十分に体を動かして遊ぶ
- 人 保育教諭（保育者）や友達とのやり取りを楽しむ
- 環 秋の季節に親しみを持ち、活動に取り組む
- 言 知っている言葉を使いながら自分の思いを伝えようとする
- 表 季節の歌をうたうことを楽しむ

3週	4週
●戸外に出て活発に体を動かしながら季節の変化を感じる ●日々の生活の中で、簡単なルールを守って遊ぶ	●友達と一緒に音楽に合わせて楽しく踊る ●友達の名前を呼んだりして、親しみを持ってかかわる
●寒さの中で活発に体を動かし、健康的に過ごせるようにする ●遊びの中で、自分の気持ちを言葉で表現できるようにする	●ゆったりとした環境の中で快適に過ごせるようにする ●欲求を満たし、安心して友達とのかかわりを広げられるようにする
●全身を使いながら活発に体を動かして遊ぶ ●簡単なルールを守りながら、友達と一緒に遊ぶ	●曲に親しみを持ち、友達と一緒に踊ることを楽しむ ●積極的に友達とかかわって遊ぶ
■気温に合わせて上着を着用して遊ぶ ■簡単なルールのある遊びを用意する ★「寒いね」「冷たいね」など、季節の変化を感じられるような声かけをする ★遊びの中で、ルールを守ることを身に付けられるようにする	■園児の反応や様子を見ながら練習時間を調整していく ■保育教諭（保育者）が仲立ちしながら園児同士のかかわりを楽しめるようにする ★楽しく遊戯会の練習ができるよう、声かけをしていく ★トラブルになった時は、代弁しながら対応する
●簡単なルールのある遊びを取り入れたが、低月齢児の理解が難しく、遊びが成立しない場面が目立った。くり返し遊ぶことで徐々にルールのある遊びの理解を深めていくことができるようにする	●友達とトラブルになりつつも、保育教諭（保育者）が仲立ちして言葉での伝え方を知らせたことで、保育教諭（保育者）のまねをして言葉で伝えようとしていた

園の行事
- 七五三集会
- 防犯訓練
- 誕生会
- 身体測定
- 避難訓練

11月の月間指導計画 ④

ねらい
- 自我や主張、甘えといった様々な気持ちを受け止めてもらいながら、安心して過ごす
- 保育教諭（保育者）や友達と一緒に冬の生活の仕方、衛生の習慣を身に付けていく
- 保育教諭（保育者）や友達と一緒に手指を使った遊びの楽しさを味わう（微細運動）

	1週	2週
週のねらい	●保育教諭（保育者）に思いや欲求を十分に受け止めてもらいながら、安心して過ごす ●散歩を通して探索活動や散策活動を存分に楽しむ	●自然物に興味を持ち、拾ったり集めたりする楽しさを味わう ●保育教諭（保育者）と一緒に製作活動をする
養護（生命の保持・情緒の安定）	●休息や水分補給をしっかりと取り入れていく ●園児の健康状態の把握に努め、一人一人の体調や様子に合わせた活動ができるようにする ●園児の様子や健康状態で少しでも気になる点は、すぐに担任間で共有し適切な対応をする ●主張や自我はその都度丁寧に受け止めていく	●活動と休息のバランスに十分留意しながら、園児一人一人の体調管理をしっかりと行う ●「自分で」と主張したり、「いや」と拒んだりのくり返しはその都度丁寧に受け止め、安心してありのままの姿を出せるようにする
教育（健康・人間関係・環境・言葉・表現）	●保育教諭（保育者）に援助してもらいながらも、最初から最後まで自分で食べようとする ●手洗いや手指の消毒が習慣となる ●自由に探索を楽しみ、活動の範囲が広がる ●身の回りのことを自分でやってみようとする ●自分から入眠して一定時間眠り、機嫌よく目覚める ●遊びの中で自分の思いを表現する	●手洗い時、自分一人でやろうとする ●保育教諭（保育者）のすることに興味を持ち、手伝いながらまねることを楽しむ ●遊びの中での発見や驚きを共有しようとする ●手指を使った製作活動に興味を持つ
■環境構成 ★援助・配慮	■戸外遊びや散歩に行く際は事前に安全確認を行う ■戸外に出る際は、気温に合わせた服装で出かける ★自分でやろうとする姿を大切にし、適切に援助する ★園児一人一人のこだわりや自己主張にその都度丁寧に対応できるよう、保育教諭（保育者）間で連携を図る（けがやトラブルにつながらないよう細心の注意をはらう） ★気になる園児については今の姿を担任間で共有して、クラスミーティングを重ねる ★言葉を話そうとする気持ちを大切にしながら、遊びの中で言葉を引き出せるよう工夫する	■戸外遊びや散歩に行く際は事前に安全確認を行う ■手指を使って表現が楽しめるよう、素材を準備する ★自分でできたという達成感が味わえるようさりげなく援助する。また、できたという喜びを認め共感し、自信や意欲につなげていく ★保育教諭（保育者）をまねたいという気持ちから、やってみたいという気持ちを引き出す ★製作遊びで気になることや起こりうる危険について、保育教諭（保育者）間で確認し、丁寧な準備をする

配慮すべき事項
- 一日の寒暖差や体調の変化には十分留意する
- 室温や湿度、換気に配慮する（加湿器・CO_2センサーの使用）
- 感染症予防に留意し、手洗いや手指の消毒を徹底する
- 戸外の探索ではドングリや小石などの誤飲に留意する

子育ての支援（保護者支援）
- 「冬の生活の仕方」を配布し、協力してもらう
- 作品展の注意事項を伝え、時間枠や交通手段を確認する
- 感染症や病気の情報を提供し、体調の変化に留意してもらい、早期対応を促す
- 体調の変化が著しい時期なので、緊急連絡先を確認する

前月末の園児の姿

- 健 一日の寒暖差で体調を崩す園児が多い（手足口病・ヘルパンギーナの流行）
- 人 短い時間であれば気に入った遊びを友達と一緒に楽しむ
- 環 行動範囲が広がり、落ち葉や小石を見つけるなど様々な物に興味や関心を示す
- 言 個人差はあるが、少しずつ気持ちを言葉や動作で伝えられるようになる
- 表 保育教諭（保育者）や友達と手遊びや見立て遊び、ごっこ遊びを楽しむ

3週	4週
●秋の自然に触れながら、戸外での運動遊びを十分に楽しむ ●散策や探索活動で見つけた自然物を使って遊ぶ	●保育教諭（保育者）と一緒に手指を使った様々な遊びを楽しむ ●マラソンを通して走ることを楽しむ
●寒暖差で体調を崩しやすいので、一人一人の健康状態や変化に留意し担任間で共有する ●午睡の環境を見直し、一定時間安定した睡眠が取れるよう工夫する ●不安定な状態の園児には一対一で丁寧にかかわることができるよう、保育教諭（保育者）間で連携を図る	●発達段階に合った様々な取り組みを用意し、活動意欲が十分に満たされ満足感が味わえるようにする ●暖房や加湿器を効果的に使用し、快適な環境を作る ●安心して主体的に遊べるよう見守る
●手洗いの仕上げや手指の消毒は保育教諭（保育者）がすることを受け入れるようになる ●スリッパを揃える、排泄後に手を洗うなどが少しずつ習慣になる ●友達に興味を持ちかかわろうとする ●落ち葉やドングリを見つけ、集めて遊ぶことを楽しむ	●生活や次の行動に見通しが持てるようになる ●保育教諭（保育者）と作品展会場を回り楽しむ ●落ち葉集めや木の実拾いなどの経験を通して、身近な秋の自然に触れる ●保育教諭（保育者）と手指を使った製作を楽しむ ●集めた自然物を使って季節の製作を楽しむ ●マラカスなどの手作り楽器を使って音を出して遊ぶ
■視野を広く取れるよう保育教諭（保育者）の立ち位置について検討し、ミーティングを重ねる ★「自分で」という気持ちを受け止めながら、生活の中での必要な援助をさりげなく行う ★噛みつきやひっかきなどをする園児のそばには保育教諭（保育者）が付くが、友達にかかわろうとする姿を見守り、必要以上に行動を止めないようにする ★園児が主体的に製作活動をする中で、画材や素材を口にしたり飲み込んでしまわないよう、保育教諭（保育者）間で十分に確認し合う	■園児がじっくりと身の回りのことや遊びに取り組めるよう、工夫をしながら環境を作る ■作品展会場の散策や探索が自由にできるように安全点検をしておく ★ドングリなどの自然物の誤食など、事故につながらないよう十分に留意する ★製作は園児の姿を見ながら、園児一人一人の手指の発達や理解度に合った物を準備する ★ままごと遊びなどで、保育教諭（保育者）や友達と様々な言葉のやり取りの楽しさが味わえるようにしていく

教育・保育に対する自己評価

●散歩でのドングリ拾いや落ち葉集めを園児が楽しむ様子が多く見られた。見つけた自然物を使った製作遊びは、作品展につなげることができた。今後も手指を使った遊びを取り入れていきたい。体調を崩す園児も出てきているが、感染症対策をさらに徹底する

園の行事

- 誕生会
- 身体測定
- 作品展
- 避難訓練
- リズム運動

年間計画 / 4月 / 5月 / 6月 / 7月 / 8月 / 9月 / 10月 / **11月** / 12月 / 1月 / 2月 / 3月

11月の月間指導計画 ⑤

ねらい
- 秋の自然に触れ、戸外遊びや散歩を楽しむ
- 体を使って楽しく歌ったり踊ったりする

	1週	2週
週のねらい	●落ち葉拾いをし、季節の変化を感じる ●落ち葉やもみ殻のクッション作りを通し、秋のにおいやフワフワとした感触を楽しむ	●なりきり遊びで言葉のやり取りを楽しむ ●ドングリマラカスを作り、音を鳴らす楽しさを味わう
養護（生命の保持・情緒の安定）	●室内の気温、湿度、明るさなどに配慮し快適に過ごせるようにする ●園児の体調が気になる際は担任間で情報を共有し、こまめに健康状態を把握して必要に応じて家庭へ連絡をとるようにする	●気温や気候に合わせて衣服を調節し、健康的に過ごせるようにする ●排泄は無理せず園児の様子を見ながらトイレに誘い、トイレで排泄する習慣を身に付けていけるようにする
教育（健康・人間関係・環境・言葉・表現）	●落ち葉拾いを通じ「あった」「あか、きいろ」などの発見や言葉のやり取りを楽しむ ●落ち葉やもみ殻のクッションを作って触ったり乗ったりして感触を楽しむ	●保育教諭（保育者）や友達と、絵本のフレーズを口に出したり動きをまねたりして楽しむ ●空き容器にドングリを入れてマラカスを作り、音楽を聴きながら自由に音を鳴らして遊ぶ
■環境構成 ★援助・配慮	■自然物のクッション作りでは中に入れる物の感触やにおいを感じたり、袋に詰めたりするなどの体験を楽しめるようにする ■クッションで遊ぶ際は保育教諭（保育者）がそばに付き、一人一人が満足して遊べるようにする ★家庭の状況などで気持ちが不安定な園児には、丁寧なかかわりができるよう保育教諭（保育者）間で情報の共有をする ★園児の発見に共感し、身近な物の色にも気付けるよう声をかける	■フリー参観では、園児の自然な姿を見てもらえるようレースのカーテンを設置する ■ドングリなどの自然物を口に入れたりしないよう、保育教諭（保育者）間で注意しながら見守る ★なりきり遊びでは園児の興味を引き出せるよう、保育教諭（保育者）自ら大きな動きで行う ★トイレでの排泄が成功した時はほめ、自信につなげていく ★「かして」「いいよ」「あとでね」など、園児間のやり取りの仲立ちをする

配慮すべき事項
- 一人一人の健康チェックを行い、室温や湿度に配慮してこまめに換気を行う
- 手洗い、うがいは保育教諭（保育者）が一緒に行い、やり方を伝えていく

子育ての支援（保護者支援）
- 季節の変わり目なので調節しやすく、園児が自分でも着脱しやすい衣服を用意してもらう
- 検温や視診で園児の体調がいつもと違う際は、保護者に連絡をとり、早めの受診をお願いする

前月末の園児の姿

- 健 運動会ごっこで、楽しそうに体を動かしていた
- 人 友達と遊ぼうとかかわったり一緒に会話をしたりという姿が見られる
- 環 いも掘りでは汚れを気にせず土を触ったり掘ったりして楽しんでいた
- 言 発見したことや驚きなどを自分なりに言葉で伝えようとする
- 表 親しみのある音楽に合わせて踊ったりポーズをとったりして楽しんでいる

3週	4週
●クリスマスの製作を通してサンタクロースに親しみ、クリスマスに期待感を持つ ●秋らしい空気を感じながら戸外遊びを楽しむ	●保育教諭（保育者）をまね、リズムに乗って踊ることを楽しむ ●様々な手触りを感じながら遊ぶことを楽しむ ●いつもとは違う環境に慣れる
●一人一人の気持ちを十分に受け止め、無理なく活動に取り組めるようにする ●安心してトイレで排泄できるよう見守る ●「おいしいね」「いいにおいだね」などの会話を楽しみながら、意欲的に食べられるようにする	●体を動かしたあとは休息を取るようにする ●保育教諭（保育者）に見守られながら、登園後の始末を自分でしようとする ●発表会の場に慣れるよう事前に話したり、そばについて安心感を持てるようにする
●クリスマス飾りを様々な素材や方法で作り、できあがりを喜ぶ ●園庭で走ったり虫探しをしたりする中で、秋の自然を感じる ●秋ならではの旬の食材に興味を持ち、食事を楽しむ	●保育教諭（保育者）の動きをまね、音楽に合わせて楽しみながら体を動かす ●感触遊び（パン粉粘土・小麦粉粘土）は自分なりの言葉で触感を表現しながら楽しむ ●発表会の会場に行き、ステージの上で踊る経験をする
■製作は内容によって一人ずつ、またはグループで行い、達成感を味わえるようにする ■製作ではいろいろな色の紙や素材を用意し、自分で選べるようにする ★クリスマスに期待感を持てるよう、声をかけながら製作を進める ★こだわりがあり、切り替えが難しい園児については保育教諭（保育者）間で話し合い、よりよいかかわり方を模索していく	■発表会の練習はスペースを広く取り、伸び伸びと体を動かせるようにする ■感触遊びは粉状、水を加えた状態と、どちらも感触を味わい、興味を持てるようにする ★発表会の踊りは保育教諭（保育者）が楽しそうに踊って見せ、「やってみたい」という意欲を引き出せるようにする ★バスで外出する際は、職員の配置や人数の確認をしっかりと行う

教育・保育に対する自己評価

- 秋の自然物に触れる機会を設けたことで、様々な発見をしながら季節を感じ遊ぶことができた。素材の手触りやにおいなどを味わい、園児の会話も引き出すことができた。発表会練習を少しずつ取り入れることで、毎日楽しみながら体を動かしている。慣れない場が苦手な園児も、事前に会場に行くことを話したり、そばに寄り添ったりすることで慣れてきている

園の行事
- フリー参観
- 誕生会
- 身体測定
- 避難訓練

11月の月間指導計画 ⑥

ねらい
- 意欲や満足感を持ち、簡単な身の回りのことが自分でできるようになる
- 秋の自然物に触れたり、戸外遊びや散歩したりすることを喜ぶ
- 保育教諭（保育者）や友達とのかかわりの中で、様々な体の動きを楽しむ

	1週	2週
週のねらい	●気温差や体調に留意し、健康的に過ごす ●秋の自然物に興味・関心を持つ	●手洗いを自分から丁寧にしようとする ●秋の自然物を使い、様々な表現遊びを楽しむ
養護（生命の保持・情緒の安定）	●園児の様子に合わせ、定期的に換気をしたり加湿をしたりして、健康的に過ごせるようにする	●自分でしようとしている姿を認め、意欲につなげていく ●園児の気持ちに寄り添い、やりたくない時には援助するなど、一人一人に合わせていく
教育（健康・人間関係・環境・言葉・表現）	●戸外に散歩に出かけ、秋の自然物を集めて楽しむ ●秋の自然物を使い、マラカスを作る ●友達と一緒に、落ち葉の感触を楽しむ（葉っぱのシャワー遊び）	●ドングリやマツボックリを使い、転がし遊びを楽しむ ●自然物を使い、小麦粉粘土遊びをする
環境構成 ★援助・配慮	■集めた自然物は分類し、園児の気付きに対して「丸いね」「大きいね」「赤いはっぱだね」などと応答的にかかわりながら、形、大きさ、音の違いなどに気付けるようにする ■ペットボトルや空き缶、箱など、素材の違う容器を用意する ■園児が集めたものを入れられるよう、散歩バッグを一緒に作る ■安全に遊べるよう、散歩先の下見をしておき、一人一人の動きを把握して危険のないよう見守る ★「どんな音がするかな？」などと言葉をかけたり、園児の気付きに共感することで、自然物で遊ぶ経験が十分できるようにする	■トイや板、牛乳パックで作った転がし台などを準備し、園児が主体的に転がし遊びができるようにする ★保育教諭（保育者）も一緒に転がし遊びを楽しみながら、形や素材によって転がり方が違うことに気付けるようにする ★自分で手洗いをしようとする意欲的な姿を見守りながら、手洗いの前は袖をまくることを伝えたり、「ゴシゴシ」などと声をかけたりしながら丁寧に洗えるようにする ★園児が気付いたり、感じたりした姿を見逃さず言葉にして共感し、他の園児にも知らせる

配慮すべき事項
- 園児のやる気を尊重し、クラス内の保育教諭（保育者）間で一人一人に対するかかわり方を話し合い、統一していく
- 換気や加湿器を使って湿度を保ち、快適に過ごせるようにする

子育ての支援（保護者支援）
- 衣服を自分で着脱しようとしている姿を伝え、家庭でもすぐに手を出さず、しようとしている時は見守るようにするなど、家庭と連携していく
- 着脱しやすい衣服を準備してもらう

前月末の園児の姿
- 健 運動会ごっこを通して、体全体を動かす遊びを楽しんでいる
- 人 友達に興味が出てきて、名前を呼んだり同じ遊びをしようとしたりする
- 環 秋の自然に触れる中で、大きさや色、形に興味を持つ
- 言 発見したことや驚いたことを、しぐさや言葉で保育教諭（保育者）に伝える
- 表 季節の歌をうたったり、手遊びをまねして楽しむ

3週	4週
●自分で身の回りのことをしようとする気持ちを大切にし、達成感を味わう ●いろいろな歌や曲に親しみ、それに合わせた体の動きを楽しむ	●自分で身の回りのことをしようとする気持ちを大切にし、達成感を味わう ●保育教諭（保育者）や友達とかかわりながら表現遊びを楽しむ
●自分から、または保育教諭（保育者）に声をかけられてトイレに行き、排尿のタイミングに気付く	●園児の自分でやろうとする気持ちを見守りながら、荷物の片付けなどを一緒にしていく ●鼻水が出ていたら、「拭こうね」と優しく声をかけながら拭き取り、気持ちよさを伝えていく
●保育教諭や友達と触れ合いながら、わらべ歌や手遊びを楽しむ ●好きな絵本を読んでもらう ●園庭でキックバイクに乗って遊ぶ	●スナップかけやひも通しなど、手指を使った遊びを楽しむ ●保育教諭（保育者）や友達と一緒に、見立て遊びやごっこ遊びを楽しむ
■くり返しのある言葉や動きのある内容の絵本を選び、言葉のやり取りが楽しめるようにする ■キックバイクに乗る際は、十分なスペースを確保する ★自分でしようとする姿を見守り、うまくできない時には「もう1回やってみようか」などと伝え、援助していく ★手遊びやわらべ歌は、はっきりとした声や動きで行い、くり返し楽しめるようにする ★保育教諭（保育者）が仲立ちとなったり、遊びの見本を見せたりするなど、遊びを進めながら園児同士のつながりを広げていく	■園児の興味のある形や、洗濯ばさみやフェルトなど様々な素材に触れ、手指を使った遊びができるよう準備する ★「自分で」という意欲を大切に見守ったり、時には少し手を添えたりしながら、自分でできた喜びを一緒に感じる ★園児が表現したことを「〇〇みたいだね」などと言葉にして伝え、やり取りしながらイメージが広げられるようにする

教育・保育に対する自己評価

- ズボンやパンツなど、はきやすいように環境を整えたことで、自分から着脱するようになってきた。引き続き一人一人の発達や意欲に合わせた援助をしていきたい
- 秋の自然物に触れる体験をしたことで、触れて確かめようとしたり感じたことや思ったことをしぐさや言葉で伝えようとしたりする姿が多く見られた。園児が今、何に興味を持っているのかなどを深く考え、次への活動につなげていきたい

園の行事
- 園内公開保育
- 園外保育
- 誕生会
- 消火避難通報訓練

12月の月間指導計画 ①

ねらい
- 季節の行事の雰囲気を感じながら、喜んで参加する
- 活動や生活を通して、友達とのかかわりを深める
- 冬の自然に親しみ、雪や氷の感触を楽しむ

	1週	2週
週のねらい	● 遊戯曲に親しみ、保育教諭（保育者）などや友達と一緒に体を動かすことを楽しむ ● 保育教諭（保育者）などが仲立ちとなり、玩具の貸し借りができるようになる	● 友達と一緒に並んで遊戯活動を楽しむ ● 保育教諭（保育者）などが仲立ちとなり、玩具の貸し借りができるようになる
養護（生命の保持・情緒の安定）	● ゆったりとした環境の中で快適に過ごす ● 保育教諭（保育者）などに見守られながら、衣服の着脱を自分でしようとする	● 十分な休息を取り健康に過ごす ● 友達や保育教諭（保育者）などとやり取りをしたり、思いを伝えようとしたりする
教育（健康・人間関係・環境・言葉・表現）	● 手洗い・うがいの習慣を身に付け、清潔にする心地よさを味わう ● 友達の名前を呼んだり、簡単な言葉のやり取りをしたりしながら、一緒に遊ぼうとする	● ままごとや積み木での遊びを通して、2〜3人の友達とかかわりを持ちながら、ごっこ遊びを楽しむ ● 身近にある物の大小、色や形、多い・少ない、などの違いに気付く
■環境構成 ★援助・配慮	■ 室内と戸外の温度差や個々の体調に応じて衣服の調節をし、心地よく過ごせるようにする ★「自分で」という気持ちを大切にしながら援助し、友達と一緒に行うことで、分かりやすいように伝える ★ 園児同士のかかわりを見守り、足りない言葉を添えてやりとりが楽しめるようにする	■ 体を十分に動かしたあとは、個々に合わせて、絵本コーナーなどでゆったりと休息が取れるようにする ★ 友達とのかかわりを見守りながら、必要に応じて保育教諭（保育者）などが仲立ちをする ★ 無理のないよう、決まった時間の流れで一日を過ごせるようにする
教育・保育に対する自己評価	● 遊戯会に向けて、ステージでの遊戯活動を積極的に行った。徐々に周囲に大勢の人がいる前でも堂々と踊ることができるようになった	● 製作活動を通して、星や丸、雪の結晶などの形や様々な色への興味や関心を示していた。また、遊戯活動後にゆったりと過ごせる時間を設けたことで無理なく生活することができた

配慮すべき事項
- 冬の感染症や室温などに留意し、個々の健康状態に配慮する
- 保育教諭（保育者）自身が園児と一緒に歌や踊り、リズム遊びなどを楽しみながら、その楽しさを感じられるようにかかわる

子育ての支援（保護者支援）
- 流行しやすい感染症の予防や症状を知らせ、早期に発見するとともに、健康状態についても密に連絡をとり合う
- 年末年始は生活のリズムが崩れやすいので、掲示したり、保護者に口頭で伝えたりしながら、園児に無理のない生活の仕方について知らせて話し合う

前月末の園児の姿
- 健　保育教諭（保育者）などや他児と一緒に音楽に親しみ、楽しむ
- 人　友達とのかかわりが増え、遊びを共有する楽しさを知るが、物の取り合いでトラブルが増えてくる
- 環　異年齢児とのやり取りを楽しんでいる
- 言　季節の歌や絵本を通して、言葉のやり取りを楽しむ
- 表　保育教諭（保育者）などや友達と一緒に、音楽に合わせて体を動かすことを楽しむ

3週	4週
●遊戯会の活動に喜んで参加しようとする ●季節の絵本や紙芝居を通して、友達や保育教諭（保育者）などと一緒にくり返しの言葉をまねて話すことを楽しむ	●クリスマス誕生会に喜んで参加して雰囲気を味わう ●触れたり、見たりして、冬の自然に親しみを持ち、楽しむ
●保育教諭（保育者）などに見守られ、安心感を持って生活する ●トイレで排尿したり、尿意を感じたりしたことを知らせる	●鼻水などを不快に感じ、拭いてもらったり、自ら拭こうとし、清潔に過ごす ●食事前に自分から手洗いをしようとする
●友達と一緒に遊戯会に参加することを喜ぶ ●形に興味を持ちながら、クリスマスツリーなどの製作を楽しむ	●食事やおやつの前に自分の椅子に座って待とうとする ●季節の歌や絵本を通して、言葉のやり取りを楽しむ
■安心してゆったりと過ごせる時間を確保し、活動後の休息を十分に取れるようにする ★「出たね」などと声をかけ、一緒に喜び、尿意や出た感覚が分かるよう促し、次につなげていく ★一人一人の思いや欲求を受け止め、優しく丁寧にかかわる ★様々な素材に触れる楽しさを味わうことができるように準備し、活動に興味を持って参加できるように導く	■園児が届く場所にティッシュを置き、自分で拭けるようにする ★生活の見通しを持って行動できるように保育教諭（保育者）などが腕まくりをして、次は手洗いだということを考えられるように促す ★絵本や紙芝居をみんなで楽しめるように問いかけたり、言葉がけをしたりして、一人一人の様子を見ながら進めていく
●クリスマスの歌や紙芝居に親しむことにより、クリスマスに向けての製作活動がスムーズにでき、楽しんで取り組むことができた	●サンタクロースの歌をうたったり、クリスマスの話をして関心を持ち、期待を膨らませることにより、クリスマス誕生会に喜んで参加することができた

園の行事
- 身体測定
- 遊戯会
- 避難訓練
- 安全教室
- クリスマス誕生会
- 大掃除
- 保育納め

129

12月の月間指導計画 ②

ねらい
- 友達とのやり取りを喜んで行う
- 体調に留意し、寒い時期でも外に出て遊ぶ
- 季節の行事に参加して雰囲気を味わう

	1週	2週
週のねらい	●快適な環境の下、健康に過ごす ●ままごとなどの見立て遊びを楽しむ	●冬の自然に触れ、好きな遊びを楽しむ ●クリスマスの雰囲気を味わう
養護（生命の保持・情緒の安定）	●暖房や加湿器を使用するなどして、快適に過ごせるようにする ●手洗いに楽しくしっかりと取り組めるようにする	●靴下を履こうとする意欲を十分にくみ取り、必要な手助けをしていく ●身の回りのことに積極的に取り組む
教育（健康・人間関係・環境・言葉・表現）	●清潔を保とうとする ●ままごとなどで日常を再現することを友達と楽しむ ●自分の思いを言葉で伝える	●氷や雪など、冬の自然に触れて遊ぶ ●園内の装飾を見たり歌をうたったりして、季節や行事を知る ●リースやクリスマスツリー作りなどをして、クリスマス製作を楽しむ
■環境構成 ★援助・配慮	■気温や活動に応じて、室温や衣服を調節する ■ままごとの雰囲気に合ったエプロンや道具などを準備する ★道具を持って移動する際は、危険がないように十分に配慮する ★ままごと遊びに加わり、遊びを楽しめるようにする	■指先の器用さを育む物として、ボタンやファスナーを使った手作り玩具などを準備する ★上着の着方やファスナーの閉め方を知らせる ★クリスマス製作を通して季節の行事を知らせたり、絵本や紙芝居を読んだりして、クリスマスへの期待感を高める
自己評価（教育・保育に対する）	●気温差で体調を崩した園児に対して適切な対応をしたことで、体調の安定が図られ、安心感を与えることができた	●ほめることで、「自分で」という意識がより強まっていた。友達同士で互いに影響し合いながら、力を伸ばしていけるようにする

配慮すべき事項
- 園児の体調変化に気付けるように、一人一人の健康状態を把握する
- 感染症の予防のため、室温や湿度、換気に気を配り、こまめな消毒を行う。また、手洗いもしっかりと行う

子育ての支援（保護者支援）
- 冬に流行しやすい感染症の予防策や症状などを知らせ、健康管理に留意してもらう
- 年末年始休みの間、身に付いてきた基本的な生活習慣に家庭でも取り組んでもらい、園児の成長を実感できるよう働きかけていく

前月末の園児の姿
- 健 寒くなり、咳や鼻水が出る園児が増えてきた
- 人 友達や保育教諭（保育者）などとのかかわりが増えてきている
- 環 外遊びや自然に興味を持って取り組んでいる
- 言 園児同士の言葉のやり取りが盛んになる
- 表 友達と歌ったり踊ったりすることを喜んでいる

3週	4週
●自分でできることを進んで行う ●クリスマス会に喜んで参加する	●伸び伸びと元気に、健康に過ごす ●年末の雰囲気を味わう
●安定した情緒で過ごす ●生活の流れの中で、片付けや排泄、手洗いなどを進んで行えるようにする	●安定した生活リズムで過ごせるようにする ●体調変化に留意しながら、健康に過ごせるようにする
●クリスマスの雰囲気を味わい、楽しむ ●歌ったり、リズムに合わせて踊り、表現するおもしろさを楽しむ ●行事にも機嫌よく参加する	●保育教諭（保育者）などの仲立ちで友達とのやり取りを楽しむ ●好きな玩具で遊び、じっくりと楽しむ ●年末の生活や習慣について知り、雰囲気を味わう
■準備にかかる時間を想定し、余裕を持った生活の流れを作る ■リズミカルな歌や園児の好きな曲を選び、興味が持てる工夫をする ★自主的に行う姿や気持ちを受け止め、タイミングを見ながらさりげなく声をかけたり手を添えたりする ★保育教諭（保育者）なども楽しんでいる姿を園児に見せ、行事へ参加する意欲が高まるようにする	■安全に、満足するまで楽しめるように、スペースとともに玩具や素材も十分に用意する ■感染症の予防に努めて健康に過ごせるようにする ★そばにつき、一緒に楽しみながら遊びに集中できるようにする ★年末の慌ただしい雰囲気に流されないように、ゆったりとした生活を心がけ、安心して活動できるようにする
●園児の動線や広いスペースの確保などに配慮した環境を整えることで、自発的に物事に取り組めるようにしていった	●保護者と連絡を密にとったことで、急な寒さで崩れがちだった園児の体調にその都度適切に対応できた

園の行事
- 避難訓練
- もちつき
- 身体測定
- 誕生会
- クリスマス会
- 御用納め会

131

12月の月間指導計画 ③

ねらい
- おむつの不快感を感じ、トイレで排泄しようとする
- 友達と一緒に楽しんで遊戯会に参加する
- 冬ならではの自然に触れたり、行事の雰囲気を楽しむ

	1週	2週
週のねらい	●様々な素材に触れ、クリスマス製作を楽しむ ●おむつが濡れる不快感を保育教諭（保育者）などに伝えようとする	●遊戯曲に親しみを持ち、表現することを楽しむ ●冬の自然に興味を持ち、発見を楽しむ
養護（生命の保持・情緒の安定）	●清潔にすることの心地よさを感じながら過ごせるようにする ●保育教諭（保育者）や友達に言葉で思いを伝えられるようにする	●保育教諭（保育者）や友達と一緒に活動することで、安心して積極的に活動に取り組めるようにする ●寒さに負けず活発に遊び、健康的に過ごせるようにする
教育（健康・人間関係・環境・言葉・表現）	●形や色、大きさなどに興味を持ちながらクリスマス製作を楽しむ ●尿意やおむつが濡れていることを言葉やしぐさで伝える	●冬の自然に触れ、発見を楽しむ ●遊戯曲に親しみを持ち、保育教諭（保育者）や友達と一緒に体を動かすことを楽しむ
★援助・配慮　■環境構成	■クリスマスに関する絵本を読むなどして、クリスマスの雰囲気を味わうことができるようにする ■「おむつ濡れちゃったね」「きれいにしようね」など、不快感が分かるような声かけをしていく ★楽しい雰囲気の中で製作をし、意欲的に取り組むことができるようにする ★遊びに夢中でトイレをいやがる子には、興味を引く声かけをして誘い、トイレでの排泄を促していく	■伸び伸びと体を動かして表現できるよう、広い環境を設定する ■氷や氷柱などを見せ、冬の自然と触れ合えるようにする ★伸び伸びと表現する楽しさを共有する ★冬の自然の感触を楽しむことができるよう、実際に触れる機会を設ける
教育・保育に対する自己評価	●導入でクリスマスに関する絵本を読んだり、歌をうたったりしたことで、楽しんで製作に取り組むことができた。のりの使い方をくり返し伝えたことで徐々に身に付きはじめている	●遊戯曲をくり返し流したことで、園児たちから「もう一回」「踊りたい」と意欲を表す言葉が聞こえ、楽しく練習をすることができ、よかった

配慮すべき事項
- 感染症が流行しやすい時期であるため、丁寧な手洗いができるよう声をかける
- 遊戯会の練習では、園児たちの様子を見ながら練習量を調整し、楽しんで練習に参加できるようにする

子育ての支援（保護者支援）
- 園での感染症の対策への取り組みを知らせ、園児の健康状態を共有し、情報を伝え合う
- 年末年始は生活リズムが崩れやすいため、無理のない生活の仕方を伝えていく

前月末の園児の姿
- 健 保育教諭（保育者）に援助されながら身の回りのことに意欲的に取り組んでいる
- 人 友達とのトラブルも見られるが、保育教諭（保育者）のまねをして言葉で伝えようとする
- 環 自然に興味を持ち、戸外遊びを喜ぶ
- 言 ごっこ遊びの中で言葉のやり取りを楽しむ
- 表 友達と一緒に曲に合わせて体を動かすことを楽しむ

3週	4週
●友達と一緒に遊戯会に参加することを楽しむ ●トイレでの排泄が定着する	●クリスマスの雰囲気を楽しむ ●雪遊びを楽しむ
●保育教諭（保育者）にほめられながら、トイレでの排泄が身に付くようにする ●保育教諭（保育者）に見守られ、安心して行事に参加できるようにする	●保育教諭（保育者）に共感してもらうことで、安心して思いを表現できるようにする ●寒さを感じながら、戸外で活発に体を動かして遊べるようにする
●友達と一緒に遊戯会に参加し、表現することを楽しむ ●尿意を伝え、トイレで排泄する	●保育教諭（保育者）などや友達と室内を装飾したり、クリスマスの歌をうたったりして雰囲気を楽しむ ●「冷たい」「ふわふわ」など、雪や氷の感触を言葉で伝えようとする
■ステージからの落下防止のため、床にシールを貼ったり積み木などを置いたりして、踊る場所の目印を付ける ■それぞれに合わせた時間でトイレに誘い、成功体験を増やす ★ステージに立つことに不安を感じている園児には、優しく声かけをしたり、そばで寄り添ったりして、安心できるように援助する ★トイレでの排泄が成功した時にはほめ、自信につながるようにする	■園児たちも飾ることを楽しめるように、簡単な装飾を用意する ■雪の状況を確認し、安全に遊べる環境を整える ★絵本を読んだり、歌をうたったりするなどをくり返し、クリスマスへの期待感を高める ★雪の感触や冷たさを味わうことができるよう、言葉で表現し、伝える
●遊戯会当日は、登園時に不安で泣く園児もいたが、優しく声かけをし、そばで寄り添ったことでステージでは楽しく踊る姿が見られた。排泄面では、おむつが濡れることはあるものの、トイレでの排泄の成功回数が増えている	●クリスマスの装飾をしたことで、興味を示し、園児たちがクリスマスについて話す姿が多く見られた

園の行事
- クリスマス遊戯会
- 誕生会
- 身体測定
- 避難訓練

133

12月の月間指導計画 ④

ねらい
- 「自分でやってみたい」と、身の回りのことを主体的にやってみようとする
- 冬の生活の仕方にも慣れはじめ、少しずつ習慣として身に付いてくる
- 保育教諭（保育者）や友達と、全身運動や手指を使った遊びを楽しむ（粗大運動・微細運動）

	1週	2週
週のねらい	●保育教諭（保育者）との愛着関係の下で、安心して主体的に活動する ●暖かい日差しのある時は、戸外で体を動かして遊ぶ	●氷や霜などを見つけ、冬の訪れを感じる ●製作活動で手指をしっかり使う（クリスマス飾り・プレゼント袋～新聞紙丸め・シール遊び～）
養護（生命の保持・情緒の安定）	●衛生的な環境の中で、元気に過ごせるようにする ●園児の健康状態を把握し、衣服の調節を行う ●保育教諭（保育者）と一緒に鼻をかむ ●主張や自我を受け止めてもらい、気持ちが安定する状態を作る	●園児一人一人の様子に留意し、必要に応じて休息を適宜取り入れる ●換気による室内温度の下がりすぎに留意する ●愛着関係にある保育教諭（保育者）が見える場所にいることで、園児が安心して遊べるようにする
教育（健康・人間関係・環境・言葉・表現）	●食事の際、スプーン、フォークを選んで使おうとする ●手洗いや手指の消毒の習慣を身に付ける ●身の回りのことを自分で納得いくまでやろうとする ●保育教諭（保育者）とトイレに行き、タイミングが合えば排泄する ●戸外で体を動かして遊ぶことの楽しさを知る ●自分の思いを言葉やしぐさで伝えようとする	●身の回りのことを自分で一定時間挑戦しつづける ●保育教諭（保育者）とトイレに行き、便座に座って排泄しようとしたり、水を流そうとしたりする ●手指を使った製作活動に興味を持ち、満足するまで遊びをくり返して楽しむ ●冬の訪れを感じ、季節の変化を知る
■環境構成 ★援助・配慮	■トイレなどは使用ごとにアルコール消毒を行う（下痢嘔吐の流行時には次亜塩素酸ナトリウムでの消毒に切り替える） ■運動遊びの際は、保育教諭（保育者）間で危険箇所や園児の様々な姿を予測しながら活動環境を考える ★自分でやりたいという姿が様々な場面で見られるようになる。意欲の芽生えを大切に見守ることができるよう、ゆとりを持った計画（時間配分）を立てていく ★感染症流行のステージごとに感染症対策の方法を確認し、ガイドラインに沿った消毒作業を行う ★気になる園児については、引き続きクラスミーティングを重ねて担任間で共有する	■踏み台の安定を確認し転倒などがないよう留意する ■着脱コーナーはゆったりと取り組める環境にする ★援助や介助はさりげなく行い、「できた」という気持ちを大切にしていく ★意欲の芽生えがあまり感じられない園児については、園児が興味を示す方法を担任間で探究していく ★園児の手指の発達や到達段階を見て、個々に合った課題を遊びの中に取り入れていく ★園児の活動欲求を十分に満たすことができるよう、それぞれの姿に見合った自然とのかかわり方や様々な遊び方を工夫していく

配慮すべき事項
- 戸外と室内の温度差に注意しながら衣服を調節する
- 換気により室内が冷えすぎていないか、乾燥しすぎていないかなど十分に配慮する
- 手洗いや手指の消毒を徹底する（手指の荒れがひどい時はアルコール消毒を控える）

子育ての支援（保護者支援）
- 保護者の疑問や不安には丁寧に耳を傾け、迅速に対応する
- 年末年始のお知らせは早めに行い、荷物の持ち帰りなどの予定を立てやすくする
- 早期受診を促し重症化を防ぐ
- 年末年始に利用できるホットラインや受診できる病院の情報を提供する

前月末の園児の姿

- 健 大きく体調を崩すこともなく、比較的元気に過ごすことができた
- 人 トラブルも多いが、自分で気持ちを落ち着かせることができるようになってきている
- 環 身近な自然の変化に気付き、保育教諭（保育者）に伝えようとする姿が見られる
- 言 個人差はかなり大きいものの、「伝えたい」気持ちがしっかりと芽生えている
- 表 保育教諭（保育者）や友達と、くり返しのあるごっこ遊びを楽しんでいる

3週	4週
●手作り楽器を使ったリズム遊びをする ●冬の様々な行事に参加する （クリスマス会・もちつきなど）	●製作活動で手指をしっかり使う （干支の絵馬飾り～フィンガーペインティング～） ●保育教諭（保育者）と一緒に大掃除をする
●園児一人一人の健康状態を共有できるよう、午睡時に報告会を行う ●行事参加で不安定になる園児には、愛着関係にある保育教諭（保育者）が付いて安心できるようにする ●友達とのかかわりでは必要に応じた仲立ちをする	●こまめな換気により室温が下がりやすいので、暖房や加湿器の最も効果的な使い方を検証していく ●保育教諭（保育者）に見守られることで、安心して主体的に遊びに向かえるようにする
●手洗いの仕上げや手指の消毒を保育教諭（保育者）にしてもらうことが習慣になってくる ●戸外に出ることが分かると、上着や帽子を取りに行こうとする ●聴きなれた音楽が流れると、楽器を鳴らして楽しむ ●様々な冬の行事に関心を持ち、自分なりに楽しむ	●活動や遊びの次の行動に見通しが持てるようになる ●大掃除では「ピカピカ」「キレイ」といった保育教諭（保育者）の言葉で、清潔にすることを知る ●散策の楽しさを味わいながら、冬の訪れを感じる ●保育教諭（保育者）と一緒に製作遊びを楽しむ ●楽器を使って音を出して遊ぶ楽しさが分かる
■園児の様子を見ながらセンサー式のハンドソープの設置場所を決める ★トラブル回避を優先するあまり、友達にかかわろうとする姿を止めてしまわないようにする ★行事の際は保育教諭（保育者）が立つ位置に留意し、様々な状況で適切に対応できるようにする ★園児が触れた玩具は殺菌庫に入れて消毒し、いつでも安全に使えるようにしておく	■センサー式のハンドソープで遊ばないよう、くり返し丁寧に使い方を伝えていく ■戸外で遊ぶ際には安全面の点検確認を行う。きまりや約束事などについて、園児にくり返し伝え知らせる ★楽器を使う前には、けがをしないように破損点検を行う ★製作は園児の姿を見ながら、園児一人一人の手指の発達や理解度に合った取り組みを準備する ★ごっこ遊びなどの中で保育教諭（保育者）や友達との応答的なやり取りを楽しみ、発表会の劇遊びへとつなげていく

教育・保育に対する自己評価

- クリスマスやもちつきといった冬の行事は参加時間が長く、飽きてしまう様子が見られた。1歳児が集中できる時間に配慮し、無理のない参加の仕方をするべきだった。今後は行事参加をテーマに保育教諭（保育者）間のミーティングの機会を作っていく

園の行事
- 誕生会
- 避難訓練
- クリスマス会
- もちつき
- リズム運動

年間計画　4月　5月　6月　7月　8月　9月　10月　11月　12月　1月　2月　3月

12月の月間指導計画 ⑤

ねらい
- 歌ったり踊ったりする楽しさを体で表現する
- 友達や保育教諭（保育者）と一緒に様々な活動を楽しむ

	1週	2週
週のねらい	●ゆらゆら体が揺れたり布に隠れたり、様々な体の感覚を楽しむ ●大勢の人の前で踊ることに慣れ、楽しく踊ったり手遊びをしたりする	●リズムに乗り、友達と一緒に体を動かすことを楽しむ ●冬の散歩に出かけ季節の変化を感じる ●中学校の生徒と触れ合って遊ぶ
養護（生命の保持・情緒の安定）	●ほめたりスキンシップを取ったりすることで、安心感を持って発表会に参加できるようにする ●室温計や、湿度計をこまめにチェックしながら暖房を適切に使用し、快適に過ごせるようにする	●保育教諭（保育者）と一緒に手洗い、うがいを行い、清潔を保つ習慣が身に付くようにする ●食事を楽しみながら、スプーンをペン持ちで持ち、器に手を添えたり持ったりして食べられるよう声をかける
教育（健康・人間関係・環境・言葉・表現）	●毛布ハンモックや風呂敷バルーンで遊び、いつもと違う感覚を味わう ●発表会に向け、衣装を着て予行演習に参加する ●発表会に参加し、会場の雰囲気を味わいながら手遊びや踊りを自分なりに表現する	●発表会ごっこやクリスマスの踊りを楽しむ ●空気の冷たさを感じ、息が白くなることに気付く ●中学生が持ってきた手作り玩具で一緒に遊ぶ
環境構成 ★援助・配慮	■毛布ハンモックや風呂敷バルーン遊びは、死角や危険のないよう注意する ■ステージ上での転倒や園児同士のトラブルに備え、保育教諭（保育者）の配置を職員間でよく話し合っておく ★毛布ハンモックは無理せず、一人一人の表情や様子を見て進めていく ★練習で衣装を身に着けて慣れておくことで、落ち着いて本番を迎えられるようにする	■踊りや運動遊びを行う際は十分にスペースを確保し、伸び伸びと表現したり動けるようにする ■冬の散歩で見つけた自然物などを部屋に飾り、園児が散歩を思い出しながら会話ができるようにする ★中学生が来園することを事前に話し、人見知りする園児には保育教諭（保育者）がそばについて不安が和らぐようにする

配慮すべき事項
- 感染症の流行や体調を崩しやすい時期なので、検温や視診で一人一人の健康状態に配慮する
- 家庭での園児の様子、健康状態を職員間で共有し、適切な対応ができるようにする

子育ての支援（保護者支援）
- 気温の変化に応じた衣服の調節の仕方などを、丁寧に知らせる
- 防寒具や冬用の帽子などの持ち物に、名前やかけひもを付けてもらうようお願いする

前月末の園児の姿

- 健 たくさん歩行できるようになり、散歩で長い距離を歩けるようになる
- 人 自分の場所や物への意識が強くなり、仲よく遊ぶ半面、トラブルも増える
- 環 発表会の会場に慣れ、笑顔で過ごせるようになった
- 言 2種類の自然物のクッション遊びで感触の違いに気付く言葉も聞けた
- 表 手作り粘土遊びでは自分なりのイメージで形作ることを楽しんだ

3週	4週
●簡単なルールの遊びを友達と一緒に楽しむ ●足湯に入り心地よさを感じる ●クリスマスの雰囲気を味わいながら行事に参加する	●保育教諭（保育者）をまねて掃除ごっこをし、手伝いをするうれしさを味わう ●終業式に参加したり、年末のあいさつをしたりして年末の雰囲気を感じる
●「自分でしたい」という気持ちを尊重しつつできないところはさりげなく手伝い、「自分でできた」という自信につなげられるようにする ●尿意、便意を感じたら自分からトイレに行けるような雰囲気を作る	●保育教諭（保育者）に気持ちを共感してもらうことで、安心して自分の気持ちを表現したり気持ちを切り替えたりできるようにする ●活動内容や室温に応じて衣服を調節し、快適に活動できるようにする
●友達と一緒に椅子取りゲームをする ●ユズやミカンの皮の香りを楽しみながら足湯に入る ●防寒着を自分で着る練習をする	●新聞紙で作ったはたきや雑巾を使い、思い思いに掃除ごっこを楽しむ ●終業式に参加する ●年末や年始のあいさつを覚え、まねて言ってみる
■クリスマスに向けて絵本の読み聞かせをしたりクリスマスツリーを飾ったりして、行事への期待を高められるようにする ■防寒着や靴の着脱は時間に余裕を持ち、ゆったりとした気持ちでできるようにする ★クリスマス会は普段とは違う雰囲気になるので、何をするかを事前に話し、不安そうな子には保育教諭（保育者）がそばについて安心して参加できるようにする	■保育教諭（保育者）と一緒に大掃除を行い、きれいになると気持ちいい、うれしい、ということが感じられるよう声をかける ■「よいお年を」「あけましておめでとう」などの、季節に応じたあいさつがあることを知らせる ★掃除ごっこでは一人一人に掃除道具を準備し、十分にできるようにする ★年末に持ち帰る物は、保育教諭（保育者）間でしっかり連携を取り、忘れないようにする

教育・保育に対する自己評価

- 発表会では会場やステージに慣れるよう進め、保育教諭（保育者）同士連携して見守ったり寄り添ったりしたことで、当日は笑顔で伸び伸びと表現を楽しむことができた。椅子取りゲームでは、くり返し遊ぶことで少しずつルールを理解しながら楽しんでいた。足湯では、「あったかい」「いいにおいがする」と友達と会話を楽しみながら心地よさを十分に味わっていた

園の行事

- 発表会写真撮影
- 発表会
- 身体測定
- 避難訓練
- クリスマス会
- 終業式

12月の月間指導計画 ⑥

ねらい
- 自分なりに生活の流れが分かり、身の回りのことを自分でしようとする
- 友達や保育教諭（保育者）と一緒に、表現遊びやつもり遊びを楽しむ
- 季節の行事に参加し、雰囲気を味わう

	1週	2週
週のねらい	●「自分で」の気持ちを大切に見守りながら、意欲につなげていく ●保育教諭（保育者）と一緒に、体を動かしながら友達とかかわる	●身の回りのことに興味を持ち、やってみようとする ●友達と一緒に表現遊びをする
養護（生命の保持・情緒の安定）	●一人でできることを喜び、自分でやりたいという気持ちを尊重し、受け止める	●部屋の換気や加湿を心がけ、健康で安定した状態で過ごせるようにする ●厚着にならないようにする
教育（健康・人間関係・環境・言葉・表現）	●保育教諭（保育者）や友達と一緒に、しっぽ取りや感覚統合遊びをする ●砂や木の実、ままごとで見立て遊びやつもり遊びを楽しみ、簡単な言葉のやり取りをする	●シールや様々な形に切った素材を貼り、リース作りを楽しむ ●戸外に出かけ、クリスマス飾りを探す探検ごっこをする
■環境構成　★援助・配慮	■はきやすいように、ズボンの前を向けておくなど、自分でやってみようと思えるよう配慮する ■園児の動きに合わせて感覚統合の遊具を組み合わせ、くぐったり渡ったりなど様々な動きが楽しめるようにする ★保育教諭（保育者）も一緒にすることで、楽しさを共感していけるようにする ★園児の「～みたい」のつぶやきに共感し、保育教諭（保育者）も一緒に言葉のやり取りを楽しむ	■クリスマスの雰囲気を感じ、関心が持てるよう、ツリーや作品などを飾る ■いろいろな形の飾りや毛糸などの素材を準備し、色や形に興味を持ってリースの飾り付けが楽しめるようにする ★ツリーの飾りなど、園児が興味を示すものに「キラキラしてるね」「赤い色だね」などと言葉を添え、共感したり、触れたりしながらクリスマスに関心が持てるようにする

配慮すべき事項
- 友達とのかかわりが少しずつ増え、互いの思いがぶつかり合うことが出てくるので、保育教諭（保育者）が仲立ちし、互いの思いを受け止める
- 部屋の換気、玩具の消毒など、感染症予防対策を行うとともに、一人一人の体調をチェックする

子育ての支援（保護者支援）
- 保健だよりなどで、流行しやすい感染症や予防の仕方などを知らせ、園児の様子をこまめに連絡し合えるようにする
- おたよりなどで、年末年始の休みの間にできる手遊びや触れ合い遊び、凧作りなどを紹介する

前月末の園児の姿

- 健 靴や衣服の着脱など、自分でやってみようとする姿がある
- 人 友達とかかわろうとするが、トラブルになることもある
- 環 季節ならではの自然物に親しみ、それらを使って遊ぼうとする
- 言 「おはよう」「かして」「ありがとう」などを言葉で伝えようとする
- 表 曲に合わせ、体を動かすことを楽しむ

3週	4週
● できた喜びを感じ、自分のことを自分でしようとする ● 季節の音楽に合わせて体の動きやリズム遊びを楽しむ	● 生活の流れが分かり、自分のことをやってみようとする ● 季節ならではの遊びや活動を楽しむ
● 部屋の換気や温度に留意し、健康的に過ごせるようにする ● 自分でしようとしている意欲を認め、応答的にかかわっていく	● 登園時の荷物の片付けを、保育教諭（保育者）と一緒にやってみようとする ● やってみようという気持ちを大切にし、ゆったりと応答的にかかわれるようにする
● クリスマス会に参加する ● 異年齢児の踊りを見たり、一緒に触れ合い遊びを楽しんだりする ● 保育教諭（保育者）や友達と一緒に、曲に合わせて太鼓をたたく	● 正月飾りや門松を見て、季節の歌をうたう ● 好きな遊びをじっくりと楽しむ
■ クリスマスの曲に合わせて自由に楽器がならせるよう、様々な打楽器を並べる ■ 5歳児の合奏や踊り、劇を見たり、一緒に触れ合う機会を作ったりすることで、憧れの気持ちが持てるようにする ■ 着脱の際は衣服の向きや、裏返しなどをさり気なく直しておく ★ 準備にかかる時間を想定し、余裕を持った生活の流れを作る ★ 友達同士のかかわりを見守り、時には言葉を添えて場を整えながら、楽しさを共有できるようにする	■ 荷物を入れるカゴには自分のマークを付けたり、片付けるものの写真を貼ったりして可視化する ■ 一人でじっくり遊んだり、気持ちを落ち着かせる場所を準備したりして、時間を保障していく ★ 片付けの順番など、保育教諭（保育者）が声をかけながら一つ一つ丁寧にくり返し伝えていく ★ 絵本や紙芝居などを読みながら、年末年始の慣習に触れる ★ 好きな遊びを満足するまで楽しめるよう、玩具や素材は十分に用意する。また、園児が始めた遊びや表現を一緒に楽しんだり丁寧に受け止めて共感したりして、友達にも知らせていく

教育・保育に対する自己評価

- 身の回りのことを自分でやりたいと意欲的に取り組む姿がある。保育教諭（保育者）が活動に見通しを持ち、園児がじっくりと取り組める時間を作り、見守っていきたい
- ごっこ遊びや人を意識する遊びを多く取り入れたことで、物を介して園児同士がやり取りをしたり、友達がしていることをまねしたりしようとする姿も見られる。取り合うトラブルも出てくるので、玩具を十分に用意し、仲立ちしながらかかわり方を伝えていきたい

園の行事

- クリスマス会
- 園外保育
- 誕生会
- 消火避難通報訓練

1月の月間指導計画 ①

ねらい
- 冬の自然に触れ、友達や保育教諭（保育者）などと戸外遊びを楽しむ
- 生活リズムを整え、伸び伸びと過ごす
- 保育教諭（保育者）などや友達とのかかわりの中で言葉のやり取りを楽しむ

	1週	2週
週のねらい	●生活リズムを整え、伸び伸びと過ごす ●正月ならではのあいさつを知り、しようとする	●身の回りのことを、自分でしようとする ●友達の名前を呼んだり、誘ったりして一緒に遊びを楽しむ
養護（生命の保持・情緒の安定）	●感染予防のために、手洗い・うがいを習慣付けて快適に過ごせるようにする ●休み明けで気持ちが不安定になっている園児もいるので、気持ちを十分に受け止め、情緒の安定を図れるようにする	●気温や湿度をこまめにチェックしながら、快適に過ごせるようにする ●自分でやってみようとする姿を見守りながら、自分でできたことをほめ、次への自信につなげられるようにする
教育（健康・人間関係・環境・言葉・表現）	●石鹸で手洗いをする習慣を身に付け、清潔にすることの心地よさを感じる ●正月の飾り付けを見て、新年の雰囲気を味わう ●季節の歌や絵本に親しみを持とうとする	●友達とのかかわりを広げ、ごっこ遊びをしようとする ●自分の思いや欲求を保育教諭（保育者）などや友達に言葉で伝えようとする
環境構成 ★援助・配慮	■保育教諭（保育者）などが見本を見せ、正しい手洗いの仕方を知らせ、石鹸やペーパータオルなどを取りやすい場所に置くようにする ■正月の絵本を用意し、身近に感じられるようにする ★一緒に正月のあいさつを交わすことで、新しい言葉に興味を持てるようにする ★泣いている園児には優しく寄り添い、言葉がけをしながらゆったりと過ごし、園の生活リズムを整えていく	■自分でしようとする気持ちを大切にし、持ち物や衣服は、園児の手の届く場所に置くようにする ■友達と一緒に遊びを楽しめるように、玩具は十分な数を用意する ★進んでやってみようとする姿をそばで見守りながら、難しい時には援助してかかわる ★友達と一緒に遊ぶことに喜びを感じられるように言葉がけをしたり、そばで見守り、安心感を持って遊びに参加できるようにする
自己評価（教育・保育に対する）	●一人一人の気持ちに寄り添うことで、すぐに園生活のリズムを取り戻していた。また、手洗いの励行により感染症の流行もなく、健康的に過ごすことができた	●自分でできたことをほめられ、意欲的に取り組む姿が見られていた。友達とのかかわりに必要に応じて仲立ちすることで徐々に友達とのかかわり方を理解する様子が見られた

配慮すべき事項
- 一人一人の生活や遊びの様子を保育教諭（保育者）同士で伝え合い、園児の成長を共通理解して対応する
- 体調不良などで戸外での活動に参加できない園児の対応にも保育教諭（保育者）などが役割分担し、室内での過ごし方に配慮する

子育ての支援（保護者支援）
- 園の生活リズムを少しずつ取り戻せるように、家庭と連携をしながら援助する
- 感染症が流行する時期なので、感染症予防のために手洗い・うがいを家庭でも十分に行ってもらうように呼びかける

前月末の園児の姿
- 健 衣服の着脱などの身の回りのことを自分でしようとし、達成感を味わっている
- 人 保育教諭（保育者）などとの応答的なかかわりが増えたり、友達との簡単な会話も多く見られたりしている
- 環 雪遊びに興味を持ち、触れて楽しんでいる
- 言 友達とのかかわりの中で、「貸して」や「順番」など自分の思いを言葉で伝えようとしている
- 表 季節の歌や手遊びを楽しんでいる

3週	4週
●簡単な食事のマナーを知り、楽しく食事をする ●雪や氷などの冬の自然に触れて楽しむ	●友達と一緒に過ごすことに喜びを感じ、簡単な言葉のやり取りをして楽しむ ●豆まき会に向けて興味を持ちながら、製作活動を楽しむ
●個々の体調管理をしっかり行い、天気のよい日には戸外に出て冬の遊びを楽しめるようにする ●園児の気持ちを受け止め、見守りながら必要に応じて援助を行う	●室内外で体を動かしたあとは、水分補給や十分な休息を取り、快適に過ごせるようにする ●園児の発見や驚きを大切にし、共感することで自分の気持ちを伝えることができるようにする
●雪遊びを通して、戸外で伸び伸び体を動かし、冬ならではの遊びを楽しみ、冬の自然に親しむ ●経験したことからイメージを広げ、見立て遊びやごっこ遊びを保育教諭（保育者）などや友達と楽しむ	●友達の名前を呼んだり、遊びを誘いかけたりして一緒に遊びを楽しむ ●季節の絵本に親しみ、くり返しのある言葉をまねて話そうとする ●様々な素材に触れ、自由に表現しながら楽しむ
■雪遊びをする場所で危険な所がないかを事前に確認し、安全に遊べるようにする ■無理のないように簡単なマナーを知り、達成感が味わえるように優しい言葉がけを意識して、楽しい雰囲気作りを心がける ★「おいしいね」などと言葉をかけ、苦手な物でも食べられるようにする ★けがや事故がないよう、雪遊び前には約束事を知らせる	■友達と一緒に遊びを十分楽しめるように、必要な数の玩具を用意する ★保育教諭（保育者）などが意識して言葉がけを多くすることで園児たちから言葉を引き出せるようにする ★自由に製作活動ができるように言葉がけをしたり、目、鼻、口などのパーツを理解して製作できるようにする
●危険のないように十分配慮して雪遊びを行うことで冬ならではの遊びを楽しむことができた。食事マナーについては、楽しい雰囲気を作ることで喜んで様々なことを覚えようとする姿が見られた	●必要な数の玩具を用意することで、「同じだね」などと友達同士で喜んで遊ぶ姿が見られた。また、保育教諭（保育者）などが一緒に遊び、発語を促すことで言葉が増えてきている

園の行事
- 身体測定
- 誕生会
- 避難訓練
- 安全教室

1月の月間指導計画 ②

ねらい
- 簡単な身の回りのことを自分でしようとする
- 冬の自然に触れ、戸外に出て遊ぶことを楽しむ
- 自分の思いを言葉で伝えようとする

	1週	2週
週のねらい	●ゆったりと過ごす中で、生活のリズムを整える ●手先を使った遊びを楽しむ	●感染症に留意しながら、元気に過ごす ●好きな遊びを通して、保育教諭（保育者）や友達とのつながりを広げる
養護（生命の保持・情緒の安定）	●生活のリズムをゆっくりと整えながら、園生活の楽しさを味わえるようにする ●保育教諭（保育者）や友達とのかかわりを楽しみながら、落ち着いて生活できるようにする	●体調や情緒に気を配りながら、心地よく過ごせるようにする ●冬の自然に触れ、友達と遊ぶ中で発見を楽しめるようにする
教育（健康・人間関係・環境・言葉・表現）	●保育教諭（保育者）のまねをしながら、新年のあいさつなどを覚え、実践する姿がある ●正月遊びや歌を知り、楽しむ ●いろいろな色や形を楽しみ、自分なりに表現しようとする	●絵本やままごとなどの玩具を用意し、発見の共有や遊びの広がりを楽しむ ●シール貼りやパズル、ひも通しなど、指先を使った遊びを楽しむ ●自分なりに、保育教諭（保育者）や友達に思いを伝えようとする
■環境構成 ★援助・配慮	■昔ながらの正月遊びが1歳児にもできるように、遊び方などを工夫する ■ゆったりとした雰囲気を心がけ、静と動のバランスを取る ★食欲や体調に留意し、気持ちを受け止めながら、無理のない園生活のリズムを整える ★保育教諭（保育者）が手本を見せながら、一人一人とあいさつを交わすことで、コミュニケーションを図る	■玩具の数や種類、スペースなどに配慮し、園児たちが集中して遊べる環境を整える ■戸外に出かけて氷や雪に触れ、冬の自然の発見を共有する ★一人一人の様子に合わせてかかわり、心身共に健康に過ごせるようにする ★友達とトラブルが起きた際には、仲立ちをしながらかかわる
自己評価（教育・保育に対する）	●休み明けなので、ゆったりとした生活を心がけた。一人一人が好きな玩具で集中して遊べる環境を作ることができた	●保育教諭（保育者）も一緒に遊び、園児たちも好きな遊びを見つけ、みんなで楽しむことができた

配慮すべき事項
- 換気や加湿、消毒などを行い、感染症の予防に努める
- 動きがより一層活発になり行動範囲が広がるので、けがのないように見守りながら、危険なことはその都度伝える

子育ての支援（保護者支援）
- 冬の感染症への対応や流行状況を保健だよりや掲示板で知らせる
- 体調の変化に気を配り、早めの病院受診をすすめ、保護者に詳しく園児の様子を伝える

前月末の園児の姿
- 健 保育教諭（保育者）から援助を受け、自分で衣服の着脱をしようとする
- 人 保育教諭（保育者）や友達とのかかわりが増えてきている
- 環 寒さを感じながらも、戸外で遊ぶことを楽しむ
- 言 友達や保育教諭（保育者）との言葉のやり取りを楽しむ姿がある
- 表 手先が器用になり、製作にも意欲を持って取り組む

3週	4週
●自分でできることを増やし、意欲を持つ ●友達の名前を覚えようとし、友達に興味を持つ	●節分にちなんだ製作や遊び、歌などを楽しむ ●戸外でたくさん体を動かし、元気に遊ぶ
●トイレトレーニングに興味を持ち、意欲的に取り組めるようにする ●保育教諭（保育者）が園児たちの気持ちをくみ取り、質問に応答し、気持ちの安定を図る	●自信を持って製作に取り組めるようにする ●換気や加湿、手洗いなどで風邪の予防に努め、体調管理をする
●友達や自分の顔写真が貼ってある棚に興味を示し、友達や保育教諭（保育者）と共に、簡単な会話をする ●トレーニングパンツが濡れていないか自分でも感じられるように、様子を見て少しずつ言葉がけをする ●自分でできたことを保育教諭（保育者）などに伝え、体を揺らしたりして、うれしさを表現する	●節分の簡単な説明をしながら、保育教諭（保育者）と一緒に節分の鬼の面を作る楽しさを知る ●友達や保育教諭（保育者）と、簡単なごっこ遊びを楽しむ ●冬の自然で、発見した物や興味を持った物を指差したり、言葉で伝えたりする
■気温や体調により、トレーニングパンツでの失敗が増えることもあるが、トイレトレーニングに対する意欲を損なわないような言葉がけを心がける ■園児たちの自発的な行動を温かく見守り、満足できるような援助をする ★トレーニングパンツでの失敗も大丈夫であることを伝え、快・不快の感覚が分かるように援助する ★言葉で相手に伝える楽しさを味わえるようにする	■園庭の安全を確保しながら、自然に触れる機会を作り、楽しんで遊べるようにする ■製作の際は見本を用意し、作る物をイメージしやすくする ★破ったり、丸めたりすることを楽しみながら、保育教諭（保育者）などと一緒に製作に取り組めるようにし、豆まきに向けた準備を行う ★保育教諭（保育者）も遊びに入って楽しさを共有し、簡単なルールや友達とのかかわりなども理解できるようにする
●園児たちが自分でやろうとする気持ちや不安を受け止め、さりげなく援助した。自分でできた時のうれしさを知り、積極的に取り組む姿が見られるようになってきた	●節分会に向け、新聞紙で遊んだり、丸めて的当てをしてみたりと、季節の行事への興味や楽しさを実感したようだ

園の行事
- 新年子どもの集い
- 身体測定
- 避難訓練
- 誕生会
- 発表会

143

1月の月間指導計画 ③

ねらい
- 雪遊びなどで大いに体を動かし、たくさん給食を食べる
- できるようになった喜びを感じながら身の回りのことに積極的に取り組む
- 季節の行事に楽しんで参加する

	1週	2週
週のねらい	●落ち着いた空間で過ごし、園での生活リズムを整える ●正月の遊びや歌を知り、楽しむ	●身の回りのことを自分でしようとする ●思いきり体を動かして遊ぶ
養護（生命の保持・情緒の安定）	●保育教諭（保育者）に見守られ、安心して生活リズムを整えられるようにする ●室内で快適に過ごせるよう、室温や湿度、換気に配慮して環境を整える	●保育教諭（保育者）に気持ちを受け止めてもらいながら、落ち着いて活動に取り組めるようにする ●天気のいい日は戸外に出て、冬の遊びを楽しめるようにする
教育（健康・人間関係・環境・言葉・表現）	●落ち着いた生活リズムの中で、伸び伸びと生活する ●新年の集会に参加し、歌や正月遊びを知る	●「自分で」という気持ちを持って、身の回りのことに積極的に取り組む ●全身を使い、思いきり体を動かして遊ぶ
■環境構成 ★援助・配慮	■徐々にリズムを整えていけるよう、活動内容や運動量を調整していく ■こまや福笑いなど、発達に合った正月遊びを用意する ★それぞれのペースに合わせ、無理なく生活リズムを取り戻せるようにする ★正月遊びは、保育教諭（保育者）が実際にやって見せるなどして、遊び方を教えていく	■2歳児の姿を見せるなどして、まねながら意欲的に取り組めるようにする ■雪遊び用の玩具の点検を行う ★自分でできたことに達成感を味わえるような言葉がけをしていく ★体調が悪い時は、無理せず室内で過ごす
自己評価（教育・保育に対する）	●正月休み明けは泣く園児も数名いたが、活動内容を調整したことで、無理なく生活リズムを取り戻すことができた。1歳児向けの正月遊びを取り入れたことで、興味を持って楽しんでいた	●2歳児の姿を見せながら、身の回りのことを促したことで、まねて取り組む姿が多く見られた。徐々に進級に向けての言葉がけをしていき、さらに意欲を引き出せるようにしていく

配慮すべき事項
- 換気や加湿、消毒などを行い、感染症予防に努める
- 動きが活発になり行動範囲が広がるため、けがをしないように見守る

子育ての支援（保護者支援）
- 正月休み後は疲れがたまりやすいことを伝え、家庭でも休息の時間を意識して設けてもらうようにする
- 園での排泄の様子を伝え、家庭でもトイレトレーニングに取り組めるよう助言する

前月末の園児の姿
- 健 トイレでの排泄が定着し、尿意を伝える
- 人 友達と一緒に遊ぶ楽しさが分かり、友達を誘って遊ぶ
- 環 友達と一緒に楽しんで遊戯会に参加する
- 言 二語文や文章を発し、コミュニケーションを取ろうとする姿が増える
- 表 曲に合わせて踊ったり体を動かしたりすることを楽しんでいる

3週	4週
●楽しい雰囲気で食事をする中で、正しいスプーンの持ち方を知り、持ってみようとする ●節分について知る	●節分製作を楽しむ ●雪や氷などの自然に触れて遊ぶ
●楽しい雰囲気の中で喜んで食事ができるようにする ●保育教諭（保育者）が応答的なかかわりをすることで、自信を持って生活できるようにする	●保育教諭（保育者）に欲求を満たしてもらい、安定感を持って過ごせるようにする ●伸び伸びと体を動かす心地よさを感じられるようにする
●保育教諭（保育者）などに促され、正しいスプーンの持ち方で食事をしようとする ●絵本を見ながら、節分について興味を持つ	●指先を使いながら、節分製作に取り組む ●雪や氷の感触を味わい、言葉で表現しようとする
■正しいスプーンの持ち方で食べられるよう、食事の時にそっと手を添えて知らせる ■節分についての絵本を用意する ★上手に持つことができた時はほめ、習慣化されるよう促していく ★恐怖心を持つことのないよう、優しい言葉で節分について伝えていく	■じっくりと製作を楽しむことができるよう、集中して取り組める環境を設定する ■汗をかいたら着替えをする ★自由に表現できるように言葉がけをしたり、目、鼻、口などのパーツを理解して製作できるように援助する ★伝えようとする言葉や思いを受け止め、言葉で表現する経験を積めるようにする
●節分の絵本を用意したことで興味を持ち、「鬼は外しようね」などと友達と話す姿が見られた	●節分製作では、自分や保育教諭（保育者）の顔を触るなど、目や鼻、口のパーツの場所を確認したことで、鬼の顔を考えながら、のりで貼る姿が見られた

園の行事
- 新年の集会
- 誕生会
- 身体測定
- 避難訓練

年間計画 4月 5月 6月 7月 8月 9月 10月 11月 12月 **1月** 2月 3月

145

1月の月間指導計画 ④

ねらい
- 様々な活動に期待や興味・関心を持ち、身の回りのことを主体的にやってみようとする
- 冬の生活の仕方が分かり、習慣として身に付く
- 戸外に出て冬の寒さを感じたり、屋内（保育室）の暖かさを感じたりする

	1週	2週
週のねらい	●保育教諭（保育者）に見守られながら生活リズムを整え、一日の園生活を元気に過ごす ●正月のお楽しみ会に参加し、正月遊びを経験する	●日差しのある時間帯には戸外に出て体を動かして遊ぶ ●手指を使う遊びを経験する
養護（生命の保持・情緒の安定）	●衛生的な環境の中で元気に過ごせるようにする ●戸外と室内それぞれに合わせた衣服の調節を行う ●保育教諭（保育者）と一緒に鼻をかめるようにする ●生理的欲求を受け止め、生活リズムが安定するようにする	●一人一人の様子に留意し、必要であれば休息や午前睡が取れるようにする ●換気による室内温度の下がりすぎに留意する ●保育教諭（保育者）に見守られることで安心して好きな活動や遊びに向かえるようにする
教育（健康・人間関係・環境・言葉・表現）	●生活の中で手洗いや手指の消毒の習慣が身に付く ●保育教諭（保育者）と一緒にトイレで排泄する ●様々な欲求を受け止めてもらい安定して過ごす ●正月遊びに興味を持つ ●進んで友達とかかわろうとし、思いを言葉やしぐさで伝えようとするがうまく伝わらずトラブルになる	●様々な生理的欲求や気持ちを受け止めてもらい、安心して保育教諭（保育者）に自分をゆだねる ●戸外に出ることを喜び、自分から上着や帽子を取りに行こうとする ●製作活動に興味を持ち、満足するまで遊びを楽しむ ●こだわりが強くなり、思いを押し通そうとする
■環境構成 ★援助・配慮	■長期休み明けになるので休息スペースを確保するなど、様々な姿を予測しながら活動環境を考える ■トイレは使用前に暖房を入れておき、寒さでトイレに行くことが嫌にならないようにする ★意欲の芽生えを大切に見守ることができるよう、ゆとりを持って活動の時間配分を考える ★園児の姿から無理のない形で生活発表会につなげられるようミーティングを重ねる ★遊びの中で応答的なやり取りをしながら言葉を引き出せるようにする	■不安定な時や休息が必要な時にゆったりと過ごせるよう、コーナーを用意する ■着脱はゆったりと落ち着いて取り組めるよう、広めにスペースを取る ★「できた」という気持ちが十分に感じられるよう、きちんと言葉にして認めていく ★製作遊びをする中で手指の発達や到達の段階を見極め、一人一人に合った課題を遊びの中に取り入れる ★伝えようとする姿を受け止め、気持ちを代弁したり満たしたりできるようにする

配慮すべき事項
- 換気による室内温度や湿度の低下に十分に配慮する
  *加湿器・CO_2センサーを活用する
- 適宜、水分補給をする
- 感染症予防に留意し、手洗いや手指の消毒を徹底する
  *皮膚状態によってアルコール消毒を控え、保湿する

子育ての支援（保護者支援）
- 休み中の様子を聞くなど家庭と連携し、生活リズムを整える
- 予定が立てやすいよう、行事について早めに知らせる
- 保健だよりを通して、感染症対策などの情報を提供する
- 予防接種や健診の確認を行い、受診につなげる

前月末の園児の姿
- 健 インフルエンザなどの流行もなく、元気に園生活を送ることができた
- 人 行事を通して異年齢児とかかわる喜びを経験し、進んで周りの人にかかわろうとする
- 環 冬の生活の仕方が分かり、1歳児なりに見通しが持てるようになりつつある
- 言 「伝えたい」という気持ちが芽生え、発語が増えている
- 表 ごっこ遊びでのやり取りの中、安心して自分を表せるようになってきている

3週	4週
●手作り楽器を使ったリズム遊びをする ●楽器遊びやごっこ遊びなど、舞台の上で過ごすことを経験する	●手指を使った製作活動を経験する ●保育教諭（保育者）と一緒に生活発表会の全体練習に参加する
●一人一人の健康状態に留意し、気になる点は共有する ●舞台など慣れない場所で不安定になったり想定外の動きがあったりすることを予測しながら、安全に過ごせるようにする	●寒さが厳しくなってくるので暖房や加湿器の点検を行い、室内で快適に過ごせるようにする ●安心して自己を発揮して主体的に遊べるよう園児の近くで活動を見守る
●舞台に上がることを喜んだり、慣れない場所に気持ちが不安定になったりする ●音楽に合わせて楽器を鳴らしたり体を動かしたりすることを楽しむ ●保育教諭（保育者）に興味を持ち、まねることを楽しみ、見立て遊びや短い話のごっこ遊びをする	●生活リズムが整い、安心して一日を元気に過ごす ●舞台に上がることに慣れ、落ち着いて過ごす ●指先を使った製作遊びを楽しむ ●気に入った曲が流れると喜び、楽器を鳴らす ●話の楽しい場面が分かり、くり返し同じ場面で遊ぶことを楽しむ
■園児の様子を見ながらコーナーを作る ■舞台上だけでなく舞台への移動などが新しい経験となるので、危険のないよう安全点検を行う ★新しいことに気持ちが不安定になりやすい園児には、愛着関係のある保育教諭（保育者）が個別にかかわり、安定を図る ★舞台の活動では保育教諭（保育者）の立ち位置に留意し、様々な場面や状況で対応できるようにする ★ごっこ遊びは保育教諭（保育者）が話に入り込んで遊ぶ姿を見せることで興味や関心を持てるようにする	■階段や舞台については使用の都度安全を点検し、約束事をくり返し伝える ■生活や遊びにおいては安全面についての点検確認を怠らないようにする ★製作では、一人一人の手指の発達や理解度に合った取り組みを準備する ★製作を通して様々な素材に触れられるようにする。製作を行う際は少人数で取り組み、小さなパーツなどの誤食などには細心の注意を払う ★ごっこ遊びなどで応答的なやり取りの楽しさを味わい、劇遊びの中に無理なく取り入れるようにする

教育・保育に対する自己評価
- 寒い日が多く戸外での活動は少なかったが、巧技台を取り入れ、室内で体を動かして遊んだ。室内遊びでは一つのコーナーに興味が集まり、玩具の取り合いが見られたため、興味・関心の持てる遊びを数多く用意した

園の行事
- 保育始め
- お楽しみ会（正月）
- 避難訓練
- 誕生会
- リズム運動

1月の月間指導計画 ⑤

ねらい
- 正月遊びやごっこ遊びを友達と一緒に元気に楽しむ
- 簡単な身の回りのことに興味を持ち、自分からやってみようとする

	1週	2週
週のねらい	●保育教諭（保育者）をまね、新年のあいさつをする ●衣服や防寒着の着脱に保育教諭（保育者）と一緒に取り組む	●正月遊びや団子の木作りをし、正月の雰囲気を楽しむ ●もちつき大会に参加して雰囲気を楽しんだり、この季節ならではのもちをおいしく食べたりする
養護（生命の保持・情緒の安定）	●休み明けで不安定になる園児もいるため、気持ちを十分に受け止め、情緒の安定を図れるようにする ●防寒着に手や足を通したり、ファスナーを自分で閉めようとしたりする意欲を育てていく	●園児の気持ちを受け止め、見守りながら必要に応じて援助を行う ●体調や情緒面に気を配りながら、心地よく過ごせるようにする
教育（健康・人間関係・環境・言葉・表現）	●「あけましておめでとう」のあいさつをする ●絵の具の感触を楽しみながら製作をする ●保育教諭（保育者）と一緒に雪に触れ、感触を楽しむ	●もちつき大会に参加する ●折り紙こまやカード遊び、団子の木作りを経験する
■環境構成　★援助・配慮	■新年の雰囲気を味わえるよう、正月飾りを出す ★休み明けなので園児の体調に配慮しながら活動を進めていく ★「冷たいね」「フワフワしているね」などと感触を言葉で表現しながら、冬の自然に興味が持てるようにする	■様々な正月遊びを楽しめるよう準備する ★事前に、もちつきについて絵本を見たり、写真絵本を見たりすることで興味を持てるようにする ★もちを食べる際は小さくちぎり、よく噛んで食べるよう声をかけながら細心の注意を払い、危険のないようにする

配慮すべき事項
- 感染症の流行や休み明けで体調を崩すことが予想されるので、一人一人の体調を把握し、活動を設定する
- 休み明けで生活リズムが整っていない園児は、家庭と連絡をとり合い徐々に整えていく

子育ての支援（保護者支援）
- 園児の体調の変化に留意し、送迎時などに保護者へ伝える
- 冬の感染症への対応や流行の状況を保健だよりと掲示板で知らせる

前月末の園児の姿

- 健 保育教諭（保育者）と一緒に衣服の着脱をしようとする
- 人 友達や保育教諭（保育者）との応答的なかかわりや簡単な会話が増えた
- 環 寒さや冷たさを感じながら戸外に出ることを喜び、元気に楽しむ
- 言 友達や保育教諭（保育者）とのかかわりの中で言葉のやり取りを楽しむ
- 表 手指の動きが器用になり、製作への意欲が高まる

3週	4週
●鬼の面製作を通して毛糸などの素材の感触を楽しむ ●雪に触れ、雪の冷たさや足湯の心地よさを感じる	●鬼ごっこや豆入れ製作を通して、節分に興味・関心を持つ ●雪の感触に慣れ、不安定な場所でも自らの体を動かしてみようとする
●温かな雰囲気の中でやり取りをし、安心して自分の気持ちを表現できるようにする ●自分でやってみようとする姿を見守りながら、自分でできたことを認め、次への自信につなげられるようにする	●排泄後のトイレットペーパーの使い方や水の流し方を知らせ、少しずつ自分でしてみようという気持ちを育てていく ●体調の変化に配慮しながら、寒い冬を元気に過ごせるようにする
●鬼の面製作をする ●雪の冷たさを知り、雪に慣れる ●足湯の心地よさを感じる ●簡単な身の回りのことに興味を持ち、やってみる	●豆入れ製作をする ●サーキット遊びを楽しむ ●雪遊びを楽しむ ●高野豆腐の感触遊びを楽しむ
■雪遊びから足湯への活動では、温かさを心地よく感じられるよう、保育教諭（保育者）の言葉がけと活動の流れを大切にする ★防寒着の着脱では、園児たちが興味を持ち、意欲的に行えるよう、丁寧に指導していく ★鬼の面作りでは、導入で絵本を読むなど園児たちがイメージを持てるよう働きかける	■製作は、園児が満足感を得られるよう、じっくりと行える時間と場所を確保する ■寒い中でもたくさん体を動かせるような遊びを設定する ★雪遊びで衣服が濡れたら着替えをし、体が冷えないよう配慮する

教育・保育に対する自己評価

- 1月は、七草やもちつきなど、この時期ならではの経験を楽しめるよう、声かけや環境設定に配慮した。それにより、一人一人が楽しみ、興味を持って取り組む姿が見られた。また、雪遊びなどでは、職員間での連携を取ることで、時機を逃さず安全に遊ぶことができた

園の行事

- 豊年祭もちつき大会
- 身体測定
- 避難訓練

1月の月間指導計画 ⑥

ねらい
- 室温や湿度に留意し、健康に過ごす
- 好きな遊びを通して、保育教諭（保育者）や友達とのかかわりを楽しむ
- 体を動かして元気に遊ぶ

	1週	2週
週のねらい	●生活リズムを整えながらゆったりと過ごす ●正月遊びに興味を示し、季節の絵本や歌を楽しむ	●生活リズムを整えながら、身の回りのことを自分でしようとする ●戸外で元気に体を動かす
養護（生命の保持・情緒の安定）	●年末年始で不規則になっている生活リズムを少しずつ整える ●園児の気持ちを丁寧に受容的に受け止めるとともに、スキンシップで情緒の安定を図る	●鼻水を拭くなど、自分で気付いて清潔にしようとする姿を見守る
教育（健康・人間関係・環境・言葉・表現）	●新年のあいさつをしたり、簡単なこま回しや凧あげなどの正月遊びをする ●触れ合い遊びや手遊びをしたり、絵本を読んでもらったりする	●手作りの凧をあげたりしっぽ取りをしたりして楽しむ ●保育教諭（保育者）や友達と、曲に合わせて体を動かすことを楽しむ
■環境構成　★援助・配慮	■こま回しや凧は、園児の発達に合ったものを準備し、保育教諭（保育者）も一緒に楽しみ、遊び方を伝えていく ■タオルや肌触りのよい布など、温かみのある素材の玩具を準備し、安心できるようにする ★休み明けなので、一人一人の健康状態を把握し、家庭と連携を図りながら生活リズムを整えていく ★触れ合い遊びを多く取り入れ、心地よさを味わえるようにする	■ティッシュケースを手の届くところに置くなど、自分できれいにしたい気持ちを大切にする ★体を動かすと温かくなることに気付けるよう、声をかけたり衣服の調節をしたりする ★鼻水を拭く時は、「鼻水を拭こうね」「きれいになったね」と声をかけ、気持ちよさを伝えていく ★保護者と一緒に作った凧は、壊れても修繕するなどして大切に扱えるようにする ★保育教諭（保育者）が応答的にくり返し遊び方を伝え、楽しめるようにする

配慮すべき事項
- 休み明けの生活リズムの乱れについては、家庭での様子も把握して生活リズムを整える
- 室内外の気温差に留意しながら室温や湿度の調節や換気をこまめに行い、感染症予防に努める

子育ての支援（保護者支援）
- 感染症の発生状況や対処法などを知らせ、園児の体調について伝え合う
- 園児の発達の見通しやこの時期に起こりやすいトラブルなどを伝えていく

前月末の園児の姿

- 健 冷たい外気に触れながら戸外遊びを楽しんでいる
- 人 年上の園児や友達と一緒に遊ぶことを楽しむ
- 環 好みが出てきて、好きな玩具や色を選ぶ
- 言 「ママきた」「先生見て」など二語文が増える
- 表 シール貼りやクレヨンを使った製作を楽しむ

3週	4週
●生活に必要な習慣が身に付き、自分でしようとする ●保育教諭（保育者）や友達と一緒に表現遊びを楽しむ	●生活に必要な習慣が身に付き、自分でしようとする ●保育教諭（保育者）や友達と一緒に楽器遊びや表現遊びを楽しむ
●園児のやってみようとする意欲を大切にしながら、口の周りを清潔にしたり、玩具を指定の場所に片付けたりするなど、常に快適な状態にしておく	●園児が尿意や便意を知らせたらすぐに対応できるようにする ●絵本を通して丁寧な手の洗い方や順番などに気付けるようにする
●手をたたいて音を出したり、手作りマラカスを鳴らしたりする ●畑のカブの収穫をしたり、『おおきなかぶ』の絵本を見たりする	●保育教諭（保育者）や友達と一緒に好きな曲に合わせて踊ったり、楽器遊びをしたりする ●『おおきなかぶ』のごっこ遊びをする ●ボールなどの遊具を使ったり、マットや布団の上を転がったりして遊ぶ
■風の音や新聞を破る音、箱や玩具をたたいた時に出る音など、いろいろな音に気付けるように準備しておく ★順番を待つことができたり、玩具などを交代で使えたりした時はほめる ★畑で「みんなが植えたカブ、大きくなったね」と声をかけたり、「うんとこしょ、どっこいしょ」とかけ声をかけて抜いたりしながら、野菜やカブの話に興味が持てるようにする	■タンバリンや鈴などは数を十分に用意し、様々な楽器に触れられるようにする ★尿意を知らせてきた時はほめ、一緒にトイレに行くようにする。また、知らせない時もしぐさや表情を見逃さず、こちらから誘うようにする ★友達や保育教諭（保育者）と一緒に曲に合わせて楽器を鳴らす楽しさが味わえるよう、手本を見せたり園児の好きな曲を選んだりする ★『おおきなかぶ』のごっこ遊びでは、言葉をくり返して使う楽しさが味わえるようにする

教育・保育に対する自己評価

- 天気のよい日はできるだけ戸外で体を動かし、手洗いなどをしっかり行ったことで健康に過ごせた。保育教諭（保育者）や友達と表現遊びをすることで、何人かで同じ遊びを楽しむ姿が見られた。また保育教諭（保育者）の仲立ちによって、言葉でのやり取りや、友達の遊びをまねるなど、かかわりが深まった

園の行事

- どんど焼き
- 凧あげ
- 七草がゆ
- 園外保育
- 誕生会
- 消火避難通報訓練

151

2月の月間指導計画 ①

ねらい
- 冬の自然に親しみ、雪遊びを楽しむ
- 生活に必要な言葉を知り、保育教諭（保育者）などや友達との言葉のやり取りを楽しむ

	1週	2週
週のねらい	●豆まきの雰囲気を味わい、季節の行事を知る ●食器を持ったり、手を添えて食べようとしたりする	●保育教諭（保育者）などに促されながらトイレに行き、排泄をすることができるようになる ●雪を丸めて雪だるまを作ったり、そり遊びをしたりして冬ならではの遊びを楽しむ
養護（生命の保持・情緒の安定）	●気温や湿度をこまめにチェックしながら、快適に過ごせるように配慮する ●節分の鬼を楽しんで作る（怖がりな園児には特に恐怖心を与えないようにする）	●「トイレに行こう」と声をかけたり、保育教諭（保育者）などが一緒に行ったりすることで安心してトレーニングできるようにする ●保育教諭（保育者）などが丁寧にかかわることで、自分の欲求や気持ちを友達に伝えることができるようにする
教育（健康・人間関係・環境・言葉・表現）	●節分に興味を持ち、豆まきなどを楽しむ ●クレヨンやシールなど、様々な素材を使って製作することを楽しむ	●戸外から戻ったら手洗い・うがいを進んでしようとする ●雪や氷に触れたり、そり遊びなどをしたりして冬の自然に親しむ ●雪が解けて水に変わる様子を見て喜ぶ
★援助・配慮　■環境構成	■節分に関する絵本や紙芝居を取り入れることで、節分に興味や親しみを持てるようにする ★鬼を怖がる園児にはそばに寄り添い、怖がらないように声かけをしたり抱きしめたりして安心感を持たせるようにする ★言葉がけをしながら食べ方を伝えることで、楽しみながら覚えていけるようにする ★一緒に歌って楽しんだり、顔をイメージしながら目、鼻、口をかけるように見本を用意したり言葉がけしたりする	■トイレの照明などにも気を配り、喜んで向かえるように配慮する ■事前に下見を行い、危険のないことを確認してから雪遊びを十分楽しめる場所を確保して行う ★事故やけがのないように見守りながら、冬ならではの遊びを一緒に楽しむ ★手洗い・うがいの習慣が身に付くように言葉がけをし、一緒に行うようにする ★保育教諭（保育者）なども一緒に驚いたり喜んだりすることで気持ちを共有する
自己評価（教育・保育に対する）	●絵本や歌などで行事の由来を知らせることで、喜んで豆まき会に参加できた。怖がる園児に対しても適切な対処をして楽しく終えることができた	●雪遊びでは、事前に安全を確認して行ったため楽しむことができた。雪が降ったり、止んだりすることも経験でき、園児たちからの発見や気付きの声も聞かれた

配慮すべき事項
- 一人一人の成長の様子を保育教諭（保育者）などの間で伝え合い、かかわり方や保護者への対応などを共通理解しておく
- 下痢や嘔吐の処理の仕方を再確認し、連携を取りながら速やかに対処して、感染予防に努める

子育ての支援（保護者支援）
- 動きが活発になるにつれ危険なことも増えるため、予想されるけがや事故について知らせながら、家庭でも十分に体を動かす遊びを経験させてもらえるように声をかける
- 感染症の流行状況について伝え、手洗いやうがいなどの予防をお願いする

前月末の園児の姿

- 健 月齢の高い園児はトイレでの排尿の成功率が高くなる
- 健 保育教諭（保育者）などや友達と体を動かして楽しく遊んでいる
- 人 友達と一緒に食事をしたり、話したりすることを楽しむ
- 環 雪に興味を持ち、うれしそうに窓の外を眺めて雪遊びを楽しみにしている
- 言 コーナー遊びやままごと遊びで友達との言葉のやり取りを楽しむ
- 表 行事の歌をうたったり、紙芝居を見たりして楽しむ

3週	4週
●ひな祭りに興味を持ち、製作や歌を楽しむ ●室内や戸外で十分に体を動かすことを楽しむ	●異年齢児の友達に興味を持ってかかわろうとする ●身の回りのことを自分でしようとする
●室内外の環境構成を見直してけが防止に努める ●手伝ってもらいながら、自分でできることが増えることで身の回りのことに意欲的に取り組めるようにする	●室内の温度を適切に保ち、手洗い・うがいや水分補給を行い、健康に過ごせるようにする ●一人一人の気持ちを十分に受け止め、自分の思いや要求を表せるようにする
●室内や戸外で十分に体を動かすことを楽しむ ●自分のイメージを広げ、ごっこ遊びを保育教諭（保育者）などや友達と楽しむ ●季節の絵本や紙芝居に興味を持って見る	●友達と一緒に同じ遊びを楽しむ ●生活に必要な言葉を知り、保育教諭（保育者）などや友達との会話を楽しむ ●曲やリズムに合わせて体を動かすことを楽しむ
■ひな祭りの曲をかけたり、絵本を用意したりして行事に期待感を持たせる ■安心できる生活の中で、自分でできたという満足感を味わえるようにする ★言葉がけをしながら、園児たちがやる気を持って取り組めるように配慮する ★けがや事故のないように、見守ったり言葉がけをしたりする	■自分の持ち物の場所が分かり、自分で始末ができるように、環境を整えておく ■友達と同じ遊びをしたいという気持ちを受け止め、玩具の数を十分に準備したり、遊びのコーナー作りを工夫したりして見守る ★トラブルになった時は、保育教諭（保育者）などが仲立ちしながら同じ遊びを楽しめるように見守る ★園児の、自分でやろうとする気持ちを受け止め、見守りながら必要に応じて援助を行う
●室内で過ごす日も多くなり、園内の散歩やホールでの運動遊びを取り入れることで、伸び伸びと走り回って十分に体を動かすことができた	●丁寧なかかわりの中で言葉の発達も多く見られるようになった。友達同士のやり取りでは、仲立ちや援助がさらに必要になるので、継続して一人一人へのかかわりを深めていきたい

園の行事

- 身体測定
- 作品展
- 豆まき
- 誕生会
- 安全教室
- 避難訓練
- 不審者対応訓練

2月の月間指導計画 ②

ねらい
- 体を十分に動かし、寒い日でも健康に過ごす
- 自分の身の回りのことに対して興味を持ち、積極的に取り組む
- 季節の行事や歌に親しみを持つ

		1週	2週
	週のねらい	●節分会で豆まきを保育教諭（保育者）と一緒に楽しむ ●身の回りのことを自分でする喜びを感じる	●寒さに負けず、戸外で体を動かして遊ぶ ●楽器に親しみを持ち、リズムを取って楽しむ
	養護（生命の保持・情緒の安定）	●気持ちを切り替え入眠できるように、かかわったり言葉をかけたりする ●定期的に言葉がけをし、排泄の間隔を意識できるようにする	●寒さを感じながらも、戸外で思いきり体を動かして楽しめるようにする ●園児たちのやりたいという意欲を受け止め、気持ちが満たされるようにする
	教育（健康・環境・人間関係・言葉・表現）	●季節の行事に楽しんで参加し、出来事を保護者や保育教諭（保育者）に伝える ●保育教諭（保育者）が仲立ちとなり、遊びの中で友達とかかわり、やり取りを楽しむ ●自分でできることを喜んでやろうとする	●戸外では、気温に応じて上着を羽織ったり、自分で衣服の調節ができたりする ●タンバリンや鈴などの楽器を用意し、音を出して楽しんだり、音楽に合わせてたたいたりすることを楽しむ ●友達と一緒に見立て遊びを楽しむ
	■環境構成 ★援助・配慮	■トレーニングパンツが濡れていなかったり、トイレで排泄できたりした際には十分にほめ、失敗しても気持ちを受け止めながら、再度挑戦できる環境を整える ■落ち着いた環境を整え、一人一人とかかわれる時間を持つ ★園児自身が話したいことをしっかりと聞き、受け止める ★なるべく自分でできることは自分で行うように促し、援助しながらも、できるという意識を持てるようにする	■戸外の気温や体調に応じて衣服の調節を行い、短時間でも戸外で体を動かせるようにする ■様々な楽器を用意し、音楽に合わせて音を出せるようにする ★園児同士のイメージを大切に見守りながら、順番を守って遊べるように仲立ちをする ★自然のおもしろさや驚き、発見に園児たちと共感する
	教育・保育に対する自己評価	●トイレトレーニングで定期的に声をかけ、一人一人に応じてしっかりとかかわったことで、トイレトレーニングへの意欲を持つ子どもたちが増えてきた	●園児たちが発見したことを受け止め、共感しながらかかわったことで園児たちも興味を持ち、うれしそうにしながら冬の自然事象の発見を楽しんでいた

配慮すべき事項
- 季節の変化による体調不良の早期発見に努め、手洗いをしっかりするようにし、園児一人一人に気を配る
- フォークの握り方や食事の簡単なマナーを伝えながら、楽しく食べられるようにする

子育ての支援（保護者支援）
- 感染症が流行する時期なので、家庭でも手洗いをしたり、生活リズムを整えたりして、感染症の予防に努めてもらう
- 自分でできることが増えているため、食事や排泄の様子を伝え、家庭でも園と同じように取り組めるようにする

前月末の園児の姿

- 健 自分でやろうとする姿が見られる
- 人 「〇〇ちゃんは？」と保育教諭（保育者）に尋ねたり、泣いている友達をなぐさめたりと、友達の存在を気にしはじめる
- 環 冬の自然に興味を持ち、触れて楽しむ
- 言 簡単な言葉を使い、相手に気持ちを伝えたり、言葉のやり取りを楽しむ
- 表 友達と一緒に歌ったり、手をつないだりして歩くことを楽しむ

3週	4週
●自分でできることに意欲的に取り組む ●生活や遊びの中で、友達とのかかわりを深める	●生活の流れが分かり、生活の場面に必要なあいさつを自分からする ●身の回りのことに積極的に取り組む
●安心して自分の気持ちを表現できるようにする ●楽しい雰囲気の中で椅子に座り、食器に手を添えて食べられるようにする	●生活に見通しが持てるようにする ●ズボンのはき方や鼻のかみ方などを援助し、身の回りのことを自分で行えるようにする
★身近な遊具に興味を持ってかかわり、友達と貸し借りをしながらくり返し遊ぶ ★友達を応援したり、友達のまねをしたりと友達にも興味を持ち、優しく接する ★自分でできた喜びを、体を使って表現する	●集まり会に他児と一緒に参加し、同じ行動ができるようになる ●簡単なごっこ遊びなどを通して、友達とやり取りを楽しむ ●保育教諭（保育者）のまねをし、生活の中での簡単なあいさつをする
■身近な物や遊具の使い方、遊び方を知らせ、安全に遊べる環境を整える ■安全な遊具の配置や数を確認し、ごっこ遊びにつながりそうな教材を用意する ★「貸して」や「ありがとう」という言葉のやり取りを知らせ、できた際にはほめ、他児にもそのやり取りを伝えて広がるようにする ★園児たちの気持ちを場面や状況ごとに丁寧に受け止め、安心して自己を表現できるようにする	■生活の流れを順序立てて分かりやすく伝え、次の行動に見通しが持てるようにする ■鼻の押さえ方やかみ方を知らせ、自分でティッシュペーパーで拭きとれるように、保育教諭（保育者）が援助しながら、きれいになった時の心地よさを感じられるようにする ★自分でできた喜びを感じられるように、一人一人に合わせた援助や言葉がけを行う ★友達と遊ぶことの楽しさを共有できるように、トラブルが起きた際には仲立ちをしながらかかわる
●一人一人に応じた援助を行ったり、保育教諭（保育者）と一緒にやってみたりすることで、自分からやろうとする意欲が見られるようになった	●生活の中の簡単なあいさつを場面ごとに一緒に行うことで覚え、自分からあいさつする園児たちが見られるようになった

園の行事
- 節分会
- 身体測定
- 避難訓練
- 誕生会

155

2月の月間指導計画 ③

ねらい
- 友達や異年齢児とのかかわりを喜び、活動を楽しむ
- 保育教諭（保育者）に受け止めてもらいながら、積極的に身の回りのことに取り組む
- 季節の行事や歌に親しみを持ち、楽しむ

	1週	2週
週のねらい	●身の回りのことを自分でできた喜びを感じる ●節分の豆まきを楽しむ	●簡単なごっこ遊びを通して、友達とのかかわりを楽しむ ●作品展に参加し、見た物を言葉で伝えようとする
養護（生命の保持・情緒の安定）	●保育教諭（保育者）に受け止めてもらうことで、満足感を得られるようにする ●自分でできることが増え、自信を持って身の回りのことに取り組めるようにする	●室温や湿度をこまめに確認し、適した環境で快適に過ごせるようにする ●保育教諭（保育者）に発した言葉を受け止めてもらうことで、安心して発語できるようにする
教育（健康・人間関係・環境・言葉・表現）	●積極的に身の回りのことに取り組み、ほめられることで達成感を味わう ●節分集会での出来事を保育教諭（保育者）などに言葉で伝えようとする	●友達を誘い、同じ空間で遊ぶことを喜ぶ ●発見したことや気付いたことを言葉にして伝えようとする
環境構成★援助・配慮	■落ち着いた環境を整え、一人一人と十分にかかわり、身の回りのことを習慣化していけるようにする ■節分に関する絵本や紙芝居を読むことで、興味を引き出せるようにする ★自分でできた達成感が意欲につながるよう、ほめるなどしながら言葉がけをする ★鬼に恐怖心を持つ園児には、そばで寄り添い、安心できるようにする	■玩具は遊びに適した数を用意し、友達と貸し借りができるように促していく ■成長発達が分かるように作品展のコーナーを設置する ★トラブルになりそうな時は仲立ちするなどして、うまくやり取りができるよう援助する ★上手にできたことなどを伝えながら、親子のコミュニケーションのきっかけになるようにする
自己評価（教育・保育に対する）	●節分について歌をうたったり絵本を見たりしたことで、節分に対する興味を引き出すことができた。鬼を怖がり、泣いて保育教諭（保育者）にだっこしてもらう園児がほとんどであった	●玩具を適切に準備できたことで、園児同士でやり取りを楽しむ姿が増え、玩具の貸し借りなども上手にできるようになってきている。低月齢児の中には、言葉が出ない分、行動で気持ちを表現する園児もいるため、気を付けて遊びを見守っていく

配慮すべき事項
- 感染症が流行する時期であるため、室内の消毒をこまめに行い、体調管理に努めていく
- 身近な物や遊具の使い方、遊び方を知らせ、安全に遊べるようにする

子育ての支援（保護者支援）
- 身の回りのことなど、園での取り組みを伝えることで家庭との連携を図り、同じ働きかけができるようにする
- 作品展に参加してもらい、一年間の成長を感じてもらえるようにする

前月末の園児の姿
- 健 正しいスプーンの持ち方で食事をしようとする
- 人 2歳児の姿に憧れ、まねようとする姿が増える
- 環 雪や氷に触れ、発見を楽しむ
- 言 発見したことを自分の言葉で伝えようとする
- 表 節分に興味を持ち、楽しんで製作に取り組んでいる

3週	4週
●友達とのかかわりを深め、やり取りを楽しむ ●ひな祭りの歌をうたったり製作をしたりして雰囲気を楽しむ	●異年齢児に憧れの気持ちを持ち、なんでも意欲的に挑戦しようとする ●生活の流れが分かり、自分からあいさつをしようとする
●気持ちを受け止めてもらうことで、自分の思いや欲求を安心して表現できるようにする ●室内の湿度を適切に保ち、手洗い、うがいや水分補給を行い、健康に過ごせるようにする	●一日の流れに見通しを持って生活できるようにする ●保育教諭（保育者）に援助されながら、自分でできることが増え、身の回りのことに意欲的に取り組む
●友達と一緒に遊ぶ楽しさが分かり、言葉でやり取りをする ●様々な素材を使いながら、ひな祭り製作に取り組む	●異年齢児の姿に憧れを持ち、自分でできることは自分でやろうとする ●保育教諭（保育者）などにあいさつをされることで、自分もまねてあいさつしようとする
■子ども同士で楽しんでいる時は遊びを見守る ■ひな祭りの歌をうたったり絵本を置いたりして、ひな祭りの雰囲気を味わうことができるようにする ★必要に応じて仲立ちしながら、友達と同じ空間で一緒に遊ぶ楽しさを味わえるようにする ★ひな祭りの雰囲気を楽しみながら製作に取り組むことができるようにする	■進級に向け、2歳児クラスで遊ぶ時間を設けていく ■見通しを持って生活できるような言葉がけをする ★進級に対する意識が徐々に持てるような言葉がけをしていく ★自分でやろうとする気持ちを受け止め、見守りながら、必要に応じて援助し、達成感を味わえるようにする
●ひな祭りの歌をうたったり製作したりすることで、ひな祭りへの興味が湧き、保育教諭（保育者）と一緒に歌っていた。「おだいりさま」「おひなさま」などの言葉も覚えていた	●進級に向けて言葉がけをしたことで、2歳児に対する憧れの気持ちを抱き、身の回りのことに意欲的に取り組むようになった

園の行事
- ●節分集会
- ●作品展
- ●誕生会
- ●身体測定
- ●避難訓練

2月

2月の月間指導計画 ④

ねらい
- 冬の生活の中での習慣が身に付き、身の回りのことを主体的に最後までやってみようとする
- 様々な活動に期待や興味・関心を持ち、主体的、意欲的に取り組もうとするようになる
- 周囲の様々なことに好奇心を持ち、気付いたことを保育教諭(保育者)や友達と共感して楽しむ

	1週	2週
週のねらい	●規則正しい生活リズムが整い、一日を元気に過ごす ●お楽しみ会の参加を通して節分の雰囲気を味わう	●保育教諭(保育者)や友達と一緒にごっこ遊びを楽しむ ●手指を使った製作をする(ごっこ遊びの面)
養護(生命の保持・情緒の安定)	●健康チェックを丁寧に行い、「いつもと違う」にいち早く気付けるようにする ●戸外と室内それぞれに合わせた衣服の調節を行う ●自我や主張をそのまま受け止めてもらうことで、安心して自分を表せるようにする	●一人一人の様子に留意し、必要であれば休息や個別対応をして健康観察をしながら様子を見ていく ●保育教諭(保育者)に見守られることで安心して好きな活動や遊びに向かえるようにする
教育(健康・人間関係・環境・言葉・表現)	●生活リズムが整い、様々な欲求を受け止めてもらい安定して一日を過ごす ●身の回りのことを最後まで自分でやろうとする ●お楽しみ会に参加し、節分に興味を持つ ●進んで友達とかかわり、一緒に遊ぼうとする ●自分なりの表現や言葉で思いを伝えようとする	●ありのままの姿や不安定な気持ちを受け止めてもらい、安心して過ごしたり気持ちを切り替えたりする ●できることは自分でやろうとし、難しいことは「やって」と保育教諭(保育者)に援助を求める ●保育教諭(保育者)と同じことをやりたがる ●製作活動に興味を持ち、楽しみながら取り組む
■環境構成 ★援助・配慮	■園児の様々な姿を予測しながら環境構成を見直していく ■トイレは使用前に暖房を入れておく ★意欲の芽生えを大切にゆったりと見守ることができるよう、デイリープログラムはゆとりを持たせた時間配分にする ★無理のない形で生活発表会につなげられるよう、クラスミーティングを重ねる ★遊びの中で応答的なやり取りをしながら言葉を引き出せるようにする	■ゆったりと過ごす「くつろぎコーナー」を用意する ■着脱コーナーは広めにスペースを取る ★「できた」といううれしさを十分に感じられるよう言葉にして認め、一緒に喜び合えるようにする ★製作遊びを通して発達や到達の段階を丁寧に見極め、一人一人に合った課題となるよう留意する ★製作以外にも、ひも通しなど手指を使った様々な遊びを取り入れ、園児の活動欲求を十分に満たしていく ★伝えようとする姿を受け止め、代弁するなどして、言葉で伝わる喜びを感じられるようにする

配慮すべき事項
- 登園時に視診や健康チェックを行い、園児の様子に留意する
- 風邪の症状が見られる際は健康観察、個別対応を行う
- 感染症予防に留意しながら手洗いや手指の消毒に努める

子育ての支援(保護者支援)
- 感染症対策の重要性や必要性を伝えることで、登園時の視診及び健康チェックへの理解や協力が得られるようにする
- 災害発生時や体調不良の際のお迎えについて確認する

前月末の園児の姿
- 健 生活や遊びなど様々なことに意欲が見られ、一人一人に主体性が感じられるようになる
- 人 トラブルはあるものの友達に自ら進んでかかわり、興味を持った遊びを一緒に楽しんでいる
- 環 身の回りの自然や変化に気付き、好奇心や興味・関心を持つようになる
- 言 応答的なやり取りを楽しみ、多少の個人差はあるが一人一人の言葉が急に増えている
- 表 自我やこだわりも強いが、保育教諭（保育者）や友達に安心して自分を表せるようになる

3週	4週
●手作り楽器を使ったリズム遊びをする ●舞台の上でごっこ遊びをする ●生活発表会に参加する	●手指を使った製作をする（ひなかざり製作） ●戸外に出て元気に体を動かして遊ぶ（マラソンごっこ）
●一人一人の健康状態や様子の変化に留意し、保育教諭（保育者）間で共有する ●舞台では危険を十分予測しながら安全に過ごせるよう見守り、愛着関係にある保育教諭（保育者）がそばにいることで安心できるようにする	●室内では快適に過ごせるよう、室温、湿度管理を徹底する ●園児の近くで活動を見守り、安心して遊びに向かえるようにする
●リズム遊びを通して、音楽に合わせて楽器を鳴らし、音が出ることや体を動かすことを楽しむ ●保育教諭（保育者）や友達と一緒に生活発表会の舞台に上がる経験をする ●気に入った遊びの中で友達に自分からかかわり、応答的なやり取りを楽しむ	●指先を使った製作遊びを楽しむ ●寒い中でも戸外で体を動かして遊ぶ楽しさを味わう ●保育教諭（保育者）や友達と散策や探索を楽しむ ●絵本などの楽しい場面が分かり、くり返し同じ場面を楽しむ ●様々な見立て遊びを楽しむ
■園児の様子を見ながら動線の見直しや改善に努め、コーナー作りを工夫する ■舞台への上がり下がりや保育室から二階への移動など、あらゆる危険を予測しながら安全点検を行う ★不安定になりやすい園児には、愛着関係にある保育教諭（保育者）がそばに付いてかかわることで安定を図る ★必要な援助をさりげなく行うことで、達成感や満足感が味わえるようにする	■一人一人の手指の発達や理解度に合った取り組みを準備する ★生活や遊びの中で危険について伝え、理解につながることを目指す ★製作活動では感触遊びも取り入れていく（片栗粉・粘土・フィンガーペインティングなど） ★戸外では保育教諭（保育者）が率先して体を動かして遊ぶことで、楽しさが伝わるようにする

教育・保育に対する自己評価

● 生活発表会に向けて、まず保育教諭（保育者）自身が楽しんで取り組む姿を見せることで、園児にも楽しさが伝わり、自ら面を取りに行き遊ぶ姿が見られた。「練習」ではなく遊び込むことで、無理なく進められてよかった

園の行事
- お楽しみ会（節分）
- 身体測定
- 誕生会
- 避難訓練
- 生活発表会
- リズム運動

年間計画 / 4月 / 5月 / 6月 / 7月 / 8月 / 9月 / 10月 / 11月 / 12月 / 1月 / 2月 / 3月

2月の月間指導計画 ⑤

ねらい
- 戸外活動や室内遊びで伸び伸びと全身を動かし、寒い時期を元気に過ごす
- 進級することを楽しみにし、身の回りのことを進んでやろうとする

	1週	2週
週のねらい	●豆まきごっこや豆まき集会に参加し、興味を持って節分の雰囲気を味わう ●上履きの着脱に慣れ、履いて活動することで2歳児になる意識を持つ	●そり遊びやサーキット遊びを通して友達や保育教諭（保育者）と体を動かす楽しさを味わう ●どんど焼きに参加し、地域ならではの風習を体験する
養護（生命の保持・情緒の安定）	●安心できる環境の中で、身の回りのことができるようにする ●気温や湿度をこまめにチェックしながら、快適に過ごせるようにする	●十分に体を動かしたり、遊んだりできる環境を整える ●一人一人の気持ちを十分に受け止め、自分の思いや要求を表現できるようにする
教育（健康・人間関係・環境・言葉・表現）	●豆まきごっこや、豆まき集会に参加する ●祖父母への製作を楽しむ	●どんど焼きに参加する ●雪遊びやサーキット遊びで、冬の自然に触れたり体を動かしたりする ●圧縮袋遊び（クッション）を通して感触遊びを楽しむ
■環境構成 ★援助・配慮	■季節ならではの行事に親しめるよう部屋を飾り、節分の雰囲気を味わえるようにする ■上履きの着脱は落ち着いて取り組めるよう、少人数で行う ★自分でできた時は一緒に喜んだりほめたりすることで、喜びや達成感を感じられるようにする ★鬼に対して恐怖心を持つ園児には、安心感を得られるよう声をかける	■そり遊びでは、園児の動きや様子をよく見て、けがに配慮して活動できるよう職員間の連携を図り、位置を確認する ■安心して体を動かせるよう環境を整え、自分でできたという満足感が味わえるようにする ★安全に配慮しながら存分にどんど焼きの雰囲気を体験できるようにする ★自然事象や、どんど焼きに対する園児の驚きや発見に共感し、触れるなどして興味が持てるように導く

配慮すべき事項
- 身支度を自分でしようとする姿を認め、できた時には一緒に喜び、自信や満足感につなげる
- 手洗い、うがいの大切さを伝え、保育教諭（保育者）が率先して行うことで、進んでできるようにする

子育ての支援（保護者支援）
- 体調を崩しやすい時期なので、日々の健康状態に留意し、家庭と連絡をとり合い感染症を予防する
- 進級に向けて園児の姿や準備物などを丁寧に伝え、安心して進級準備ができるようにする

160

前月末の園児の姿

- 健 トイレに進んで行ったり、排泄したりする姿が見られる
- 人 保育教諭（保育者）や友達とかかわりながら一緒に活動することを楽しむ
- 環 冬ならではの自然事象に興味を持ってかかわる
- 言 発見や自分の思いを言葉で伝えることを楽しむ
- 表 季節の歌をうたったり、製作を楽しんだりする

3週	4週
● 2歳児との朝の会を経験したり、保育室に行ったりすることで、進級することを意識する ● 集団遊びを通して、「止まる」「座る」などのメリハリのある動きを体験する	● おひなさま製作を通し、行事に興味・関心を持ったり様々な素材に触れて製作をしたりする ● ひな祭りの歌をうたい、季節の歌に親しみを持つ
● 保育教諭（保育者）が丁寧にかかわることで、自分の欲求や気持ちを友達に伝えることができるようにする ● 保育教諭（保育者）に手伝ってもらいながら、自分でできることが増えることで、身の回りのことに意欲的に取り組めるようにする	● 楽しい雰囲気の中で、正しい姿勢で座ったり、食具を持ったりしながら食べることができるようにする ● 室内の温度を適切に保ち、手洗い、うがいを行って健康に過ごせるようにする
● 雪遊びを通して冬ならではの自然や感触を楽しむ ● 保育教諭（保育者）や友達と一緒に集団遊びを楽しむ ● 身の回りのことに関心を持ち、自分でできることは自分でしようとする	● おひなさま製作を通して様々な素材の感触に触れる ● マカロニの感触を味わいながら感触遊びを楽しむ ● 生活や遊びに必要な言葉を覚え、保育教諭（保育者）や友達と会話を楽しむ
■ 集団遊びのルールを説明する時には、集中して話を聞くことができるよう落ち着いた環境を作る ■ ひな祭りの歌をうたい、ひな祭りに興味を持ったり、楽しみに待てるようにしたりする ★ 凍み渡りができる日は、その環境を逃さず活動できるようにする。また、安全に活動できるよう職員間で連携する ★ トラブルになった時は、保育教諭（保育者）が仲立ちしながら遊びを楽しめるようにする	■ 園児とひな人形を見たり道具の説明を聞いたりして、日本の伝統文化に触れる ■ 製作したひな人形を保育室や遊戯室に飾り、異年齢児の作品も見られるようにする ★ ひな人形を事前に見たり、絵本を見たりするなどの導入を行い、イメージが持てるようにする ★ 園児が自分でやろうとする気持ちを受け止め、見守りながら必要に応じて援助をする

教育・保育に対する自己評価

● 2月は豆まきや凍み渡り、どんど焼きなどを体験し、行事を楽しむことができた。雪遊びでは、一人一人が雪の感触、雪を踏みしめる音などを感じながら存分に楽しんでいた。進級に向けて、上履きに慣れる、2階のトイレに慣れる、あいさつをするなど、少しずつ活動に取り入れたことで、進級に期待感を持っている

園の行事

- 豆まき集会
- 身体測定
- どんど焼き
- 避難訓練
- 竹の子クラブ（祖父母へ感謝の気持ちを伝える）

2月の月間指導計画 ⑥

ねらい
- 自分でできる喜びを感じながら、簡単な身の回りのことを自分でしようとする
- 保育教諭（保育者）や友達と一緒に体を動かし、表現遊びを楽しむ
- 季節の自然事象に興味を持ち、冬ならではの遊びをする

	1週	2週
週のねらい	●身の回りを清潔に保ち、健康で快適に過ごす ●友達や保育教諭（保育者）と体を動かして遊ぶ	●身の回りのことを自分でしようとする ●保育教諭（保育者）や友達と、表現遊びを楽しむ
養護（生命の保持・情緒の安定）	●園児の健康状態や保育室の換気に気を付け、一人一人が健康で快適に過ごせるようにする	●思いや甘えを受け止め、安心して生活できるようにする
教育（健康・人間関係・環境・言葉・表現）	●感覚統合遊具を組み合わせてサーキット遊びをする ●豆まきごっこをする ●リズム遊びや体を動かして劇遊びをする	●友達と簡単な言葉のやり取りをしながら、ままごとや電車ごっこなどの見立て遊びを楽しむ
★援助・配慮　■環境構成	■走る、跳ぶ、登る、くぐるなど、全身を使って遊べるよう、巧技台やマット、感覚統合遊具を組み合わせてサーキットを作る ■園児の様子を見て遊具の数を調整する ■豆まき用の豆は、新聞紙を丸めたものを多めに用意しておく ★保育教諭（保育者）も一緒にサーキット遊びを楽しみながら、「でこぼこするね」「そーっと」など園児の気持ちを言葉にして伝える ★危険がないよう見守り、一人一人の動きに応じて体を支えるなどして楽しめるようにする	■ごっこ遊びのイメージが広がるよう、電車ごっこでは、ビニールテープで線路や駅を作ったり、車掌の帽子を用意したりする ★友達とのかかわりの中で自己主張やトラブルが見られる時は、保育教諭（保育者）が仲立ちとなり、互いの思いをくみ取りながら代弁し、言葉を引き出していく ★「発車します」「とまります」など、遊びの中で保育教諭（保育者）や友達と言葉のやり取りができるようにする ★衣服を一緒にたたんだり、自分のかごに片付けるよう声をかけたりしながら見守る

配慮すべき事項
- 室内外の気温差に留意しながら室温や湿度を調整し、換気を心がける
- 戸外での活動は、厚着にならないよう調整できるようにする

子育ての支援（保護者支援）
- 表現会当日は、緊張していつもと違う姿が見られることを伝えたり、表現会後はがんばった姿を認めることをお願いしたりする

前月末の園児の姿
- 健 遊びが活発になり、くぐる、跳ぶなど全身を使って楽しむ
- 人 順番があることが少しずつ分かり、待てるようになる
- 環 冷たい風や雪などの自然事象に興味を持つ
- 言 「おいしいね」「〇〇して」など、思いを言葉で伝える
- 表 季節の歌や絵本、リトミックを楽しむ

3週	4週
●身の回りのことを自分でしようとする ●風や雪などの自然事象に興味関心を持つ	●身の回りのことを進んでしようとする ●指先を使って表現遊びを楽しむ
●自分で防寒着を着用しようとする意欲を認め、着方を伝えながら介助する	●食事は園児の「自分で食べたい」という意欲を尊重しながらさりげなく援助し、満足感が味わえるようにする
●すずらんテープや傘袋を使って、風を感じる遊びをする ●気温の低い日は、氷などの感触を楽しむ	●手先を十分に使って粘土遊びをする ●いろいろな素材を使ってひな人形を作る
■すずらんテープや紙テープなどを用意し、走って揺れる様子を言葉にするなどして、五感を通して風を感じ、興味が持てるようにする ■手を温めるための湯を準備し、園児が寒がる場合は活動時間を調整する ★氷を光に透かしたり、割ってみたりなどして、氷の特性や不思議さに気付けるようにする ★防寒着のボタンの留め方やファスナーの上げ下ろしの仕方を伝え、できた時にはほめ、自分でやろうとする意欲につなげる	■ひな祭りの絵本や手遊び、園にあるひな人形を見るなどして、ひな祭りを楽しみに待てるようにする ★つまんだり丸めたりちぎったりなど、感触を十分に味わえるよう見守る ★保育教諭（保育者）が手伝いながら皿に残っている食べ物などを集め、きれいに食べられたことを一緒に喜ぶ

教育・保育に対する自己評価
- 電車ごっこなどの見立て遊びを通して、言葉のやり取りや電車を交代で使う姿が見られた。暖冬で自然の雪や氷に触れる機会は少なかったが、風に興味を持ち、イメージを膨らませながら体で表現する姿があった
- 戸外に出る際の流れを丁寧に知らせたことで、園児が、自分でしようとする姿が見られた。手洗いを丁寧に行ったことが感染症予防にもつながった

園の行事
- 表現会
- 誕生会
- 豆まき
- 身体測定
- 消火避難通報訓練

3月の月間指導計画①

ねらい
- できるようになったことを喜ぶ
- 進級することに喜びを感じ、新しい生活に期待を持ちながら生活を楽しむ

	1週	2週
週のねらい	●ひな祭りに参加し、雰囲気を感じて楽しむ ●朝の支度を喜んで自分でやろうとする	●前に立っている保育教諭（保育者）などの話を聞こうとする ●リズムに合わせて、保育教諭（保育者）などや友達と一緒に踊ることを楽しむ
養護（生命の保持・情緒の安定）	●気温の変化に応じて衣服の調節をし、快適に過ごせるようにする ●興味を持ったことや発見したことに耳を傾け、共感し認めて自信につなげていく	●食事や睡眠を見直し、月齢に合った、より健康的な生活ができるように配慮する ●保育教諭（保育者）などに見守られ、安心して活動に取り組むことができる
教育（健康・人間関係・環境・言葉・表現）	●室内外で、十分に体を動かすことを楽しむ ●園内の行事に興味・関心を持ち、喜んで参加する ●持ち物を自分でかごに入れ、朝の支度をする	●手洗いの仕方や習慣を身に付け、感染症の予防を意識する ●友達と一緒に好きな遊びをしながら、遊具の貸し借りや会話を楽しむ ●親しみのある曲に合わせて手遊びを楽しんだり、創作ダンスを踊って楽しむ
環境構成★援助・配慮	■保育教諭（保育者）なども一緒に歌ったり踊ったりして楽しむことで、よりひな祭りの雰囲気を感じられるようにする ■自分の身支度が簡単にできるように入れ物などを分かりやすく工夫して設置する ★進級へ向けて一人で行うことも増えるため、無理のないように徐々に楽しんで習得できるように援助していく ★おしぼりなどを入れるかごを伝えながら、自分のことは自分でする喜びを感じられるようにする	■ペープサートや手遊びなどで園児たちが興味を持って保育教諭（保育者）などに注目してから話すようにする ■室内の危険箇所を考慮しながら、動ける空間を設定して危険のないように体を動かして楽しめるように工夫する ★見立て遊びやごっこ遊びには必要に応じて援助したり、仲立ちしたりして友達同士のやり取りを見守る ★保育教諭（保育者）などが大きな動作で踊ることで、園児たちがまねしやすいようにする
教育・保育に対する自己評価	●自分でしようとする気持ちを大切にしながら、動作が遅い子に対しては丁寧にかかわりを持つことを意識したことで、笑顔が見られるようになった	●園児たちが興味・関心を持つ素材を用意したことで、保育教諭（保育者）などの話を真剣に聞くことができた

配慮すべき事項
- 行動範囲が広がるので、役割分担を事前に決めておき、安全に見守れるようにする
- 園児の発達や成長についての話し合いをし、まとめて次年度の担任に引き継ぎをする

子育ての支援（保護者支援）
- 進級へ向けての取り組みや準備を伝えて、家庭にも協力をお願いする
- 安心して進級できるように、不安や質問に丁寧に応え対応する。また、一年間の成長の喜びに共感する

前月末の園児の姿

- 健 身の回りのことを自分で積極的にやってみようとし、達成感を味わっている
- 人 友達や保育教諭（保育者）などの名前を呼び、かかわりを持ち喜んでいる
- 環 雪に興味を持ち、窓を指差して喜んだり、雪遊びを楽しんだりしている
- 言 自分の思いを言葉を使って友達や保育教諭（保育者）などに伝えようとしている
- 表 季節の製作活動に意欲的に取り組み、楽しんでいる

3週	4週
●様々な素材を使った製作を喜び、自由に表現して楽しむ ●遊びを通して、友達や保育教諭（保育者）などと話をすることを楽しむ	●2歳児クラスで遊んでみたり給食を食べてみたりすることで、新しい環境に親しむ ●春にちなんだ絵本を見て、春の訪れを喜ぶ
●発汗時の着替えや水分補給を促し、快適に活動ができるようにする ●ゆったりとした環境の中で、様々な活動に意欲的に取り組み、楽しむことができる	●一人でトイレに行くことを見守りながら、排泄後は必ず確認し、清潔が保てるようにする ●保育教諭（保育者）などに気持ちを受け止めてもらい、安心して心地よく過ごすことができる
●戸外の様子や天気に興味を持ち、季節を感じる ●友達や保育教諭（保育者）などと一緒に、様々な素材を使って製作活動を楽しむ ●自分の気持ちや思いを言葉で伝えようとする	●絵本や紙芝居などに興味を持ち、くり返し言葉をまねたり、気に入った言葉を話したりして楽しむ ●ごっこ遊びをしながら、覚えた言葉を話して言葉のやり取りを楽しむ ●季節の歌や行事の歌を喜んでうたい、歌詞に親しみを持つ
■粘土など様々な素材を用意し、感触などを楽しめるようにする ■誕生会の自己紹介を遊びに取り入れ、話す機会を作ることで徐々に発語を促す ★「暖かくなったね」などの言葉がけをしながら一緒に春の訪れを喜ぶ ★一人一人に意識して問いかけをし、言葉を発する機会をたくさん作る	■2歳児クラスのトイレに行き、使い方を知らせて安心して使えるようにする ■季節の植物や生き物が載った絵本を用意する ★進級前の不安を取り除けるように、一人一人の気持ちを受け止めてスキンシップをし、安心して生活できるようにする ★環境が変わっても安心して過ごせるような言葉がけをする ★保育教諭（保育者）などから話しかけてみたり、園児の問いかけに丁寧に応じたりして、言葉のやりとりを楽しめるようにする
●シール遊びやお絵かき、粘土遊びをしたが、「またやりたい」「まだやりたい」という声も聞かれた	●進級することを徐々に意識させ、不安なく期待感を持てるような言葉がけをした。生活面において、意欲的に生活する様子が見られた

園の行事

- 身体測定
- ひな祭り誕生会
- 卒園児を送る会
- クラス記念写真撮影
- 卒園式
- 安全教室
- 避難訓練
- 大掃除

3月

3月の月間指導計画 ②

ねらい
- 進級を意識し、喜びを感じながら楽しく過ごす
- 簡単な身の回りのことを自分でしようとする
- 季節の変化を感じながら、戸外での遊びを楽しむ

	1週	2週
週のねらい	●季節の行事に参加する ●製作を楽しみ、表現する	●友達と一緒に好きな遊びを楽しむ ●身の回りのことに意欲的に取り組む
養護（生命の保持・情緒の安定）	●楽しい雰囲気の中で、安心して製作できるように、一人一人と丁寧に接する ●安心感を持てる環境を作り、遊びに集中できるようにする	●気温の変化に合わせ、衣服の調節を促す ●やってみたい気持ちを尊重し、積極的に取り組めるようにする
教育（健康・環境・人間関係・言葉・表現）	●行事の楽しさを感じ、参加しようとする ●製作に興味を示し、やってみようとする ●完成した作品を保育教諭（保育者）に見せ、喜びを共有する	●友達とのかかわりが増え、楽しさを感じる ●友達とのブロック遊びや言葉のやり取りを楽しむ ●くり返し遊んだり、様々な場所で遊んだりする
■環境構成 ★援助・配慮	■落ち着いて行事に参加し、楽しめるように、園児や職員の座る位置を確認する ■製作しやすい用具を準備し、配置する ★行事についてできるだけ分かりやすく伝え、少しでも興味・関心が持てるようにする ★製作の楽しみや喜びを感じられるように、言葉がけをしたり一緒に喜んだりする	■集中して一緒に取り組めるような玩具を用意する ■活動の中で、静と動のバランスを取る ★園児同士のかかわりを見守る中、イメージがさらに広がるように、さりげなく遊びに入る ★自分でできた時は喜びを共感できるように、言葉がけをしたり一緒に遊んだりする
教育・保育に対する自己評価	●言葉がけを工夫したことで、最後まで行事に興味を失わず、参加することができていた	●友達とのかかわりが苦手な園児に寄り添い、その気持ちを受け止めたことで、不安を取り除くことができたと思う

配慮すべき事項
- 個々の到達度を見極め、進級に向けての準備をする
- 季節の変わり目による体調の変化に留意し、病気の予防に努める

子育ての支援（保護者支援）
- 園児一人一人の一年間の成長を保護者に伝え、共に喜び合う
- 進級時の不安や期待をしっかりと聞き、保護者の気持ちに寄り添い、不安なく進級を迎えられるようにする

前月末の園児の姿
- 健 進んで体を動かす
- 人 友達や保育教諭（保育者）とのやり取りを楽しむ
- 環 身の回りのことを積極的に行う
- 言 友達を気にかけた言葉や、生活する中で必要な言葉をよく使う
- 表 あいさつやお礼を言えるようになる

3週	4週
●春の訪れを感じながら散歩を楽しむ ●自分の思いを伝えようとする	●進級することへの期待を感じる ●喜びを言葉にすることを楽しむ
●日差しを浴び、戸外で遊ぶことの心地よさを味わう ●安全な環境の中で、安心して遊べるようにする	●喜びや不安を受け止め、進級に期待を持てるようにする ●一日の生活の流れに見通しを持ちながら過ごせるようにする
●遊びの中で、春の日差しや空気を感じる ●園庭では、固定遊具や三輪車に興味を示す ●自分の思いを言葉を使って伝えようとする	●ルールを守り、遊ぶことを楽しむ ●好きな玩具でじっくりと遊ぶ ●自分の見た物や知っていることを言葉にして楽しむ
■散歩コースの安全を事前に確認する ■暖かい日は積極的に戸外へ出る機会を設ける ★園児の発見に共感し、春の訪れを感じられる言葉のやり取りをしながら散歩を楽しむ ★葛藤する気持ちを受け止め、言葉で伝えることの大切さを知らせる	■年度末で、気持ちの面でも慌ただしくなる時期なので、しっかりと園児と向き合い、安全面に気を付ける ■順番を意識できるような、遊具の配置や言葉がけを行う ★ルールをなぜ守らなければならないのか、園児の目線で分かりやすく伝え、確認する ★言葉のやり取りをする中で、話を聞く態度を伝える
●外遊びや散歩では、事前に安全確認を十分行うことで、思いきり外遊びを楽しむことができた	●一人一人の個性を大切にし、また、成長に合わせた援助を心がけ、身の回りの様々なことに取り組む意欲を大切に育んできた

園の行事
- ひな祭り会
- 交通安全訓練
- 避難訓練
- 身体測定
- 誕生会
- 卒園式

3月の月間指導計画 ③

ねらい
- 進級することを喜び、意欲的に活動に取り組む
- 季節の変化を感じながら、戸外で思いきり体を動かすことを楽しむ
- 友達とかかわることの楽しさを味わう

	1週	2週
週のねらい	●ひな祭りの雰囲気を楽しむ ●友達と一緒に歌ったり踊ったりすることを楽しむ	●友達に親しみを持ち、かかわりを楽しむ ●進級に向けて期待感を持ち、身の回りのことに積極的に取り組む
養護（生命の保持・情緒の安定）	●気温の変化に応じて衣服を調節し、快適に過ごせるようにする ●友達や保育教諭（保育者）がそばにいる安心感を感じながら過ごせるようにする	●保育教諭（保育者）などに見守られ、安心して活動に取り組めるようにする ●食事や睡眠をしっかり取り、健康的な生活習慣を身に付けられるようにする
教育（健康・人間関係・環境・言葉・表現）	●ひな祭り会に参加し、楽しさを感じる ●保育教諭（保育者）の動きをまねながら、友達と一緒にリズムに合わせて踊る	●朝の支度を進んで行う ●友達と同じ空間で遊ぶことを喜び、会話を楽しんだり玩具の貸し借りをしたりする
■環境構成 ★援助・配慮	■ひな人形を飾ったり装飾をしたりすることで、ひな祭りの雰囲気を感じられるようにする ■保育教諭（保育者）も一緒に踊り、楽しい雰囲気作りをしていく ★分かりやすい言葉でひな祭りについて伝え、楽しんで行事に参加できるようにする ★歌や曲に親しめるよう、くり返し歌ったり踊ったりする	■身支度を進んで行えるよう、片付ける場所に写真を貼るなどして分かりやすくする ■集中して遊べる玩具を用意する ★子ども同士のかかわりを大切にし、遊びをそばで見守りながら、必要に応じて助言し援助する ★「できた」と達成感を味わえる言葉がけをする
教育・保育に対する自己評価	●ひな人形を怖がる様子も見られたが、そばで寄り添いながら安心できる言葉がけをしたことで、興味を引き出すことができた	●進級に向けての言葉がけをしたことで、朝の支度に積極的に取り組むようになった。また、友達と競い合ったり、認め合ったりしながら意欲的に取り組んでいた

配慮すべき事項
- 進級に向け、個々の発達を見極めて適切な援助を行う
- 気温の変化に応じて衣服の調節をし、健康的に過ごすことができるようにする

子育ての支援（保護者支援）
- 今年一年の成長を一緒に振り返りながら共に喜び、保護者も進級に向けて気持ちを切り替えていけるようにしていく
- 進級に向けて不安に思っていることなどを受け止めて対応し、安心できるようにする

前月末の園児の姿

- 健 進級に期待感を持ちながら、身の回りのことに意欲的に取り組む
- 人 気の合う友達を見つけ、同じ空間で遊ぶことを喜ぶ
- 環 雪に触れることを喜び、戸外で伸び伸びと体を動かす
- 言 様々な言葉を習得しながら言葉のやり取りを楽しんでいる
- 表 行事に興味を持ちながら、折り紙やのりを使った製作を楽しんでいる

3週	4週
●春の訪れを感じながら戸外で伸び伸びと遊ぶ ●友達や保育教諭（保育者）との会話を楽しむ	●進級できる喜びを感じながら過ごす ●2歳児クラスで遊んでみるなどして、新しい環境に親しむ
●日差しを浴びながら、戸外で伸び伸びと体を動かすようにする ●友達や保育教諭（保育者）との活動を喜び、親しみを持ってかかわれるようにする	●保育教諭（保育者）に喜びや不安な気持ちを受け止めてもらい、進級に向けて安心して準備ができるようにする ●一日の生活の流れに見通しを持てるようにする
●散歩や戸外遊びを通して春の訪れを感じながら、思いきり体を動かして遊ぶ ●保育教諭（保育者）や友達に言葉で思いを伝える	●約束事を守りながら生活する ●新しい環境で好みの玩具を見つけ、じっくり遊ぶ
■事前に安全点検を行い、危険な場所は保育教諭（保育者）同士で確認し合う ■静と動のバランスを取りながら活動を行う ★春を感じられるような言葉がけをしたり、自然とかかわれるような援助をしたりする ★個々の発達に合わせて言葉のやり取りをする	■2歳児クラスでの生活の仕方が分かるよう、丁寧な言葉がけをする ■順番が分かるように遊具の配置や言葉がけを行う ★新しい環境に不安な様子が見られる園児には、優しい言葉をかけ、少しずつ慣れていけるようにする ★進級するうれしさを受け止め、喜びを共有する
●散歩に出かけたことで「暖かい」「タンポポがきれい」などの発見を楽しみ、春の訪れを感じることができた	●2歳児クラスで遊ぶ機会を設けたことで、初めは不安そうにしていた園児も、徐々に慣れていくことができた

園の行事
- ひな祭り
- 誕生会
- お別れ会
- 身体測定
- 避難訓練

3月

3月の月間指導計画 ④

ねらい
- 毎日の生活の中で習慣が身に付いてくる
- 身の回りのことや様々な活動に期待や興味・関心を持ち、主体的、意欲的に取り組もうとする
- 担任保育教諭（保育者）と一緒に、進級に向けての周りの様子や変化などに少しずつ慣れていく

	1週	2週
週のねらい	●規則正しい生活リズムで一日を元気に過ごす ●お楽しみ会に参加し、ひな祭りの雰囲気を味わう	●保育教諭（保育者）や友達と一緒に見立て遊びやごっこ遊びの楽しさを味わう ●製作遊びをする（卒園児へのプレゼント作り）
養護（生命の保持・情緒の安定）	●戸外と室内それぞれに合わせた衣服の調節を行う ●自我や主張をそのまま受け止めてもらうことで、安心して自分を表すことができるようにする	●健康観察をしながら一人一人の様子や変化を見ていく ●保育教諭（保育者）に見守られながら、安心して好きな活動や遊びに向かえるようにする
教育（健康・人間関係・環境・言葉・表現）	●スプーン、フォークを選んで最後まで自分で食べるなど、身の回りのことを自分でやろうとする ●様々な欲求を受け止めてもらい安定して過ごす ●行事の参加に興味や期待を持つ ●自分から進んで友達とかかわって遊ぼうとする ●保育教諭（保育者）や友達に言葉で思いを伝える	●保育教諭（保育者）とトイレに行き、便座に座って排泄し、自分で水を流す ●自分で戸外に出る身支度をする ●製作活動に興味を持ち、楽しみながら取り組む ●自分の思いを押し通そうとするが、保育教諭（保育者）の仲立ちで相手の言葉に耳を傾けるようになる
■環境構成 ★援助・配慮	■園児の様々な姿を予測し、環境を見直すとともに、感染症対策をする ■ひな人形を見たり、ひな祭りの歌をうたったりして、行事への期待を高める ★意欲の芽生えを大切にし、ゆったりと見守れるようゆとりのある時間配分をする ★遊びの中で応答的なやり取りをしながら、言葉を引き出していく ★無理のない形で進級につなげられるよう、クラスミーティングを重ねる。声かけの仕方やかかわり方など、客観的な助言を取り入れる	■着脱コーナーは広めにスペースを取り、じっくりと取り組めるようにする ■製作遊びや手指を使った様々な遊びを取り入れ、十分に楽しめるようにする ★着脱の際、園児による衣類の取り間違いや荷物の入れ間違いなどのないよう、点検を行う ★自分でやろうとする姿が見られない園児には、興味を持って取り組めるよう個別にかかわる ★伝えようとする姿を受け止め、喜びを感じられるようにする。友達とのかかわりでは仲立ちをすることで、相手の思いにも気付けるようにする

配慮すべき事項
- 進級に向けて園児一人一人の発達などを振り返り、個別に必要な援助や配慮の引き継ぎができるようにする
- 進級に向けた環境変化による園児の様子に留意し、気になる姿があれば気持ちを丁寧に受け止める

子育ての支援（保護者支援）
- 一年間の成長の姿を一緒に振り返りながら、喜び合える場を作る
- 進級に向けての質問や不安に感じていることなどについて真摯に受け止めながら、丁寧に対応していくことで、安心してもらえるようにする

前月末の園児の姿

- 健 保育教諭（保育者）との安定した愛着関係の下、生活や遊びの中で安心して自分を表す
- 人 友達に自ら進んでかかわり、一定時間遊びが継続し、楽しさを共有している
- 環 進級に向け様々な保育教諭（保育者）とのかかわりを楽しむが、不安定になる園児もいる
- 言 個人差はあるが保育教諭（保育者）や友達に自分の気持ちを言葉で伝えようとする
- 表 音楽やピアノに合わせて体を動かすことを楽しむ（体操・リズム運動）

3週	4週
●全身を使った運動遊びを楽しむ ●5歳児のお別れ会に参加する	●身近な自然に触れながら春を探す ●戸外に出て元気に体を動かして遊ぶ
●一人一人の健康状態や様子を保育教諭（保育者）間で共有する ●愛着関係にある担任保育教諭（保育者）がそばにいることで、安心できるようにする	●安全点検を入念に行うことで安心して遊ぶことができるようにする ●園児の近くで活動を見守りながら転倒などに留意する
●様々な生活習慣が身に付き、1歳児なりに見通しを持って行動する ●保育教諭（保育者）や友達と一緒に期待を持って行事に参加する ●気に入った体操の音楽が流れると喜んで体を動かす ●追いかけっこなど、戸外で体を動かすことを楽しむ	●規則正しい生活リズムが整い、一日を元気に過ごす ●保育教諭（保育者）や友達と一緒に散策活動を楽しみ、自然の変化に気付く ●保育教諭（保育者）と手指を使った遊びを楽しむ ●ごっこ遊びで使った曲が流れると、友達と一緒にその場面を再現して楽しむ
■園児の様子を見ながら遊びのコーナーを設定する ■次年度の保育教諭（保育者）に少しずつ慣れるよう、保育に入って一緒に過ごす機会を作る ★新しい環境に不安定になりやすい園児には、愛着関係にある保育教諭（保育者）がかかわり、安定を図る ★自分でやりたいという意欲を認めて見守りつつ、援助が必要な場合はさりげなく行うことで、達成感や満足感が味わえるようにする ★戸外では保育教諭（保育者）が率先して体を動かして遊び、楽しさが伝わるようにする	■戸外で遊ぶ際は、安全面についての点検確認を怠らないようにする（安全点検表を作成する） ★生活や遊びの中で危険なことについてくり返し伝えることで、理解して安全に遊べるようにする ★ごっこ遊びなどの中で、保育教諭（保育者）や友達と応答的なやり取りを楽しめるようにする ★天気のよい日には、戸外で体を動かして遊ぶ ★粗大運動を通して発達や到達段階を見ていく

教育・保育に対する自己評価

- 進級に向け、様々な保育教諭（保育者）に慣れる機会を作ったが、不安定になる園児もいたため、担任がかかわるよう配慮した。引き継ぎを見据えて振り返りを丁寧に行ったことで、一人一人の育ちに合ったかかわりができた

園の行事

- お楽しみ会（ひな祭り）
- 新入園児面接
- 身体測定
- 誕生会
- 避難訓練
- お別れ会
- 卒園式
- リズム運動

3月の月間指導計画 ⑤

ねらい
- 進級への喜びや期待感を持ち、ごっこ遊びなどで友達と仲よく遊ぶ
- 春の空気を感じながら、友達と発見したり遊んだりすることを楽しむ

	1週	2週
週のねらい	●最後の雪遊びを通してたくさん体を動かす ●ひな祭りでは歌や催しを通して、季節の行事を経験する	●身支度や身の回りのことを自分でやってみようとする ●今まで一緒に遊んでくれた5歳児に親しみと感謝の気持ちを持つ
養護（生命の保持・情緒の安定）	●保育教諭（保育者）の見守りの下で、安心して身支度などに取り組めるようにする ●園児一人一人の成長について職員間でミーティングを行い、適切な援助ができるようにする	●保育教諭（保育者）の見守りの下で、安心して行事に参加できるようにする ●室内の温度や湿度に応じ、衣服の調節をして快適に過ごせるようにする
教育（健康・人間関係・環境・言葉・表現）	●そり遊びなどの雪遊びを楽しむ ●ひな祭り集会や誕生会に参加し、楽しむ ●身の回りのことを自分でしようとする	●自分の身の回りのことを自分から進んで行う ●5歳児を送る会に参加し、劇遊びを披露して楽しむ ●サーキット遊びやマット遊びを全身で楽しむ
環境構成★援助・配慮	■ひな人形などを飾り、ひな祭りの雰囲気を感じられるようにする ■活動の時間に余裕を持ち、遊びや活動中でもトイレに行きたいことを伝えやすい雰囲気を作る ★集中して自分の身支度などに取り組めるよう、見守ったり声をかけたりする ★ひな人形やひな祭りのシアターを見るなど、興味を持って行事に参加できるようにする	■集中して身支度ができるよう、スペースを十分に取り、落ち着いて取り組める環境を作る ■5歳児を送る会で劇遊びを披露する際は、様々な状況を想定し、職員を配置する ★一人一人の発達に合わせて見守ったり声をかけたりしながら、「できた」という達成感を味わえるようにする

配慮すべき事項
- 一人一人の発達を職員間で話し合い、進級に向けて適切な援助ができるようにする
- 2歳児の部屋に行ったり幼児クラスのトイレを使用したりする機会を多く持ち、次年度の環境に慣れるようにする

子育ての支援（保護者支援）
- 園での様子や園児の一年間の成長を伝える中で共に喜び、安心して進級できるようにする
- 次年度の生活の仕方や持ち物などを知らせながら、不安を解消していけるよう対応する

月初めの園児の姿
- 健 身支度や手洗い、うがいなどを積極的にしようとする
- 人 2歳児の部屋で過ごしたり交流をしたりして、進級を楽しみにする
- 環 雪上を歩いたり、雪や氷に触れたりして、冬ならではの遊びを楽しむ
- 言 語彙が増え、友達や保育教諭（保育者）とのやり取りを楽しむ
- 表 様々な素材に触れて製作したり、イメージしながら遊んだりする

3週	4週
● 2歳児の部屋で過ごし、進級に期待を膨らませる ● 春の訪れを感じながら、友達と手をつないで散歩を楽しむ	● 春のにおいや暖かさを感じながら春探しを楽しむ ● 進級への期待感を持って過ごす ● 異年齢児とのかかわりを楽しむ
● 戸外に行く際は気温に配慮し、衣服の調節をして快適に過ごせるようにする ● 保育教諭（保育者）に気持ちを受け止めてもらうことで、安心して思いや欲求を表せるようにする	● 保育教諭（保育者）にうれしさや不安を受け止めてもらいながら、進級に向けての期待を高められるようにする ● 一日の流れについて見通しを持って生活できるようにする
● 2歳児の部屋で過ごし、新しい環境に徐々に慣れる ● 友達と一緒に手をつないで散歩を楽しむ ● 保育教諭（保育者）や友達に、発見したことや思いを言葉や身振りで伝える	● 新聞紙はたきを作り、友達や保育教諭（保育者）と掃除ごっこをする ● 散歩に行き、春探しをする ● 異年齢交流をする
■ 2歳児の生活の流れが分かるよう、2歳児の様子を見たり、部屋で実際に過ごしたりする日を設定する ■ 雪解け後で危険な場所を、職員同士共有しておく ★ 散歩では小さな季節の変化に気付けるよう声をかけたり、園児の言葉に共感したりして、自然に親しめるようにする ★ 新しい環境に不安感を持つ園児には、寄り添い優しく声をかけ、安心して過ごせるようにする	■ 春を感じられるような絵本を見てから散歩に出かけ、より興味を持って春探しができるようにする ■ 静と動のバランスに配慮しながら活動を設定する ★ 異年齢児とのかかわりができるよう、保育教諭（保育者）が橋渡しをしながら活動を行う ★ 園児一人一人の進級する喜びや不安な気持ちをまるごと受け止め、共感していく

教育・保育に対する自己評価

● 5歳児を送る会では、先月から絵本の読み聞かせや劇遊びに親しんでいたので、緊張しつつも楽しんで劇遊びを披露できた。職員配置も話し合ったことで園児同士のトラブルも防げた。散歩では発見を楽しみ、季節の変化を感じることができた。2歳児の保育室で過ごす機会を作ったことで、新しい環境に慣れて安心した様子で過ごせた

園の行事
- ひな祭り集会
- 誕生会
- 5歳児を送る会
- 身体測定
- 避難訓練
- 修了式
- 卒園式

年間計画 / 4月 / 5月 / 6月 / 7月 / 8月 / 9月 / 10月 / 11月 / 12月 / 1月 / 2月 / **3月**

3月の月間指導計画 ⑥

ねらい
- 身の回りのことを自分でしようとし、できることが増えたことを喜ぶ
- 春の訪れに気付いて探索活動や体を動かすことを楽しむ
- 保育教諭（保育者）を仲立ちとして、友達や異年齢児とかかわり進級に期待を持つ

	1週	2週
週のねらい	●簡単な身の回りのことを、自分から進んでしようとする ●友達や保育教諭（保育者）とのかかわりを広げる	●簡単な身の回りのことを自分から進んでしようとする ●春の訪れを感じながら戸外で遊ぶ
養護（生命の保持・情緒の安定）	●健康管理に留意し、日々の健康状態を把握するとともに、手洗いなどをしっかり行う	●身の回りのことを自分で行う意欲が持てるよう、園児の気持ちや状況に合わせて声をかけ、援助する
教育（健康・人間関係・環境・言葉・表現）	●お店やさんごっこや電車ごっこなどを楽しむ	●砂山や段差のある遊具で全身を使って遊ぶ ●戸外での遊びを通して、日差しの暖かさや草花の様子に興味を持つ
■環境構成 ★援助・配慮	■園児がごっこ遊びに興味が持てるよう、店の看板や買い物バッグを準備しておく ★友達と一緒に遊ぶ姿を見守りながらうれしい気持ちに共感し、「一緒にすると楽しいね」などと言葉にして伝える ★ごっこ遊びや見立て遊びを通して友達や保育教諭（保育者）と言葉のやり取りを楽しんだり、日常の経験を遊びに取り入れたりすることで、遊びが広がるようにする ★保育教諭（保育者）も一緒に遊ぶ中で「かして」「どうぞ」など、物や言葉のやり取りを楽しみながら自分の気持ちを相手に伝えられるようにする	■登る、くぐるなど、園庭の起伏を使って遊べるよう環境を整えていく ★靴や衣服の着脱では、自分でしようとする意欲を認め、難しい場合は方法を伝えたりさりげなく援助したりして、自分でできた達成感を味わえるようにする ★園庭の暖かい場所を探したり、散策して春の植物を探したりして、季節の移り変わりを五感で感じられるようにする ★砂山に一人で登ろうとする際には安全に配慮し、さりげなく援助することで意欲や自信につなげる

配慮すべき事項
- 一人一人の発達や興味関心、クラス全体の成長などを、職員間で丁寧に引き継ぐ
- 衣服を調節し、健康に過ごせるようにする
- 応答的にかかわることで情緒の安定を図る

子育ての支援（保護者支援）
- 進級に向けて変わることや必要事項を伝え、不安があれば話し合い、一緒に考える
- クラスだよりやドキュメンテーションなどを通して、一年間の園児の成長を共に喜ぶ

前月末の園児の姿

- 健 自分で衣服の着脱や、カバンの中の荷物の片付けをしようとする
- 人 友達を誘い、保育教諭（保育者）の仲立ちの下で一緒に遊ぶ
- 環 風の冷たさを感じながら、虫や花を見て春の訪れを感じる
- 言 歌をうたったり、ごっこ遊びを通して言葉をやり取りしたりする
- 表 粘土で様々な形を作り、見立てながら遊ぶ

3週	4週
●スプーンやフォークを使って食事をする ●友達や異年齢児と一緒に遊ぶ中で、進級に期待を持つ ●春の自然に触れながら戸外で遊ぶ	●生活の流れに気付き、身の回りのことを自分でしようとする ●進級に期待を持ち、楽しみながら過ごす
●思いや主張を受け止め、安心して生活が送れるようにする ●スプーンやフォークを使って、こぼしながらも自分で食べようとする	●進級に対する不安な気持ちや甘えを受け止め、安心して過ごせるようにする ●一年間の園児の成長を振り返り、進級への期待が持てるようにする
●異年齢児と一緒にお別れ会に参加する ●タンポポやダンゴムシなどの春の動植物に触れる	●「思い出のアルバム」、「春の歌」など、季節の歌をうたう ●2歳児クラスでごっこ遊びをする
■チューリップや春野菜などを一緒に植えられるよう準備し、花が咲くのを楽しみに待てるよう声をかける ■お別れ会では5歳児と触れ合い遊びをするなど、異年齢児とかかわる機会を作る ★5歳児に遊んでもらったことを振り返り、「ありがとう」の気持ちを伝えながらプレゼントを渡すようにする ★スプーンやフォークの持ち方を伝えながら、「いただきます」「ごちそうさま」のあいさつや姿勢を正すなどを保育教諭（保育者）と行い、自分で食べる意欲へとつなげる	■日頃遊んでいる玩具を2歳児クラスに持っていったり、2歳児クラスの保育室で遊んだりなど、少しずつ新しい環境に慣れていけるようにする ★手形や足形を取り、この一年間で大きくなったことを知らせたり、できるようになったことを喜び合ったりして、進級に期待が持てるようにする

教育・保育に対する自己評価

- 身の回りのことを「自分でする」と保育教諭（保育者）の援助を嫌がる子もいたが、園児のしたい気持ちを見守り、さりげなく援助することで自信へつなげた。ごっこ遊びや、5歳児クラス、2歳児クラスとの交流の機会を多く取り入れたことで、他児に興味を持ち、自分の思いを少しずつ言葉で伝えられるようになってきた

園の行事

- 内科健診
- 歯科検診
- 園外保育
- 誕生会
- お別れ会
- 消火避難通報訓練

年間計画 4月 5月 6月 7月 8月 9月 10月 11月 12月 1月 2月 **3月**

週案の見方・書き方

週案① 春

4月第4週

園児の姿 ①
- 環境の変化により不安な表情を浮かべていた園児も、少しずつ笑顔が見られるようになった
- 不安を感じ泣いていた新入園児も保育教諭(保育者)のそばにいることで安心感を持ちはじめ、遊びに目を向けるようになってきた
- 給食では好きな食べ物を自分から食べるようになってきた

週のねらい ②
- 一人一人の生活のリズムを把握し、個々に合わせた対応をすることで安心して生活できるようにする
- 保育教諭(保育者)と視線、スキンシップ、声かけを通じて愛着関係を築く
- 安心できる環境の下、自分から遊ぼうとする

園の行事 ③ 入園児歓迎会

月日	ねらい ④	予想される園児の活動 ⑤	援助・配慮 ⑥	家庭との連携 ⑦
4月20日 月曜日	・園庭で自分の好きな場所を見つけて、気持ちよく過ごす	・園庭で自分の好きな場所を見つけて、そよぐ風や鳥のさえずりを五感で感じる ・安心できる保育教諭(保育者)がどこにいるかを確認しながら少しずつ離れて遊びに行こうとする ・情緒が安定した園児は固定遊具で自ら体を動かして遊ぼうとする	・園庭にシートを広げ春の心地よさを感じることができる環境を整える ・「風が吹いてるね」や「鳥がないてるよ」など園児が感じ取っていることを言葉で伝えながら感覚の発達を促していく ・職員間で連携を取り安全面に十分配慮しながら思う存分遊べる環境を作る	・保護者の不安な気持ちに寄り添い、園児の一日の様子を写真やドキュメンテーションを使って細かく伝え、安心感が持てるように配慮する
4月21日 火曜日	・園庭で好きな遊びを見つけて自ら遊ぼうとする	・保育教諭(保育者)から離れて遊びはじめるが、すぐにそばに戻ってくる ・安心できる保育教諭(保育者)の膝の上で、他児が遊んでいる様子をじっと見る ・気の合う友達と一緒に遊具で遊ぶ楽しさを共有し、顔を見合わせて笑い合う	・一人で遊びはじめた時は少し離れて見守り、目が合った時は笑顔で応じ、安心感を持ってもらえるようにする ・情緒が少しずつ安定しはじめた時は、園児の目線の先にある遊びに誘ってみたり、「楽しそうだね」と声をかけ好奇心が芽生えるよう促していく	・少しずつ保育教諭(保育者)のそばから離れて遊びはじめたことを保護者に伝え、日々の成長を共に喜ぶ
4月22日 水曜日	・戸外でボール遊びをしたりシャボン玉を追いかけたりしながら全身を使って遊ぶことを楽しむ	・保育教諭(保育者)と追いかけっこをすることを喜び「キャー」と声をあげて逃げようとする ・保育教諭(保育者)の吹き具から出てくるシャボン玉を不思議そうに見つめたり、フワフワ飛ぶシャボン玉を目で追ったりする ・シャボン玉に触れたくて追いかけたり、ジャンプをしようとする	・思いきり体を動かして遊べる場を事前に確保し、心地よい風に触れながら思い切り体を動かして遊ぶことができるように配慮する ・シャボン玉は大小と様々な形を作り、ゆらゆら揺れる様を園児と一緒に見たり、割れた時の驚きに共感する	・シャボン玉で遊ぶ様子を写真に撮り、楽しいエピソードを添えながら日を追うごとに園生活に慣れていっている園児の様子を伝え、安心感を持ってもらう
4月23日 木曜日	・好きな場所で、遊びを楽しんだり探索活動を楽しむ	・いつもとは違う場所に少し不安を感じ、泣いてしまったり保育教諭(保育者)にしがみついたりする ・安心できる保育教諭(保育者)のそばで他のクラスの様子を見たり、手をたたいたりする ・仲良しの異年齢児のそばで一緒に歌をうたったり指遊びをしたりする	・知らない場所に行く不安を受け止め、少し早めに会場に行き、壁面製作などの様子を無理のない範囲で見て回り、落ち着くことができる時間を確保する ・年上のお友達と一緒に触れ合える場を作り、手をつないで歩いたり、一緒に座ったりと園児の一緒に過ごしたいという気持ちに寄り添える環境を作る	・違うクラスのお友達と触れ合う時間を設けることができたことを保護者に伝え、クラスのお友達だけではなく他のクラスのお友達とも共に過ごす園生活のおもしろさや必要性を知らせていく
4月24日 金曜日	・新入園児歓迎会に参加し、異年齢児と触れ合うことを経験する	・保育教諭(保育者)に名前を呼ばれてにこっと笑ったりバイバイしたりする ・ブロックをつなげたり、積み木を重ねたりと指先を使って遊ぶことを楽しむ ・他の園児がしている遊びをじっと見たり、そばに座ってみようと近づいたりする	・週末になるのでクラス内でゆったりと過ごせる環境を整えながら園児の体調に配慮する ・園児の遊びたい玩具を把握し、十分に遊びこめる数量を準備し、保育教諭(保育者)も一緒に遊びに参加する	・園生活での疲れが出てくる時期なので週末はゆっくりと過ごしてもらえるよう伝える
4月25日 土曜日	・他のクラスの園児と遊んだり、保育教諭(保育者)と落ち着いて過ごす	・いつもと違うクラスや雰囲気に少々驚いている姿がある ・クラスの保育教諭(保育者)だけではなくクラス以外の保育教諭(保育者)にも触れ、楽しく過ごす ・年上のお友達に手をつないでもらいながら園庭を散歩することを楽しむ	・土曜日ということもあり、登園児の普段の様子をその日に入った保育教諭(保育者)に細かく伝え、安全面などに気を配る ・他のクラスの保育教諭(保育者)と園児一緒に遊びに参加できる時間を確保する	・一週間保護者と離れて過ごしたことで生まれる疲れを保護者に伝え、休日はゆっくりと過ごしたりスキンシップを取ってもらえるよう伝える

＜ 園児の評価 ＞ ⑧
- 泣いて過ごすことが多かった新入園児も泣いている時間が長くない、他児に目を向けたり玩具に手を伸ばしたりと、身近ないる友達と関わろうとする姿が増えてくるようになった
- 入園児歓迎会では異年齢児に興味はあるもののどのようにかかわったらよいのか分からず、戸惑う姿があった

＜ 自己評価 ＞ ⑨
- 新しい環境に慣れてほしいが、無理強いをせず園児の気持ちを優先しながらかかわっていった
- 異年齢児とかかわってみたいという園児の気持ちに寄り添い、今後は他のクラスと話し合い交流ができる環境を徐々に設けていきたいと思う

---

❶ 園児の姿
園児の発達状態や、園での様子を記載します。保育教諭(保育者)が設定した環境の中で、園児がどのように遊びや活動にかかわっていたのかを、5領域(健康・人間関係・環境・言葉・表現)の視点から記載しています。

❷ 週のねらい
月ごとの「ねらい」を週ごとに具体化したものです。「前月末の園児の姿」をもとに、保育教諭(保育者)の援助によって園児が身に付けることを望まれる、心情、意欲、態度などを記載しています。

❸ 園の行事
園全体で行う行事のほか、遠足やクラス懇談会など学年・クラス単位で行う行事について記載しています。

❹ ねらい
「週のねらい」をさらに具体化したものです。具体的な活動の内容に、保育教諭(保育者)の援助によって園児が身に付けることを望まれる、心情、意欲、態度などを記載しています。

❺ 予想される園児の活動
「ねらい」での活動の内容で、園児がどのような行動を見せるかを予想して具体化しています。

❻ 援助・配慮
「週のねらい」を達成するために、保育をする際、どのような環境(用具・教材・分量・安全性・施設などの準備)を設定したらよいか、また、どのような援助・配慮(受け入れ・励まし・声かけ・助言など)が必要かを、具体的に記載しています。

❼ 家庭との連携
保護者に伝えるべきことや、園と家庭で連携して進めたい事柄について記載しています。また、園に通っていない地域の親子への支援についても記載しています。

❽ 園児の評価
自分が行った教育・保育によって、園児にどのような変化が見られたか、問題点やよかった点をあげながら記載しています。

❾ 自己評価
自分が行った教育・保育によって、園児にどのような変化が見られたか、問題点やよかった点をあげながら記載しています。また、今後の教育・保育でどのように対応していくべきかなどの反省点も取り上げています。園児の姿を通しての「自分の評価」と捉え、単に園児の姿を記入するのではなく、自分の計画や保育を振り返り、次の計画に生かすための材料となるよう心がけましょう。

週案作成のポイント
- 作成の際は長期の計画から短期の計画に「ねらい及び内容」などがどのように継続されているか確認します。
- 一週間を見通した環境構成や教材・教具の連続性にも配慮します。

「評価」
- 一週間の保育の流れの評価をすることで、具体的な子どもの姿と次の保育への方法が見えます。日案の評価と月案の評価の中間に位置することで、保育の方向性が見えやすくなります。
- 評価をする際は、園児個人の名前を挙げて行動の状況を説明するというよりは、自らが設定した保育が子どもの成長にどう影響したかを書いていきます。

日案の見方・書き方

❶ 園児の姿
園児の発達状態や、園での様子を記載します。保育教諭（保育者）が設定した環境の中で、園児がどのように遊びや活動にかかわっていたのかを、5領域（健康・人間関係・環境・言葉・表現）の視点から記載しています。

❷ 月のねらい
その月ごとに、園児の成長、発達に合わせた「ねらい」を記載しています。

❸ 日のねらい（内容）
その日ごとに、園児の成長、発達に合わせた「ねらい」を記載しています。

❹ 園児の評価
自分が行った教育・保育によって、園児にどのような変化が見られたか、問題点やよかった点をあげながら記載しています。

❺ 自己評価
自分が行った教育・保育によって、園児にどのような変化が見られたか、問題点やよかった点をあげながら記載しています。また、今後の教育・保育でどのように対応していくべきかなどの反省点も取り上げています。園児の姿を通しての「自分の評価」と捉え、単に園児の姿を記入するのではなく、自分の計画や保育を振り返り、次の計画に生かすための材料となるよう心がけましょう。

❻ 具体的な行動内容
時間帯によって、どんな行動を設定したらよいかを、具体的に記載しています。

❼ 教育・保育の流れ
「日のねらい」を達成するために、教育的時間内に園児がする活動について、園児が身に付けることを望まれる心情、意欲、態度などを、主に教育の視点を含んで記載しています。

❽ 環境構成
「日のねらい」を達成するために、保育をする際、どのような環境（用具・教材・分量・安全性・施設などの準備）を設定したらよいかを、具体的に記載しています。

❾ 保育教諭（保育者）等の指導（援助）及び留意点
保育をする際、どのような援助・配慮（受け入れ・励まし・声かけ・助言など）が必要か、またどんな点に留意すべきかを、具体的に記載しています。

❿ 予想される子どもの姿
その日の活動の内容で、園児がどのような行動を見せるかを予想し具体化して記載しています。日案①③では記載しています。この項目は必要に応じて追加してください。

日案作成のポイント
- その日の教育・保育内容のねらいに必要な環境構成や教材が計画上に不足なく準備されているかを確認します。
- 予定した保育内容にあった時間配分がなされているかを確認します。
- その日の保育で得られる子どもの発達を具体的に記入してみることで、保育教諭（保育者）のかかわるべき姿（配慮や援助）が見えてきます。
- その日の評価をメモ程度でも書き留めておきます。次の日の保育の計画に大いに役立ちます。

177

週案① 春

4月第4週

園児の姿
- 環境の変化により不安な表情を浮かべていた園児も、少しずつ笑顔が見られるようになった
- 不安を感じ泣いていた新入園児も保育教諭（保育者）のそばにいることで安心感を持ちはじめ、遊びに目を向けるようになってきた
- 給食では好きな食べ物を自分から食べるようになってきた

月日	ねらい	予想される園児の活動
4月20日 月曜日	●園庭で自分の好きな場所を見つけて、気持ちよく過ごす	●保育教諭（保育者）にだっこされながら心地よい風や鳥のさえずりを五感で感じる ●安心できる保育教諭（保育者）がどこにいるかを確認しながら少しずつ離れて遊びに行こうとする ●情緒が安定した園児は固定遊具で自ら体を動かして遊ぼうとする
4月21日 火曜日	●園庭で好きな遊びを見つけて自ら遊ぼうとする	●保育教諭（保育者）から離れて遊びはじめるが、すぐにそばに戻ってくる ●安心できる保育教諭（保育者）の膝の上で、他児が遊んでいる様子をじっと見る ●気の合う友達と一緒に遊具で遊ぶ楽しさを共有し、顔を見合わせて笑い合う
4月22日 水曜日	●戸外でボール遊びをしたりシャボン玉を追いかけたりしながら全身を使って遊ぶことを楽しむ	●保育教諭（保育者）と追いかけっこをすることを喜び「キャー」と声をあげて逃げようとする ●保育教諭（保育者）の吹き具から出てくるシャボン玉を不思議そうに見つめたり、フワフワと飛ぶシャボン玉を目で追ったりする ●シャボン玉に触れたくて追いかけたり、ジャンプをしようとする
4月23日 木曜日	●好きな場所で好きな遊びを楽しんだり探索活動を楽しむ	●いつもとは違う場所に行くことに不安を感じ、泣いてしまったり保育教諭（保育者）にしがみついたりする ●安心できる保育教諭（保育者）のそばで他のクラスの様子を見たり、手をたたいたりする ●仲良しの異年齢児のそばで一緒に歌をうたったり指遊びをしたりする
4月24日 金曜日	●新入園児歓迎会に参加し、異年齢児と触れ合うことを経験する	●保育教諭（保育者）に名前を呼ばれてにこっと笑ったりバイバイしたりする ●ブロックをつなげたり、積み木を重ねたりと指先を使って遊ぶことを楽しむ ●他の園児がしている遊びをじっと見たり、そばに座ってみようと近づいたりする
4月25日 土曜日	●他のクラスの園児と遊んだり、保育教諭（保育者）と落ち着いて過ごす	●いつもと違うクラスや雰囲気に多少驚いている姿がある ●クラスの保育教諭（保育者）だけではなくクラス以外の保育教諭（保育者）にも触れ、楽しく過ごす ●年上のお友達に手をつないでもらいながら園庭を散歩することを楽しむ

- 一人一人の生活のリズムを把握し、個々に合わせた対応をすることで安心して生活できるようにする
- 保育教諭（保育者）の温かい眼差し、声かけを通じて愛着関係を築く
- 安心できる環境の下、自分から遊ぼうとする

 23日 ●新入園児歓迎会

週案

援助・配慮	家庭との連携
●園庭にシートを広げ春の心地よさを感じることができる環境を整える ●「風が吹いてるね」や「鳥がないてるよ」など園児が感じ取っていることを言葉で伝えながら感覚の発達を促していく ●職員間で連携を取り安全面に十分配慮しながら思う存分遊べる環境を作る	●保護者の不安な気持ちに寄り添い、園児の一日の様子を写真やドキュメンテーションを使って細かく伝え、安心感が持てるように配慮する
●一人で遊びはじめた時は少し離れて見守り、目が合った時は笑顔で応じ、安心感を持ってもらえるようにする ●情緒が少しずつ安定しはじめた時は、園児の目線の先にある遊びに誘ってみたり、「楽しそうだね」と声をかけ好奇心が芽生えるよう促していく	●少しずつ保育教諭（保育者）のそばから離れて遊びはじめたことを保護者に伝え、日々の成長を共に喜ぶ
●思いきり体を動かして遊べる場を事前に確保し、心地よい風に触れながら思い切り体を動かして遊ぶことができるように配慮する ●シャボン玉は大小と様々な形を作り、ゆらゆら揺れる様を園児と一緒に見たり、割れた時の驚きに共感する	●シャボン玉で遊ぶ様子を写真に撮り、楽しいエピソードを添えながら日を追うごとに園生活に慣れていっている園児の様子を伝え、安心感を持ってもらう
●知らない場所に行くことへの不安を受け止め、少し早めに会場に行き、壁面製作などの様子を見て心が落ち着くことができる時間を確保する ●年上のお友達と一緒に触れ合える場を作り、手をつないで歩いたり、一緒に座ったりと園児の一緒に過ごしたいという気持ちに寄り添える環境を作る	●違うクラスのお友達と触れ合う時間を設けることができたことを保護者に伝え、クラスのお友達だけではなく他のクラスのお友達とも共に過ごす園生活のおもしろさや必要性を知らせていく
●週末になるのでクラス内でゆったりと過ごせる環境を整えながら園児の体調に配慮する ●園児の遊びたい玩具を把握し、十分に遊びこめる数量を準備し、保育教諭（保育者）も一緒に遊びに参加する	●園生活での疲れが出てくる時期なので週末はゆっくりと過ごしてもらえるよう伝える
●土曜日ということもあり、登園児の普段の様子をその日に入った保育教諭（保育者）に細かく伝え、安全面などに気を配る ●他のクラスの保育教諭（保育者）と連携し一緒に遊びに参加できる時間を確保する	●一週間保護者と離れて過ごしたことで生まれる疲れを保護者に伝え、休日はゆっくりと過ごしたりスキンシップを取ってもらえるよう伝える

《 園児の評価 》

- 泣いて過ごすことが多かった新入園時も泣く時間が短くなり、他児に目を向けたり玩具に手を伸ばしてみたりと、身近な環境にかかわろうとする姿が見えてくるようになった
- 新入園児歓迎会では異年齢児に興味はあるもののどのようにかかわったらよいのか分からず、戸惑う姿があった

《 自己評価 》

- 新しい環境に慣れてほしいが、無理強いをせず園児の気持ちを優先しながらかかわっていった
- 異年齢児とかかわってみたいという園児の気持ちに寄り添い、今後は他のクラスと話し合い交流ができる環境を徐々に設けていきたいと思う

週案 ② 夏

7月第3週

園児の姿

- スズランテープなど様々な素材に興味を持ってかかわり、天の川を表現したり、園内に隠した星を探して集めるなど、保育教諭（保育者）と一緒に七夕遊びを楽しむ様子が見られる
- 昼食時などスプーンを自ら正しく持とうとする意欲が見られる

月日	ねらい	予想される園児の活動
7月10日 月曜日	●手足を使って、砂の感触を楽しむ ●ゆったりとした安心感の中で、絵本を読んでもらい、言葉のやり取りを楽しむ	●保育教諭（保育者）と一緒に乾いた砂や湿った砂に触れ感触の違いを体験し、「冷たい・サラサラ」などの言葉や感触を一致させながら遊びを楽しむ ●絵本に指差しをしたり、くり返しの言葉や知っている言葉を保育教諭（保育者）と一緒に言うことを楽しむ
7月11日 火曜日	●誕生会に参加し、歌をうたったり出し物を見て楽しむ	●保育教諭（保育者）と一緒に誕生会会場に行き、いつもとは違う装飾に目を輝かせる ●異年齢児と一緒に誕生児にカードを一生懸命に渡そうとする ●季節の歌をうたったり、保育教諭（保育者）の出し物を見て喜ぶ
7月12日 水曜日	●氷に関した遊び（色氷キューブ・氷アニマルレスキューなど）に主体的にかかわり楽しむ	●氷がくっつく、滑る、溶けるなどの様子や光にかざしてキラキラ光る変化を楽しむ ●氷の中の動物を助け出そうと氷を手で温めたり、水やぬるま湯を使うなど氷が溶ける様子や変化を楽しむ
7月13日 木曜日	●五感を使い感触遊び（ゼリー・春雨・パン粉）やスプーン遊びを楽しむ中で指先の機能を高める	●様々な素材に五感を使って触れ、「握る・つぶす・掴む」を試したり、スプーンですくったり、混ぜたりして楽しむ
7月14日 金曜日	●氷クレヨンを様々な素材の紙（障子紙・キッチンペーパー・段ボールなど）の上で自由にかいたり、かいたものが変化する様子を楽しむ	●氷クレヨンでかいた絵が溶けて色が混ざり合い変化する様子を見て、手でもっと混ぜて変化を楽しむ ●溶けた色水が紙にしみ込んだ形を見て「わんわん」などと、見立てて楽しむ
7月15日 土曜日	●水の冷たさや気持ちよさ、開放感を感じながら、水遊びを楽しむ ●保育教諭（保育者）と一緒に、衣服の着脱などの身の回りのことを自分でやろうとする	●プールや噴水の水に触れたり、ジョウロで水をくんだり、洗濯ごっこ・人形のお風呂ごっこなどを楽しむ ●ズボンや靴下・帽子などを保育教諭（保育者）に手伝ってもらいながら、自分で身に付けようとする

週のねらい
- 水遊びや遊具を使った遊びをする中で、体を動かすことを楽しむ
- 様々な素材に触れたり、感触遊びをする中で、試す・発見する・不思議に思うなど五感を使って楽しむ
- 握る・つぶす・掴むなど、遊びを通して指先の感覚機能を高める

 園の行事　11日●誕生会

週案

援助・配慮	家庭との連携
● 園児の気付きや発見に共感し応答的にかかわることで、自分の思いを言葉や身振りで表現できるように援助する ● ゆったりとした雰囲気の中で絵本を楽しみ、園児の指差しや言葉に応答的なかかわりをする	● 園児の発見や発した言葉などを楽しく伝え、その成長を保護者と一緒に喜び合う ● 絵本で育つ力を伝えながら、園児が好きな絵本や年齢に合った絵本を園だよりや絵本コーナーで紹介する
● 誕生児には「2歳になったね」と伝えながら指で2歳を示し、喜び合えるようにする ● いつもとは違う部屋の飾りを園児たちと見ながら「きれいだね」と園児の心情を言葉で伝え、誕生会に期待を持たせる	● 行事に参加できたことや出し物を見たり異年齢児とかかわっている姿を写真に収め、その時の楽しいエピソードを保護者に伝えながら園児の成長を共に喜ぶ
● 氷が長時間、肌に触れることのないように気を付ける ● 「氷が小さくなったね。どうしてかな？」などの言葉がけを通し、考える力・想像する力の基礎を育む	● 氷遊びの様子を写真に撮り、園児の集中力や主体的にかかわっている様子を可視化し、楽しいエピソードと共に伝え、園児の感性の育ちを保護者と共有する
● 様々な素材を用意し、感触の違いを楽しめるようにする ● 遊びを妨げないよう楽しむ中で、スプーンの持ち方など言葉がけを工夫し、正しい持ち方・使い方が徐々に身に付くよう援助していく	● スプーン遊びや給食の様子を伝えながら、家庭の食事の様子を聞き、自分でスプーンを持って食べようとする意欲を育てるための情報交換をしていく
● 障子紙や段ボールに触れ、ザラザラ・ツルツルなどと言葉で表現し感触の違いに気付けるようにする ● 色を意識させる言葉がけや、混ざったり滲んで変化する様子に興味を持てるよう工夫する	● 園児が氷クレヨンでかいた作品を展示し、親子のコミュニケーションのきっかけにして、成長の喜びを共有していけるようにする
● 園児の体調の確認、プールの水温・水質管理、熱中症対策や監視担当職員の配置などの役割分担をし、事故のないようにする	● 健康状態や水遊びについての可否を登園時に詳しく伝えてもらう。また、降園時に水遊びの様子を伝えていく ● 園児が意欲を持って取り組めるよう、着脱しやすい衣服を用意してもらう

《 園児の評価 》
- センサリーマットや他の遊具を組み合わせることで、園児が個々の力に合わせ主体的にかかわりを楽しむことができていた。様々な動きを何度も楽しみながら体験することで「できた！」「（もう）1回！」など達成感と共に挑戦する力が育っている

《 自己評価 》
- 水遊びを中心とした様々な教材や運動遊具を個々の発達段階に合わせ準備し遊び、環境を設定したことで、園児が興味を持ち主体的にかかわる様子が見られた。このことから遊びの時期や興味の方向が園児の発達段階や思いと一致し、何度もかかわり挑戦する力を導き出したと思う。今後も言葉がけなどに工夫をし意欲を引き出せるようにしていく

週案③ 秋

10月第3週

園児の姿
- 戸外への散歩や園庭で体を動かすことを喜んでいる
- 保育教諭（保育者）とわらべ歌で触れ合う時間を楽しんでいる
- 秋の虫や鳴き声に興味を持ち、探したりする
- 絵本やわらべ歌の一節を覚えて口ずさんでいる
- 身の回りのことを自分でしようとする意欲を持ちはじめる

月日	ねらい	予想される園児の活動
10月10日 月曜日	●戸外に出て秋の気配に気付いたり、わらべ歌に合わせて体を動かし、ゆったりと過ごす	●保育教諭（保育者）の声かけに反応し、空気を胸いっぱいに吸ってみるなど動きをまねようとする ●触れ合い（わらべ歌）を喜び、「もう1回」「じぶんも」と催促する ●言葉をまねて一緒に言ってみようとする
10月11日 火曜日	●簡単な衣服の着脱を自己主張を受け止めてもらいながら自分でする	●自分のペースでやってみようとする ●自分でしようとするが、うまくいかない部分もある ●手伝おうとすると「いや」と表現する ●自分でできてうれしそうにしている ●またやってみたいという意欲がでてくる ●医者を見て泣き出してしまう
10月12日 水曜日	●保育教諭（保育者）や友達とたくさん体を動かして遊ぶ	●進んで靴を履き、喜んで園庭に出る ●自由に遊びたい物を選んで遊ぶ ●凸凹や坂道を喜んで走る ●草花やドングリ・木の実を拾う園児もいる
10月13日 木曜日	●木の実で作った手作り玩具を使って遊びを楽しむ	●おもちゃを振ったり転がしたりして音が出るのを楽しむ ●キラキラビーズを眺めたり、容器を光に透かしたりして色を楽しむ ●他の園児が持っている物を欲しがる
10月14日 金曜日	●戸外に出てたくさん体を動かしたり、秋の自然に触れる	●虫を見つけて追いかけたりする ●シャボン玉が飛んでいくのを追いかける ●シャボン玉を眺めて保育教諭（保育者）に教えようとする ●まだ部屋に入りたくないと言う園児もいる
10月15日 土曜日	●ゆったりと個々の遊びや触れ合い遊びを楽しむ	●それぞれの好きな遊びを選んで遊ぶ ●保育教諭（保育者）に寄ってきて甘える ●年上のお友達の遊びをまねようとする ●他のお友達に近づいていき一緒に遊ぼうとする

週のねらい

- 戸外で秋の自然を感じたり触れたりして十分に遊ぶ
- 音楽や歌に合わせて体を動かしたり、全身を使った遊びを楽しむ
- 絵本やわらべ歌を楽しむ中で言葉が増え、保育教諭（保育者）や身近な園児とのかかわりを喜ぶ

園の行事

11日●内科健診

週案

援助・配慮	家庭との連携
●そよそよと吹く風、花のにおいなども言葉にして園児と心地よさを共有し楽しむ ●園児の反応や表情を見逃さず、くり返し楽しめるようにする ●園児の思いを受け止めて、言葉を発する喜びを味わえるようにする	●休み明けなので前日の様子を聞き取るなどして、園児の体調や機嫌に合わせて過ごすようにし、お迎えの時にはその日の様子も伝え共有する
●自分でしようとする姿を大切にしながら見守り、難しい部分だけを手伝うようにする ●手伝うことを、本人の意思を確認したり、さりげなく手を添えるなど、園児に合わせて工夫する ●「大丈夫だよ」と言いながら園児の不安な気持ちに寄り添い、少しでも心が落ち着けるようにする	●内科健診に関する質問や不安などをあらかじめ聞き取っておき、夕方には結果を伝えて共有する。その際、どのような伝え方がよいか主幹（主任）と相談してから保護者に伝えるようにする
●自分で履いた靴が逆になっていないか確認する ●園児が体を楽しく動かせるように、見守りながらボールなどの道具を様子を見て出す ●木の実など拾った物を入れる容器を用意しておき、園児たちが見つけた喜びなどに共感する ●拾った物を口に入れる子もいるため、注意深く見守る	●園児の喜びや意欲が見られた様子を家庭にも伝え共感する
●転がして遊べるようなレールを準備しておく ●全身を使えるようにトンネル・マットなども準備する ●音や色（キラキラ・透明・オイル）など感性を刺激する様々な素材の物を、数も十分に準備する ●園児の反応や表情を言葉にしたり、楽しんでいることに共感し「きれいね」「不思議だ」と共感する	●遊んだおもちゃを保護者が見られるように展示しておき、園児が楽しんでいた様子を共有する
●追いかけるのに夢中になるので、つまずきそうな遊具は別の場所で遊ぶようにエリアを分ける ●園児の反応や表情を見逃さず、言葉を添えて共感する ●園児がそれぞれに十分に楽しめるように、保育教諭（保育者）同士連携を取る	●週末はお休みになる園児もいるため、体調の変化などを伝え合うようにして週末を健康に過ごせるようにする
●指先遊びなどがじっくりできるよう、座る席やパーソナルスペースに配慮する ●周囲のお友達へ関心が広がっていく経験を重ねられるように、保育教諭（保育者）も一緒に遊びながらそれぞれの思いを橋渡ししながら遊びを見守る	●シーツのお洗濯をお願いする ●季節の変わり目なので、調節しやすい服を持って来てもらう

《 園児の評価 》

- 簡単な身の回りのことを自らしようとするため、ゆったりと見守りながら本人の意思確認をしてから援助するように心がけ、それぞれが満足そうにする表情が見られた
- 言葉がずいぶん増え、保育教諭（保育者）に合わせて同じ言葉をくり返し言って楽しんでいる。絵本やわらべ歌も園児の耳に残っていることを実感する。たまに園児同士でわらべ歌で触れ合う様子も見られる
- 園庭を走る姿がしっかりしてきた。しゃがむ・跳ぶ・くぐるなどの大きな動きをこれから重ねていきたい

《 自己評価 》

- 秋の季節の変化に気付けるよう保育教諭（保育者）もアンテナを張り、気付きを言葉にして園児に伝えるようにした。「気持ちいいね〜」などと目を合わせて共感すると園児もうれしそうにしていた
- いつもの遊びもなるべく全身を使った遊びになるように環境構成を工夫した

183

週案④ 冬

1月第4週

園児の姿
- 身の回りのことに興味を持ち、自分なりにしてみようとする姿が見られるようになってきた
- 戸外に出ることを喜び、活発に遊ぶ姿がある
- 友達に興味を示し、名前を呼んだり、まねして同じ遊びを楽しむ姿が見られる

月日	ねらい	予想される園児の活動
1月20日 月曜日	●寒さに負けず戸外で体を動かして遊ぶことを楽しむ ●安心できる保育教諭（保育者）の下で、絵本の読み聞かせを楽しむ	●思いきり園庭を動き回ったり遊具を上り下りして遊ぶことを楽しむ ●寒さのため保育教諭（保育者）のそばから離れない園児もいる ●全身を使って遊ぶことを喜ぶ ●「なぜ？」「どうして？」を知り、言葉で自分の思いを伝えられるようになってくる
1月21日 火曜日	●鬼の絵本を通して指遊びを楽しんだり鬼を自分なりに表現することを楽しむ	●絵本を通して様々な色の鬼がいることに気付き、知っている色を伝えたりする ●怖い鬼をまねて楽しんだり、「怖い」と言いながら怖がったりする ●知っている歌をうたったり、指遊びを友達と一緒に楽しむ
1月22日 水曜日	●様々な素材に触れながらかいたり貼ったりして製作を楽しむ	●保育教諭（保育者）が製作の用意を始めると興味を持った園児は覗こうとする ●以前経験した福笑い遊びを通して、目や鼻を思い思いに貼り完成した鬼のお面を保育教諭（保育者）に見せようとする ●興味を示さない園児もいる
1月23日 木曜日	●散歩を通して冬の自然に触れる	●お友達と手をつなぎながら歩くことを楽しむ ●道端にある霜柱や氷などに気付き保育教諭（保育者）と一緒に見たり触れたりする ●氷や霜柱の冷たさにびっくりし、思い思いに言葉に出して伝えようとする
1月24日 金曜日	●保育教諭（保育者）や友達と一緒に避難訓練に参加する ●外気に触れて遊びながら衣服の調節をしたり体調に配慮したりしながら体を十分に動かして遊ぶ	●避難ベルに驚き、保育教諭（保育者）にしがみつく ●保育教諭（保育者）の後ろを歩きながら園児なりに避難場所に行こうとする ●異年齢児がカップに入れた霜柱に園児たちは興味を示し、じっと見たり触れたり昨日の散歩の話をしたりする
1月25日 土曜日	●異年齢の園児とごっこ遊びを楽しむ中で、思いやる心を育てていく	●年上のお友達が遊んでいる様子に興味を持ち、近くで遊ぼうとする ●お友達が使っている玩具に手を伸ばしたり、遊びの邪魔をしてしまいトラブルになる ●年上のお友達に優しくしてもらうことで、自分も他のお友達に優しくしようとする

| 週の
ねらい | ・友達と一緒に遊ぶことを楽しむ
・雪や霜柱、氷など冬の自然に触れることを喜ぶ
・様々な素材に触れながら鬼のお面作りを楽しむ | | 園の行事 | 24日・避難訓練 | 週案 |

援助・配慮	家庭との連携
・保育教諭（保育者）も一緒に追いかけっこをしたり、ボールや縄跳びなどを使って園児が楽しみながら全身を動かして遊べるように工夫する ・園児が疑問に思う気持ちに寄り添いながら言葉のやり取りを楽しめるようにする	・受け入れ時に休み中の様子や体調を丁寧に聞き取る ・戸外遊びを通して足腰が丈夫になってきたことを伝え、保護者と共に成長を喜び合う ・戸外に出る時は上着を着るため、フードなどがついていないものをお願いする
・自由に表現する姿を受け止め、その表現方法や感性が豊かになるようにする ・安心できる保育教諭（保育者）とのかかわりにより、自信を持って表現し達成感が味わえるようにする	・恥ずかしがりながらも精一杯表現したことを認め、保護者と喜び合う ・鬼の話をしたことや明日、鬼の製作をすることを伝え、家でも共有してもらう
・好きな色を選ぶことができるよう様々な色のパーツを用意する ・完成したらお部屋に飾り、達成感を味わいながら節分の雰囲気を楽しめるようにする ・園児の気持ちに寄り添いながら、できる範囲で製作に携われるようにする	・製作をしている様子を写真に撮り、園児の集中力や達成感を楽しいエピソードを交えて伝えていきながら、感性の育ちを共有する
・散歩コースは事前に下見をしておき、危険な箇所や探索したい場所を職員間で話し合っておく ・氷や水の冷たさや小動物の動きなどをじっくりと観察できるようにする	・園児が発見したことや経験したことを分かりやすく伝え、その喜びを共有し親子のコミュニケーションにつながるようにする
・園児の人数確認を職員間で速やかに行えるよう事前に話し合い、即座に連携が取れるようにする ・園児の不安を受け止め、だっこをしたり手をつないだりしながら避難場所に誘導する ・日陰にある石に触ってみたり、霜のついた葉っぱを探すなど、冬の空気の冷たさや自然現象に触れる経験が持てるようにする	・衣服の着脱や靴の脱ぎ履きなどの様子を伝えていく中で、できるようになったこと、チャレンジする姿などを共有し成長を喜び合う
・園児の「同じ遊びをしてみたい」という気持ちに寄り添い、年上のお友達の近くで同じような遊びができるように環境を整えたり、かかわって遊べるよう仲立ちをしていく ・異年齢児とのかかわりの中で優しくしてみようという気持ちが育まれるようにする	・同じ年齢の園児だけではなく異年齢児にも少しずつ興味を示していることを伝え、そばに行こうとする姿や会話を楽しんでいる姿を保護者に伝え成長の喜びを共有する

《 園児の評価 》

・寒くても外に出ると開放感が増し、行動が活発になってくる
・保育教諭（保育者）が様々な遊びに参加したことで遊びの場が広がり、好きな遊びを見つけて遊ぶことができるようになってきている
・鬼のお面作りも楽しんで取り組むことができた。その中で、色選びを喜ぶ姿から色に対しての認識や興味が高まっていることを感じた

《 自己評価 》

・外遊びは、天気、気温、風の強さを考慮し活動時間や遊びの内容を調整した
・寒い日が続き氷や霜柱など冬ならではの自然に触れることができた。その経験を今後も継続し、冬の自然に触れる機会を作っていきたい
・鬼のお面作りでは、福笑いで顔のパーツ並べをして遊んでいたので、シールでの顔作りにつながり、より楽しめていたように感じた

日案① 春

4月25日（木）

園児の姿
- 新しい環境にも慣れ、楽しく過ごす姿が見られる
- 体調を崩しがちだった新入園児も、少しずつ体調が回復してきている
- 少しずつ保育教諭（保育者）から離れ自分のしたい遊びを見つけて遊ぶようになる
- 安心できる保育教諭（保育者）の膝の上で絵本を読んでもらったり、音楽に合わせて体を揺らして遊ぶことを好んでいる

月のねらい
- 少しずつ新しい環境に慣れ、特定の保育教諭（保育者）とのかかわりを喜び安心感を持つ
- 保育教諭（保育者）に見守られながら、好きな遊びを見つけて楽しく過ごす

日のねらい（内容）
- 安心して活動に参加できるよう、個々の思いに寄り添い安心感が持てるようにする
- 心地よい音楽に体を揺らしたり、保育教諭（保育者）と一緒に指遊びをしたりして楽しむ

《 園児の評価 》
- 新入園児も少しずつ他児や保育教諭（保育者）に慣れ、一緒にいることが心地よくなってきている
- リトミックでは音楽や楽器を鳴らすと、自分なりの表現で体を動かし楽しんでいる姿があった。思う存分、体を動かしたことで開放感を味わえてよかったと思う

《 自己評価 》
- 登園時にまだ泣いてしまう園児も、安心できる保育教諭（保育者）の下で心を落ち着かせ、活動の時は笑顔が見られたのでよかった
- リトミックが苦手な園児への対応も前もって話し合っていたことで焦らずゆったりとかかわることができた

日案

時間	
7:00～10:00	●順次登園　●保護者対応　●検温　●健康視診　●自由遊び（縦割り保育） ●各歳児の保育室へ移動　●朝のおやつを用意　●おやつの片付け ●排泄　●朝のお集り　●水分補給

時間	教育・保育の流れ	環境構成	保育教諭（保育者）等の指導（援助）及び留意点
10:00～	●保育教諭（保育者）に絵本を読んでもらう	●ゆったりとした空間の中で絵本の読み聞かせを始めることができるように環境を整える	●次の活動に結びつく絵本を選び、語り方を工夫しながらイメージが持てるようにする
	●絵本の中で知っている物事を言葉で伝えていく	●全ての園児に絵本が見えるよう角度や見る場所を考える	●園児の声にも耳を傾け共感していきながら園児からの言葉をどんどん引き出していく ●言葉を発する楽しさが感じられるよう応答的なかかわりを大事にする
	●活動の準備をする様子を見守る	●楽器や体を動かしやすいテンポの曲を選び、園児たちが全身を使って遊べる環境を作る	●園児たちに様々な楽器があることを知らせ、触れてみたり音色を聞いたりすることができるようにする
	●音楽に合わせて好きなように体を動かして楽しむ	●円形になったり、小グループになりながら個々の動きを把握する ●園児が自由に動き回れるよう保育教諭（保育者）の立ち位置を考えておく	●保育教諭（保育者）もダイナミックに体を動かしながら楽しい雰囲気を作る ●楽器の音色を聞いて復唱したり、「どんな音？」と園児に聞いたりしながら、聴いたことを表現できるようにする
	●コーナー遊びをする	●体を動かしたあとなので、ゆったりとできる空間と時間を設定する ●園児が好きな遊びをコーナーに設置し、自分で選んで遊べるようにする	●保育教諭（保育者）も遊びに参加し一緒に楽しんだり、遊び込んでいる時は見守ったりする ●興味のあるものを指差したり言葉で伝える姿を認め、意欲や態度を伸ばしていく
	予想される園児の姿		
	●他児の遊んでいる玩具が気になり手を伸ばしてみたり、同じ玩具を持ったりする	●保育教諭（保育者）の立ち位置を考えながらトラブルになる前に言葉がけができるようにする	●玩具を使いたい気持ちに寄り添えるようその園児の心情を読み解き、その場に合った言葉がけをしていく ●遊んでいる友達のそばにいる園児には「一緒に遊ぼう」と仲立ちをしたりする
	●保育教諭（保育者）のそばから他児の遊ぶ様子を見ている	●保育教諭（保育者）間で話し合い、その園児が安心できる空間を確保する	●他児が楽しそうに体を動かしている姿を一緒に見学しながら、「○○してるね」と園児の動きを言葉で伝えたり、楽器の音色を言葉で伝えながら見るだけでも楽しい雰囲気を作るようにする
11:00～19:00	●排泄　●手洗い　●給食準備　●給食　●給食の片付け　●午睡準備　●排泄　●検温　●午睡 ●連絡帳記入　●起床　●布団の片付け　●清掃　●排泄　●降園準備　●順次降園		

日案② 夏

7月24日(金)

園児の姿
- 水や水遊びに興味を持ち、楽しむ姿が見られる
- 遊びの中で玩具や道具の使い方を知り、手に取って遊ぼうとする姿が見られる

月のねらい
- 水遊びを通して様々な感触に触れ水に親しみ、夏ならではの季節の遊びを楽しむ

日のねらい（内容）
- 水に触れることを楽しみ、その中で様々な感覚を体感する

〈 園児の評価 〉
- 水の感触を友達や保育教諭（保育者）とかかわりながら楽しむ姿を見ることができた。また玩具や容器などを使いながら、何度もくり返し水のあけ移しを楽しんだり、水の中で浮く玩具を不思議そうに見つめる姿があった

〈 自己評価 〉
- プール遊びを嫌がる園児もおらず、それぞれが水の感触を楽しめていた。また、手作り玩具を含め、様々な道具を使ってくり返し遊ぶことができ、よい経験ができてよかった

時間	
7:00〜10:00	●順次登園する　●異年齢児保育　●コーナー遊び　●排泄をする　●手洗いをする　●水分補給をする ●朝の会をする

日案

時間	教育・保育の流れ	環境構成	保育教諭（保育者）等の指導（援助）及び留意点
10:00〜	●排泄をする ●着替えをする	●家庭で着脱しやすい衣服を用意してもらう	●健康観察を行う ●プールカードの確認をする ●着脱を自分でしようとする気持ちを大切にし、見守りながら援助する ●園児たちが知っている体操の音楽を流し、保育教諭（保育者）が見本となるよう体を動かす ●保育教諭（保育者）と一緒に水遊びの楽しさを味わえるようにする ●玩具や容器の取り合いになった時は、保育教諭（保育者）が仲立ちをしたり、気持ちに寄り添う ●何度もくり返すことで体験する水のおもしろさに保育教諭（保育者）も言葉を添えながら共感していく ●こまめに水分補給や休息を取るよう促していき、熱中症にならないように気を付けて見守る ●園児の体調を見ながら、順番にプール遊びを終え、着替えや排泄を促していく
	●体操をする	●気温に合わせて水の温度を調節する	
	●プール遊びを楽しむ	●安全には十分に配慮し、保育教諭（保育者）間で危険な箇所を共通理解しておく	
	●じょうろを使ってシャワーをしたり、容器に水を入れたり出したりする	●水に親しむことができるよう、じょうろや容器などを多めに準備しておく	
	●何度もくり返し行うことで水の性質のおもしろさや不思議さに触れる	●様々な容器を使って水の量や浮き沈みなどが経験できるよう物的環境を整える	
	●水分補給をする	●水分補給をこまめにできるように常備しておく	
	●着替えをする ●排泄をする	●プール遊び後の動線を確認し、スムーズに体拭きや着替え、排泄ができるようにする	
11:00〜19:00	●給食を食べる　●排泄をする　●着替えをする　●おやつを食べる　●帰りの会をする ●コーナー遊び　●順次降園する		

日案③ 秋

10月15日（月）

園児の姿
- 運動会を通して運動機能が発達し行動が活発になってくる
- 排泄のタイミングで保育教諭（保育者）の声かけを受けながら、自ら排泄する
- 園児自らやってみようとする姿を認め、保育教諭（保育者）のさらなる声かけで次の行動へ移ることができる

月のねらい
- 朝夕の寒暖差とこれに伴う園児の体調の変化に留意しながら、健康に過ごせるようにする
- 秋特有の変化がある自然に触れながら、体を動かすことを楽しむ
- 保育教諭（保育者）や友達と一緒に運動遊びや表現遊びを楽しむ

日のねらい（内容）
- 保育教諭（保育者）や友達とかかわって遊ぶことを楽しむ
- 他児に自分の思いを言葉を使って伝えようとする

〈 園児の評価 〉
- 順番に遊んだり、玩具の貸し借りをしながら自らの気持ちを言動で伝えようとする姿が見られた
- 保育教諭（保育者）をまねて体を動かしたり、自分のイメージを膨らませながら動き回る園児を見ることができた

〈 自己評価 〉
- ホールでの遊びの中で徐々に活動を変化させていくことで園児がより活発に遊びこむことができたのでよかったと思う。また急な保育教諭（保育者）の配置転換でも、園児は安心して遊ぶことができていた

日案

時間			
7:00～ 10:00	家庭での園児の体調を保護者から引き継ぎしながら、一人一人に合わせ家庭的な雰囲気で園に迎える		

時間	教育・保育の流れ	環境構成	保育教諭（保育者）等の指導（援助）及び留意点
10:00～	●保育教諭（保育者）のそばに行き、お話を聞く	●園児が集まりやすい場を確保する	●園児のそばに行き、保育教諭（保育者）の話を聞くことができるよう言葉をかけたりゆったりとした空間を作るようにする
	●ホールで遊ぶ	●なじみのある曲で園児の興味を促す ●全身を使って自由に動き回れるよう空間を確保する	●突発的な動きに注意して遊びを進める ●保育教諭（保育者）同士で声をかけ合い、園児が安全に遊べるように配慮する
	●サーキット遊び	●サーキット遊びを取り入れながら運動機能を刺激する	●園児の動きを見ながら徐々にサーキット遊びに移行できるよう声かけを行う ●つかんだり登ったり走ったりしながら新しい行動の獲得につなげる
	●ピアノや音楽に合わせた遊び（リトミック遊び）	●保育教諭（保育者）や他の園児のまねをする姿を見守る ●他児とぶつからない距離を設定する	●分かりやすい言葉で、ゆっくり丁寧に話しかける ●様々な歌や曲に親しみ、保育教諭（保育者）とやり取りし表現を楽しめるようにする
	●水分補給を行う	●遊びの合間を見て水分補給をすることができるよう、お茶などを準備する	●園児の状態を把握し、遊びと休息のバランスを考えて遊びを進めるようにする ●適宜水分補給を行う
	●玩具遊び（自由遊び）	●ゆったりとできる時間と空間を確保する ●一人遊びが好きな園児に集中できる環境を整備する	●園児の話を傾聴し、興味を引き出す ●遊びの中でイメージを膨らませながら見立て遊びなどができるよう保育教諭（保育者）も遊びに参加する
	予想される園児の姿		
	●お友達の玩具が欲しいと保育教諭（保育者）に訴えてくる	●他児とのかかわりの中で、けがになる前に声かけができるよう保育教諭（保育者）間の立ち位置を考える	●トラブル時は両者の思いを代弁しながらその思いを受け止めるようにする ●少しずつ言葉で自分の思いを伝えることができるよう寄り添っていく
11:00～ 19:00	●食事の準備　●昼食　●保育室、ホールで園児の遊びたい活動を行う（クレヨン遊び、絵本、追いかけっこ、童謡を歌うなど）　●午睡		

日案 ④ 冬

12月4日（月）

園児の姿
- 生活の流れを理解し、保育教諭（保育者）が促すと着脱や排泄、手洗いをしようとする姿が見られる
- 少しずつ友達とのかかわりを楽しむ姿が見られ、友達のまねをして楽しんだり顔を見合わせて笑い合うなどの姿が見られる

月のねらい
- 一人一人の体調に留意しながら健康で快適に過ごせるようにする
- 身の回りのことに興味を持ち、簡単なことは自分でしようとする
- 体を動かすことを楽しんだり、保育教諭（保育者）の模倣をしながら表現したりする楽しさを味わう

日のねらい（内容）
- 安全に配慮しながら自由に遊んだり順番や譲り合いをする気持ちが育まれるようにする
- 室内でマットを並べ全身を使って運動遊びを楽しむ

《 園児の評価 》
- 遊びの中でトラブルになりながらも保育教諭（保育者）の仲立ちで譲り合う姿が見られたのでよかった
- 全身を使って遊ぶことのおもしろさを経験したことで「やってみたい」という意欲につなげることができた

《 自己評価 》
- 平面的ではなく、立体的にマットを並べたり、フープなどを使うことでより遊びの幅を広げることができた
- 高低差を付けることで、好奇心や挑戦する気持ちを引き出すことができた

時間	
7:00〜10:00	●順次登園　●朝の準備　●排泄　●朝のおやつ（牛乳）　●園庭でのお集り　●排泄

時間	教育・保育の流れ	環境構成	保育教諭（保育者）等の指導（援助）及び留意点
10:00〜	●保育教諭（保育者）の話を聞く	●園児たちが話を聞ける環境を整え、場合によっては園児に寄り添いながら一緒に話を聞く	●簡単なルールを園児に知らせながら保育教諭（保育者）間の共通理解も行う ●危険箇所を事前に保育教諭（保育者）間で話し合い、立ち位置を考えておく
	●保育教諭（保育者）に見守られながら、全身を使ってマット遊びを始める	●友達とかかわりながら自由に遊べる環境を作る ●マットとマットの間隔をあけて、園児が分散して遊べるようにする	●自由に遊びたい気持ちを受け止めながら友達と遊べるよう仲立ちをする ●マット遊びを通して全身を使うことのおもしろさが味わえるようにする
	●遊びの中で自分なりの楽しさを見つける	●安全なスペースを確保し、くり返し遊ぶことができるようマットの配置を考える	●転倒や接触に注意を払いながら園児たちの遊びを近くで見守る ●保育教諭（保育者）も園児と一緒に寝返りをしたりハイハイをしたりして全身を使うことのおもしろさを共有する
	●静と動のバランスや高い所を乗り越える満足感を覚える	●マットに凹凸を作ったり、フープなどを使ってさらに遊びが発展できるよう環境を変化させていく	●遊びが中断した園児には言葉がけを行い安心して楽しく遊べるようにする ●「してみたい」という気持ちに寄り添い、自ら環境にかかわろうとする意欲が高まるよう配慮する
	●他児のしている遊びが気になりじっと見たり、まねて遊んだりする	●自発性や探索意欲が増すようマットの位置を考えていく	●保育教諭（保育者）とのかかわりや遊びを求める園児に対応しながら、友達がしている遊びに目が向くよう言葉がけをする ●友達に近づこうとしたりまねをしたりする姿を認め、その楽しさを共有する
	●保育教諭（保育者）と一緒に片付けをする	●安全に気を付けながらフープなど簡単な用具の片付けを共に行える環境を作る ●次の活動に進むポイントとして絵本を読む準備をする	●遊びを継続したい園児に対し「次はもっと高くして遊ぼうね」など、楽しみと期待につなげる言葉がけをする
	●絵本を楽しむ	●園児たちが体を休める場を作り、ゆったりとした空間を確保する	●園児たちが好きな絵本を抑揚をつけながらゆっくりと読んでいく ●園児の指差しや知っていることを言葉で伝えようとする気持ちに寄り添っていく
11:00〜19:00	●給食準備　●排泄　●給食　●排泄　●着替え　●午睡　●起床　●排泄　●おやつ　●手遊び（絵本） ●降園準備　●順次降園		

食育計画の見方

食育計画は0・1・2歳児をまとめて記載しています。

❶ 年間目標
一年間を通して身に付けてほしいこと、経験してほしい内容について「食と健康」「食と人間関係」「食と文化」「命の育ちと食」「料理と食」の5項目の観点から記載しています。

❷ ねらい・内容
「年間目標」を達成するための「ねらい」、またそのために行う具体的な「内容」について取り上げています。

❸ 環境構成・援助
「ねらい」を達成するために「内容」を行う際、どのような「環境構成」をしたらよいか、またどのような「援助」が必要かについて記載しています。

❹ アレルギー対応
子どもの「アレルギー対応」についての具体的な対策を記載しています。

健康と安全の計画の見方

健康と安全の計画は0・1歳児をまとめて記載しています。

❶ 園行事及び園事業
それぞれの時期に園で行うことが想定される行事について、0・1歳児は1〜4期に分けて記載しています。

❷ 健康
子どもたちの健康を保持し健やかに過ごすために、園として行うことを具体的に記載しています。

❸ 安全
子どもの安全を確保するための環境設定、及び必要となる設備点検や、安全教育について記載しています。

❹ 災害
様々な自然災害の発生を想定した対策や備えについて記載しています。

❺ 家庭・地域との連携
子どもの健康と安全のために、家庭や地域と連携して行う事柄について記載しています。

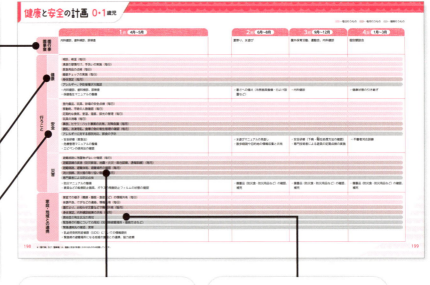

194

個別指導計画の見方

❶ 園児の姿
園児の発達状態や、園での様子を記載します。保育教諭（保育者）が設定した環境の中で、園児がどのように遊びや活動にかかわっていたのかを、5領域（健康・人間関係・環境・言葉・表現）の視点から記載しています。

❷ 満1歳以上満3歳未満の5領域・ねらいと内容
教育の領域にあたる満1歳からの「5領域」にもとづいて記載しています。園児の発達状態や、園での様子を具体的に記載しています。

❸ 環境構成
個別の「ねらい」を達成するために、保育をする際、どのような環境（用具・教材・分量・安全性・施設などの準備）を設定したらよいかを、具体的に記載しています。

❹ 援助・配慮事項
個別の「ねらい」を達成するために、保育をする際、どのような援助・配慮（受け入れ・励まし・声かけ・助言など）が必要かを、具体的に記載しています。

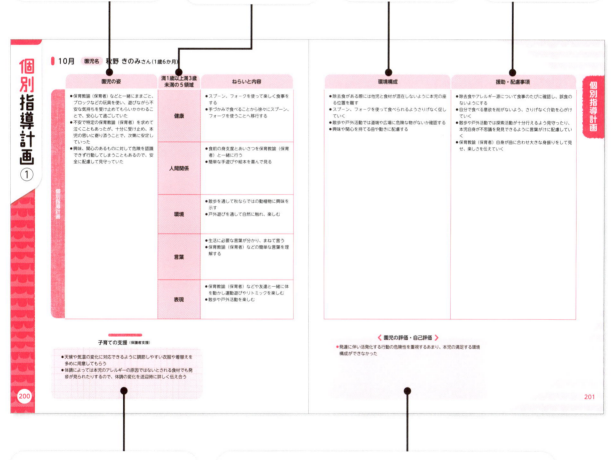

❺ 子育ての支援（保護者支援）
保護者に伝えるべきことや、園と家庭で連携して進めたい事柄について記載しています。また、園に通っていない地域の親子への支援についても記載しています。

❻ 園児の評価・自己評価
自分が行った教育・保育によって、園児にどのような変化が見られたか、問題点やよかった点をあげながら記載しています。また、今後の教育・保育でどのように対応していくべきかなどの反省点も取り上げています。園児の姿を通しての「自分の評価」と捉え、単に園児の姿を記入するのではなく、自分の計画や保育を振り返り、次の計画に生かすための材料となるよう心がけましょう。

食育計画 0・1・2歳児

年間目標

0歳児
- 健 生活リズムを整え、望ましい食習慣を身に付ける
- 人 信頼のおける愛情豊かな人間関係の中で、心地よく授乳や食事をする
- 文 保育教諭（保育者）の声かけを通して食事の楽しさを知る
- 命 お腹が空くことで食欲を感じ、自ら進んで食べる
- 科 様々な食材に慣れ親しみ、関心を持つ

1歳児
- 健 食べたい物、好きな物が増え、意欲的に食べる
- 人 ゆったりとした雰囲気の中で食事を楽しむ
- 文 食事のあいさつや食器の扱い方を身に付ける
- 命 食材に触れたり、保育教諭（保育者）と野菜の苗を植えたりすることで、食べ物への興味・関心を持つ
- 科 ソラマメの皮むきなど、簡単な調理の一部を体験することで、食べることに親しみを持つ

0歳

1期 4月～5月

☆ねらい・□内容
- □安定した人間関係の中で安心して食事をし、心地よく過ごす
- □一人一人に合った生活リズムを身に付け、食事を楽しむ
- ☆安心できる環境の中で、保育教諭（保育者）の優しい声かけや介助により、授乳や食事をする
- ☆しっかりそしゃくし、ゆっくり飲み込むことを覚える

★援助・■環境構成
- ■一人一人の生活リズムや月齢、発達を考慮した環境で過ごせるようにする
- ★家庭と園とで情報を交換し、一人一人の月齢や発達に応じた食事ができるようにする
- ★ゆったりと落ち着いた環境の中で、安心して食事をし、満足感が得られるようにする

2期 6月～8月

☆ねらい・□内容
- □様々な食べ物の形態や色、におい、味などを経験することで、食べることに慣れ親しむ
- □食事の前後のあいさつを知る
- ☆様々な食べ物に興味を持ち、自ら進んで食べる
- ☆ゆっくりとよく噛み、飲み込めるようになる
- ☆保育教諭（保育者）と一緒に食事のあいさつをする

★援助・■環境構成
- ■様々な食材に触れ、食材の形態、断面などを見せることで、一層興味がわくよう工夫する
- ■保育教諭（保育者）は園児一人一人の欲求に応答的にかかわり、優しい言葉で丁寧に働きかける
- ★一人一人の発育発達、健康状態に配慮して食事介助を行い、栄養士、調理員とも連携をしていく

1歳

1期 4月～5月

☆ねらい・□内容
- □新しい環境の中で、友達や保育教諭（保育者）と共に、楽しい雰囲気で食べる
- □食べたい物、好きな物を自ら進んで食べる
- ☆よく遊び、よく眠り、楽しく食事をする
- ☆いろいろな食べ物に興味を持ち、手づかみから次第にスプーンやフォークなどを使って食べるようになる

★援助・■環境構成
- ■友達と一緒に楽しく食べられるよう、関係作りに配慮する
- ■一人一人の成長や発達を考慮し、自ら進んで食べられるよう、食べ物の大きさや硬さ、量、食べ方に配慮する
- ★食事の前に、絵本、歌などで楽しい雰囲気作りをする
- ★家庭と情報交換をすることで、食べ方、好き嫌い、量などを把握し、園児が進んで食べられるよう配慮する

2期 6月～8月

☆ねらい・□内容
- □いろいろな食べ物に関心を持ち、自らスプーンやフォークを持って意欲的に食べる
- □旬の食材に触れ、においを嗅ぐなどして、興味・関心を持つ
- ☆園で採ったビワに触れたり、保育教諭（保育者）と共に野菜などの苗を植えたりすることで、食べ物への興味・関心を持つ
- ☆生活リズムが安定して空腹感を感じ、食事を楽しみにする

★援助・■環境構成
- ■食事前後の清潔については、一人一人に応じて進める
- ★よく噛むことの大切さが分かるよう、楽しい雰囲気の中で、保育教諭（保育者）が声をかけながら実践してみせる
- ★一人一人の園児のそしゃくや嚥下機能の状態に応じ、食材の大きさ、硬さや調理形態などに配慮する

2歳

1期 4月～8月

☆ねらい・□内容
- □新しい環境の中で友達と楽しく食事をして、基本的な食習慣を身に付ける
- □季節感のある食材に親しみを持つ
- ☆新しい環境で生活リズムを身に付け、友達と食べることを喜ぶ。保育教諭（保育者）の促しにより、手洗いやうがい、身の回りを清潔にするなどの基本的な食生活活動を行う
- ☆野菜の苗を植えるなどの体験を通し、食材に親しみを持つ

★援助・■環境構成
- ■楽しい雰囲気の中で、安心して食事ができる環境を整える
- ■食生活に必要な活動を知らせ、友達と一緒にすることで、自ら活動する気持ちを高めていく
- ★食事は一人一人の適量を配慮して盛り付ける
- ★手洗いや口を拭くなどの習慣は一人一人に応じてかかわる

2期

☆ねらい・□内容
- □季節の様々な形態の料理味を持ち、進んで食べるよ
- ☆野菜の生長を見たり収穫食材への関心を広げる
- ☆季節ならではの野菜や果

★援助・■環境構成
- ■絵本や歌、製作を通して、
- ■料理には様々な食材が使な食材の名前を知らせる
- ★園児が発した言葉を親しる姿を優しく見守る

2歳児

- 健 よく遊び、よく眠り、食事を楽しみながら、苦手な物も進んで食べ、完食を目指す
- 人 保育教諭（保育者）や友達と楽しく食事をする
- 文 食事の時間に自ら座り、あいさつをして食べる
- 命 食生活に必要な手洗いなど、身の回りを清潔にする習慣を身に付ける
- 科 様々な食材を味わい、食感を楽しむ

＜ アレルギー対応 ＞

- 保護者、栄養士、担任の三者での面談を適宜行い、家庭と連携して対応していく
- 医師の診断及び指示に基づき、一人一人のアレルギー状況に合わせて代替食を提供する。アレルギー食品の部分解除については、医師や家庭と情報を共有して行う
- 誤食がないよう環境を整え、十分に注意をはらう

3期 9月〜12月

- □食前の手洗いや食後の口拭きなどをする
- □手づかみ食べから、少しずつスプーンを持って食べる
- ☆手を洗ったり口を拭いたりすることで、身の回りを清潔にして食事する気持ちよさを感じる
- ☆スプーンなどを使い、こぼしながらも自分で食べることで満足感を得る

- ■絵本や紙芝居などを通じて、食べることの楽しさやいろいろな食材への親しみを感じられるようにする
- ★手洗いや口拭きは保育教諭（保育者）と一緒に行い、丁寧に声をかけながらやり方を知らせていく
- ★食べる楽しさやおいしさを保育教諭（保育者）が共有したり、できたことをほめたりすることで、食べる意欲を育てていく

- □食事の時間を意識し、保育教諭（保育者）の声かけにより、椅子に座って待てるようになる
- □様々な食材に慣れ、食べる
- ☆正しい姿勢で座り、保育教諭（保育者）と一緒にあいさつをして食べる
- ☆食べることに集中できるよう声をかける

- ■ままごと遊びの中で、楽しく食事をすることや食具の扱いに慣れる
- ■保育教諭（保育者）と一緒におにぎりをにぎる機会を設け、食事をする楽しみを広げる
- ★園児が空腹を感じて発した言葉を保育教諭（保育者）が優しく受け止め、共感する

4期 1月〜3月

- □自ら進んで、スプーンを使って食べる
- □しっかりそしゃくして食べる
- ☆進んで椅子に座り、スプーンを使って落ち着いて食べる
- ☆そしゃくする力や飲み込む力が育ち、いろいろな物を意欲的に食べる

- ■食事や睡眠などの生活リズムを整え、心身共に安定した中で食事ができるよう配慮する
- ■自分で落ち着いて食べられるよう、テーブルや食器、スプーンの配置などを工夫し、環境を整える
- ★スプーンで食べやすいよう、調理形態に配慮する
- ★十分に体を動かすことで、空腹感を感じられるようにする

- □正月や節分、ひな祭りなどの行事に親しみ、行事食に興味を持つ
- □スプーンで食材を集めたり、汁椀を持ったりして食べるようになる
- ☆様々な調理形態の行事食を味わい、友達や保育教諭（保育者）と一緒に楽しむ
- ☆器を両手で持って食べることや扱い方を知る

- ■行事の際は、季節感を味わいながら楽しく食事ができるよう環境を工夫する
- ★自分で食べようとする意欲を見守り、最後まで自分で食べられた際は満足感が得られるようほめ、食事の自立を促す
- ★食事中の姿勢やマナーについては保育教諭（保育者）が見本を示しながら知らせていく

9月〜12月

- を経験することで、いろいろな食べ物に興うになる
- したりすることで、食材の形や色を知り、
- 物、魚を知り、おいしさを味わう

- 食べることの大切や食材への興味を広げる
- われていることに気付けるよう、いろいろ
- みを持って受け取り、自らしてみようとす

3期 1月〜3月

- □保育教諭（保育者）の促しにより、食事の準備や後片付けを行う
- □食習慣やマナーが身に付き、安定した食生活を送る
- ☆食前に自分でコップを並べたり、ナプキンを用意したり、食後に食器を片付けたりする
- ☆自分からスプーンやフォークを使い、こぼさないように食べる
- ☆友達や保育教諭（保育者）と一緒に食事を楽しみ、完食する満足感を持つ

- ■仲のよい友達と楽しく食事が進むよう、テーブルと席の配置や雰囲気作りに配慮する
- ■栄養士、調理師など、担任以外の大人や異年齢児と食事をする機会を持つことで、人への関心を広げる
- ★よく遊び、楽しく食べ、よく眠るなどの生活リズムを大切にする
- ★一人一人の生活リズムの安定に留意し、食事が心と体の成長につながるよう配慮する

健康と安全の計画 0・1歳児

1期（4月～5月）

園行事・園事業
内科健診、歯科検診、尿検査

行うこと

健康
- 視診、検温（毎日）
- 清潔の習慣付け、手洗いの実施（毎日）
- 救急用品の点検（毎日）
- 睡眠チェックの実施（毎日）
- 身体測定（毎月）
- アレルギー、予防接種状況確認
- 内科健診、歯科検診、尿検査
- 保健衛生マニュアルの整備

安全
- 室内備品、玩具、砂場の安全点検（毎日）
- 移動時、平時の人数確認（毎日）
- 定期的な換気、室温、湿度、採光の管理（毎日）
- 玩具の消毒（毎日）
- 事故、ヒヤリ・ハット事案の共有、対策会議（毎月）
- 調乳、冷凍母乳、食事介助の衛生管理の確認（毎月）
- アレルギーに対する個別対応、誤食の予防
- 安全研修（救急法）
- 危機管理マニュアルの整備
- エピペンの使用法の確認

災害
- 避難経路に残置物がないか確認（毎日）
- 避難訓練の実施（防災教室、地震・火災・総合訓練、通報訓練）（毎月）
- 避難経路、避難体制、避難場所の確認（毎月）
- 消火訓練、消火器の取り扱い確認（毎月）
- 専門業者による防災点検
- 防災マニュアルの整備
- 家具などの転倒防止器具、ガラスの飛散防止フィルムの状態の確認

家庭・地域との連携
- 家庭での様子（機嫌・睡眠・食欲など）の情報共有（毎日）
- 体調不良、けがなどの連絡、情報共有（毎日）
- 園だより、お知らせ文書などで情報共有（毎月）
- 身体測定、内科健診結果の共有（毎月）
- 感染症の発生状況の周知
- 緊急時の行動についての周知（災害時避難場所・連絡方法など）
- 緊急連絡先の確認、更新
- 乳幼児突然死症候群（SIDS）についての情報提供
- 緊急時の避難場所になる地域の施設との連携、協力依頼

※「園行事」及び「園事業」は、健康と安全の計画にかかわるもののみ記載しています。

■…毎日行うもの　■…毎月行うもの　■…随時行うもの

2期 6月〜8月	3期 9月〜12月	4期 1月〜3月
夏祭り、水遊び	園外保育活動、運動会、内科健診	個別懇談会
●暑さへの備え（冷房器具整備・日よけ設置など）	●内科健診	●健康状態の引き継ぎ
●水遊びマニュアルの見直し ●散歩経路や目的地の情報収集と共有	●安全研修（下痢・嘔吐処理方法の確認） ●専門技術者による遊具の定期点検の実施	●不審者対応訓練
●備蓄品（防災食・防災用品など）の確認、補充	●備蓄品（防災食・防災用品など）の確認、補充	●備蓄品（防災食・防災用品など）の確認、補充

199

個別指導計画 ①

10月　園児名　秋野 きのみさん（1歳6か月）

園児の姿	満1歳以上満3歳未満の5領域	ねらいと内容
●保育教諭（保育者）などと一緒にままごと、ブロックなどの玩具を使い、遊びながら不安な気持ちを受け止めてもらいかかわることで、安心して過ごしていた ●不安で特定の保育教諭（保育者）を求めて泣くこともあったが、十分に受け止め、本児の思いに寄り添うことで、次第に安定していった ●興味、関心のあるものに対して危険を認識できず行動してしまうこともあるので、安全に配慮して見守っていた	健康	●スプーン、フォークを使って楽しく食事をする ●手づかみで食べることから徐々にスプーン、フォークを使うことへ移行する
	人間関係	●食前の身支度とあいさつを保育教諭（保育者）と一緒に行う ●簡単な手遊びや絵本を喜んで見る
	環境	●散歩を通して秋ならではの動植物に興味を示す ●戸外遊びを通して自然に触れ、楽しむ
	言葉	●生活に必要な言葉が分かり、まねて言う ●保育教諭（保育者）などの簡単な言葉を理解する
	表現	●保育教諭（保育者）などや友達と一緒に体を動かし運動遊びやリトミックを楽しむ ●散歩や戸外活動を楽しむ

子育ての支援（保護者支援）

●天候や気温の変化に対応できるように調節しやすい衣服や着替えを多めに用意してもらう
●体調によっては本児のアレルギーの原因ではないとされる食材でも発疹が見られたりするので、体調の変化を送迎時に詳しく伝え合う

環境構成	援助・配慮事項
●除去食がある際には他児と食材が混在しないように本児の座る位置を離す ●スプーン、フォークを使って食べられるようさりげなく促していく ●散歩や戸外活動では道端や広場に危険な物がないか確認する ●興味や関心を持てる曲や動きに配慮する	●除去食やアレルギー源について食事のたびに確認し、誤食のないようにする ●自分で食べる意欲を削がないよう、さりげなく介助を心がけていく ●散歩や戸外活動では探索活動が十分行えるよう見守ったり、本児自身が不思議を発見できるように言葉がけに配慮していく ●保育教諭（保育者）自身が曲に合わせ大きな身振りをして見せ、楽しさを伝えていく

個別指導計画

《 園児の評価・自己評価 》

●発達に伴い活発化する行動の危険性を重視するあまり、本児の満足する環境構成ができなかった

個別指導計画 ②

4月　園児名　春日 はるきさん（2歳）

園児の姿	満1歳以上満3歳未満の5領域	□ねらいと☆内容
●登園の際、慣れない環境でしばらくは保育教諭（保育者）から離れようとしない ●外やドアを指差したり「あっち」「ママ」と言うなどして自分の思いを表現する ●保育教諭（保育者）にだっこをされながら周囲の様子をうかがう ●保育教諭（保育者）の膝に座ってお集まりに参加する ●自分で靴を持って園庭へ出ようとする ●保育教諭（保育者）と手をつなぎ周りの様子を見たり気になる遊具で遊ぼうとする ●スプーンや手づかみで自分で食べようとする ●降園時間になると慣れ、帰ろうとしない	健康	□戸外に出て開放的に遊ぶ ☆お友達や保育教諭（保育者）と自分の体を十分に使い、乗用玩具や大型遊具で楽しんで遊ぶ
	人間関係	□特定の保育教諭（保育者）とのかかわりを喜ぶ ☆保育教諭（保育者）の応答的な触れ合いや言葉がけによって緊張がやわらぎ、心地よさを感じる
	環境	□様々なものにかかわる中で、興味を示したり、発見を楽しんだりする ☆身近な物に触れる中で形や色、大きさなどの物の性質に気付く
	言葉	□保育教諭（保育者）の応答的なかかわりにより自分の気持ちを言葉などで伝えようとする ☆生活に必要な簡単な言葉に気付き、聞き分ける
	表現	□生活や遊びの様々な体験を通して、イメージや感性が豊かになる ☆保育教諭（保育者）からの話や、生活や遊びの中での出来事を通して、イメージを豊かにする

子育ての支援（保護者支援）

●連絡帳や送迎時などに、本児の様子を伝え合い、保護者の悩みや思いをしっかりと受け止め安心感を得られるように配慮する
●園での様子を細かに伝え、本児の成長を共有する

個別指導計画

環境構成	援助・配慮事項
●落ち着いた雰囲気作りを心がけ、本児の発達に合った玩具などを用意する	●一人で遊べている時は見守り、困ったり泣いてしまったりした時は、優しく声をかけ遊びを十分に楽しめるようにする
●本児の行動を共にしながら危険のないように見守り、ゆっくりと遊べるようにする	●安心して過ごせるようになるまでは1対1でゆっくりかかわる ●本児の視線や表情などに目を配り、優しく受け止めたり共感していくことで親しみが持てるようにする
●遊具や絵本など身近にあるものを通して、色や形に興味を持つことができるような場を整える	●色や形を見ながら、その違いやどんなものなのかということを知らせていく ●実際に見たり触れたりする機会を作っていく
●絵本を読み聞かせたり、遊びや生活の中で言葉のやり取りを楽しみ、発語を引き出す環境を作る	●本児の伝えたい気持ちをくみ取ったり代弁したりしながら、安心して話すことができるようにする
●落ち着いた曲やわらべ歌を本児と一緒に歌いながら、声のトーンや音の大きさを調整する	●手遊びや歌は、優しい声や笑顔でくり返し歌うようにする ●なじみのある曲を用意し、お友達と一緒に踊ったり体を動かしたりする楽しさを味わえるようにする

《 園児の評価・自己評価 》

●はじめに受け持った保育教諭（保育者）がそばにいて信頼関係を作り、安心して過ごせるようにした

CD-ROMの使い方

付属のCD-ROMはこども園・保育園のための指導計画を作る上で役に立つ計画案とフォーマットを収録したデータ集です。下記のポイントをご覧いただいた上でご利用ください。それぞれExcelデータとPDFデータを収録してあります。

● CD-ROM 動作環境について

本書に付属のCD-ROMをご利用いただくには、CD-ROMドライブまたはCD-ROMを読み込めるDVD-ROMドライブが装備されているパソコンが必要です。

- **動作確認済みOS** » Windows10、Windows11
- **アプリケーションソフト** » Microsoft Excel(2013以降を推奨)、Adobe Acrobat Reader

● CD-ROMの取り扱いについて

- 付属のCD-ROMは音楽CDではありません。オーディオプレイヤーで再生しないでください。
- CD-ROMの裏面に汚れや傷をつけるとデータを読み取れなくなります。取り扱いには十分ご注意ください。

ダウンロードデータの使い方

付属のCD-ROMと同じデータをダウンロードできます。

● ダウンロード方法

下記のQRコード、またはURLにアクセスしてパスワードを入力してください。

mywonder.jp/pripribooks/35208

- パスワードはダウンロードページの記載を確認してください。
  ※ダウンロードページの記載内容は、予告なしに変更する場合がございます。
  ※ダウンロードに係る各社サービスが終了するなどした場合、ダウンロードが利用できなくなる場合がございます。

● データがダウンロードできないとき

① 最新ブラウザにてご覧ください
推奨ブラウザはGoogle Chromeです。Internet Explorerなど旧世代のブラウザをご使用の場合は、Google Chrome（最新版）にてお試しください。

② パスワードは「半角英数字」で入力してください
文字入力の制限が「かな入力」になっている、「Caps Lock」がオンになっている場合などは、エラーになりますので入力形式をご確認ください。

③ システム管理者にお問い合わせください
セキュリティソフトやファイアウォールなどの設定で、データのダウンロードに制限がかかっている可能性がございます。お客様の組織のシステム管理者にお問い合わせください。

● データご利用時のポイント

- ご使用になりたいExcelデータをExcelで開き、パソコンに保存してからご利用ください。
- PDFでも同じ内容をご確認いただけます。PDFを使用される場合は、テキストをコピー＆ペーストするなどしてご活用ください。フォーマットのPDFは手書き用です。プリントしてご活用ください。

 セル（枠）内で改行をしたい！
→ **Alt キーを押しながら Enter キーを押すと改行を挿入できます。**

文章が長くてセル（枠）の中におさまらない！
→ **行の高さを広げて調整してみましょう。**

CD-ROM 収録データ一覧

付属のCD-ROMには以下のExcelデータとPDFデータが収録されています。

01_年間計画
- P22-23_nenkan01.pdf
- P22-23_nenkan01.xlsx
- P24-25_nenkan02.pdf
- P24-25_nenkan02.xlsx
- P26-27_nenkan03.pdf
- P26-27_nenkan03.xlsx
- P28-29_nenkan04.pdf
- P28-29_nenkan04.xlsx

03_週案
- P178-179_shuuan01_春.pdf
- P178-179_shuuan01_春.xlsx
- P180-181_shuuan02_夏.pdf
- P180-181_shuuan02_夏.xlsx
- P182-183_shuuan03_秋.pdf
- P182-183_shuuan03_秋.xlsx
- P184-185_shuuan04_冬.pdf
- P184-185_shuuan04_冬.xlsx

04_日案
- P186-187_nichian01_春.pdf
- P186-187_nichian01_春.xlsx
- P188-189_nichian02_夏.pdf
- P188-189_nichian02_夏.xlsx
- P190-191_nichian03_秋.pdf
- P190-191_nichian03_秋.xlsx
- P192-193_nichian04_冬.pdf
- P192-193_nichian04_冬.xlsx

05_食育計画
- P196-197_shokuiku.pdf
- P196-197_shokuiku.xlsx

06_健康と安全の計画
- P198-199_kenkotoanzen.pdf
- P198-199_kenkotoanzen.xlsx

07_個別指導計画
- P200-201_kobetsu01_1歳6か月.pdf
- P200-201_kobetsu01_1歳6か月.xlsx
- P202-203_kobetsu02_2歳.pdf
- P202-203_kobetsu02_2歳.xlsx

02_月間計画

01月
- P140-141_gekkan01_1.pdf
- P140-141_gekkan01_1.xlsx
- P142-143_gekkan01_2.pdf
- P142-143_gekkan01_2.xlsx
- P144-145_gekkan01_3.pdf
- P144-145_gekkan01_3.xlsx
- P146-147_gekkan01_4.pdf
- P146-147_gekkan01_4.xlsx
- P148-149_gekkan01_5.pdf
- P148-149_gekkan01_5.xlsx
- P150-151_gekkan01_6.pdf
- P150-151_gekkan01_6.xlsx

02月
- P152-153_gekkan02_1.pdf
- P152-153_gekkan02_1.xlsx
- P154-155_gekkan02_2.pdf
- P154-155_gekkan02_2.xlsx
- P156-157_gekkan02_3.pdf
- P156-157_gekkan02_3.xlsx
- P158-159_gekkan02_4.pdf
- P158-159_gekkan02_4.xlsx
- P160-161_gekkan02_5.pdf
- P160-161_gekkan02_5.xlsx
- P162-163_gekkan02_6.pdf
- P162-163_gekkan02_6.xlsx

03月
- P164-165_gekkan03_1.pdf
- P164-165_gekkan03_1.xlsx
- P166-167_gekkan03_2.pdf
- P166-167_gekkan03_2.xlsx
- P168-169_gekkan03_3.pdf
- P168-169_gekkan03_3.xlsx
- P170-171_gekkan03_4.pdf
- P170-171_gekkan03_4.xlsx
- P172-173_gekkan03_5.pdf
- P172-173_gekkan03_5.xlsx
- P174-175_gekkan03_6.pdf
- P174-175_gekkan03_6.xlsx

04月
- P32-33_gekkan04_1.pdf
- P32-33_gekkan04_1.xlsx
- P34-35_gekkan04_2.pdf
- P34-35_gekkan04_2.xlsx
- P36-37_gekkan04_3.pdf
- P36-37_gekkan04_3.xlsx
- P38-39_gekkan04_4.pdf
- P38-39_gekkan04_4.xlsx
- P40-41_gekkan04_5.pdf
- P40-41_gekkan04_5.xlsx
- P42-43_gekkan04_6.pdf
- P42-43_gekkan04_6.xlsx

05月
- P44-45_gekkan05_1.pdf
- P44-45_gekkan05_1.xlsx
- P46-47_gekkan05_2.pdf
- P46-47_gekkan05_2.xlsx
- P48-49_gekkan05_3.pdf
- P48-49_gekkan05_3.xlsx
- P50-51_gekkan05_4.pdf
- P50-51_gekkan05_4.xlsx
- P52-53_gekkan05_5.pdf
- P52-53_gekkan05_5.xlsx
- P54-55_gekkan05_6.pdf
- P54-55_gekkan05_6.xlsx

06月
- P56-57_gekkan06_1.pdf
- P56-57_gekkan06_1.xlsx
- P58-59_gekkan06_2.pdf
- P58-59_gekkan06_2.xlsx
- P60-61_gekkan06_3.pdf
- P60-61_gekkan06_3.xlsx
- P62-63_gekkan06_4.pdf
- P62-63_gekkan06_4.xlsx
- P64-65_gekkan06_5.pdf
- P64-65_gekkan06_5.xlsx
- P66-67_gekkan06_6.pdf
- P66-67_gekkan06_6.xlsx

07月
- P68-69_gekkan07_1.pdf
- P68-69_gekkan07_1.xlsx
- P70-71_gekkan07_2.pdf
- P70-71_gekkan07_2.xlsx
- P72-73_gekkan07_3.pdf
- P72-73_gekkan07_3.xlsx
- P74-75_gekkan07_4.pdf
- P74-75_gekkan07_4.xlsx
- P76-77_gekkan07_5.pdf
- P76-77_gekkan07_5.xlsx
- P78-79_gekkan07_6.pdf
- P78-79_gekkan07_6.xlsx

08月
- P80-81_gekkan08_1.pdf
- P80-81_gekkan08_1.xlsx
- P82-83_gekkan08_2.pdf
- P82-83_gekkan08_2.xlsx
- P84-85_gekkan08_3.pdf
- P84-85_gekkan08_3.xlsx
- P86-87_gekkan08_4.pdf
- P86-87_gekkan08_4.xlsx
- P88-89_gekkan08_5.pdf
- P88-89_gekkan08_5.xlsx
- P90-91_gekkan08_6.pdf
- P90-91_gekkan08_6.xlsx

09月
- P92-93_gekkan09_1.pdf
- P92-93_gekkan09_1.xlsx
- P94-95_gekkan09_2.pdf
- P94-95_gekkan09_2.xlsx
- P96-97_gekkan09_3.pdf
- P96-97_gekkan09_3.xlsx
- P98-99_gekkan09_4.pdf
- P98-99_gekkan09_4.xlsx
- P100-101_gekkan09_5.pdf
- P100-101_gekkan09_5.xlsx
- P102-103_gekkan09_6.pdf
- P102-103_gekkan09_6.xlsx

10月
- P104-105_gekkan10_1.pdf
- P104-105_gekkan10_1.xlsx
- P106-107_gekkan10_2.pdf
- P106-107_gekkan10_2.xlsx
- P108-109_gekkan10_3.pdf
- P108-109_gekkan10_3.xlsx
- P110-111_gekkan10_4.pdf
- P110-111_gekkan10_4.xlsx
- P112-113_gekkan10_5.pdf
- P112-113_gekkan10_5.xlsx
- P114-115_gekkan10_6.pdf
- P114-115_gekkan10_6.xlsx

11月
- P116-117_gekkan11_1.pdf
- P116-117_gekkan11_1.xlsx
- P118-119_gekkan11_2.pdf
- P118-119_gekkan11_2.xlsx
- P120-121_gekkan11_3.pdf
- P120-121_gekkan11_3.xlsx
- P122-123_gekkan11_4.pdf
- P122-123_gekkan11_4.xlsx
- P124-125_gekkan11_5.pdf
- P124-125_gekkan11_5.xlsx
- P126-127_gekkan11_6.pdf
- P126-127_gekkan11_6.xlsx

12月
- P128-129_gekkan12_1.pdf
- P128-129_gekkan12_1.xlsx
- P130-131_gekkan12_2.pdf
- P130-131_gekkan12_2.xlsx
- P132-133_gekkan12_3.pdf
- P132-133_gekkan12_3.xlsx
- P134-135_gekkan12_4.pdf
- P134-135_gekkan12_4.xlsx
- P136-137_gekkan12_5.pdf
- P136-137_gekkan12_5.xlsx
- P138-139_gekkan12_6.pdf
- P138-139_gekkan12_6.xlsx

フォーマット
- gekkan.pdf
- gekkan.xlsx
- kenkotoanzen.pdf
- kenkotoanzen.xlsx
- kobetsu.pdf
- kobetsu.xlsx
- nenkan.pdf
- nenkan.xlsx
- nichian.pdf
- nichian.xlsx
- shokuiku.pdf
- shokuiku.xlsx
- shuuan.pdf
- shuuan.xlsx

ご注意
- 付属のCD-ROM、ダウンロードデータはWindowsを対象として作成されております。「CD-ROM動作環境について」に記したOS以外での仕様についての動作保証はできません。 Macintosh、Mac OSに関しては、同様のアプリケーションをご用意いただければ動作いたしますが、レイアウト・書体が正しく表示されない可能性があります。
- CD-ROM、ダウンロードデータに収録されているExcelソフト、PDFソフトについてのサポートは行っておりません。アプリケーションソフトの説明書などをご参照ください。
アプリケーションソフトの操作方法についてのご質問にはお答えできませんので、あらかじめご了承ください。
- 付属のCD-ROMを使用した結果生じた損害・事故・損失、その他いかなる事態にも、弊社および監修者は一切の責任を負いません。
- データをウェブからダウンロードするには、インターネット接続が必要です。通信料はお客様負担となります。
- 各種計画の表組フォーマットは文字が入っていますが、あくまで計画案です。ご使用に際しては、内容を十分ご検討の上、各施設の方針に沿った文章を入力してください。各施設から発信される文書の内容については施設の責任となることをご了承ください。
- 付属のCD-ROM、ダウンロードデータは、使いやすくするため、枠の位置や文章の改行位置などが本書と異なる場合があります。各園の様式に合わせて作り替えてお使いください。本文とCD-ROMの内容に一部名称などの不一致の箇所があります。最新データはダウンロードデータをお使いください。

Microsoft、Windows、Excel、Internet Explorerは米Microsoft Corporationの米国およびその他の国における登録商標または商標です。
Macintosh、Mac OSは、米国および他の国々で登録されたApple Inc.の商標です。
Google Chromeは、Google Inc.の商標または登録商標です。QRコードは（株）デンソーウェーブの登録商標です。
Adobe Acrobat Readerは、Adobe Inc.の登録商標または商標です。
本書では、登録商標マークなどの表記は省略しています。

保育総合研究会沿革

1999年	10月	保育の情報発信を柱にし、設立総会（東京　こどもの城） 会長に中居林保育園園長（当時）・椛沢幸苗氏選出 保育・人材・子育ての3部会を設置 第1回定例会開催
	12月	広報誌第1号発行
2000年	5月	最初の定時総会開催（東京　こどもの城）
	8月	第4回定例会を京都市にて開催
	9月	田口人材部会部会長、日本保育協会（以下、日保協）・保育士養成課程等委員会にて意見具申
2001年	1月	第1回年次大会 チャイルドネットワーク「乳幼児にとってより良い連携を目指して」発行
	5月	日保協機関誌『保育界』"シリーズ保育研究"執筆掲載（毎年掲載）
2002年	3月	「From Hoikuen」春号発行（翌年1月まで夏号・秋号・冬号4刊発行）
	10月	社会福祉医療事業団助成事業「子育て支援基金　特別分助成」要望書
2003年	3月	年次大会を大阪市にて開催 保育雑誌『PriPri』（世界文化社）で指導計画執筆
	6月	日保協機関誌『保育界』"シリーズ保育研究"執筆掲載
	10月	福祉医療機構「子育て支援能力向上プログラム開発の事業」
2004年	3月	ホームページ開設（2008年リニューアル）
	10月	子育て支援に関するアンケート調査
2005年	4月	盛岡大学齋藤正典氏（当時）、保育学会で研修カルテを発表
	6月	「研修カルテ-自己チェックの手引き」発行（研修カルテにおける自己評価の判断基準） チャイルドアクションプランナー研修会（2回：花巻／東京）
	10月	椛沢・坂﨑・東ヶ崎三役、内閣府にて意見交換
2006年	4月	椛沢会長が自民党幼児教育小委員会で意見陳述 日保協理事長所長研修会　青森大会研修カルテ広告掲載
2007年	4月	『保育所の教育プログラム』（世界文化社）発行
	5月	保育アドミニストレーター研修会（東京）
	8月	第25回記念定例会「保育所教育セミナー」開催（東京大学秋田教授）
	9月	椛沢会長が「保育所保育指針」解説書検討ワーキンググループ（厚生労働省）に選出され執筆
2008年	7月	日保協第30回全国青年保育者会議沖縄大会第1分科会担当
	9月	坂﨑副会長が厚生労働省「次世代育成支援のための新たな制度体系の設計に関する保育事業者検討会」選出
	11月	『新保育所保育指針サポートブック』（世界文化社）発行
2009年	1月	サポートブック研修会（4回：花巻／東京／大阪／熊本）
	3月	『自己チェックリスト100』（世界文化社）発行
	5月	チェックリスト研修会（2回：東京／大阪）
	9月	坂﨑副会長が厚生労働省「少子化対策特別部会第二専門委員会」選出
	10月	日保協理事長所長研修会新潟大会第4分科会担当
	11月	『新保育所保育指針サポートブックⅡ』（世界文化社）発行 海外視察研修会（イタリア）
2010年	2月	サポートブックⅡ研修会（4回：花巻／東京／大阪／熊本）
	8月	坂﨑副会長が内閣府「子ども子育て新システム基本WT」委員に選出
	11月	日保協理事長所長研修会岐阜大会第4分科会担当
2011年	3月	2010年度版保育科学研究　乳幼児期の「保育所保育の必要性」に関する研究執筆
	6月	サポートブックⅡ研修会（2回：函館／日田）
	9月	保育科学研究所学術集会（椛沢会長発表）
	10月	全国理事長所長ゼミナール分科会担当
2012年	3月	2011年度版保育科学研究　乳幼児期の「保育所保育の必要性」に関する研究執筆
	9月	保育科学研究所学術集会（坂﨑副会長発表）
2013年	2月	保育サポートブック『0・1歳児クラスの教育』『2歳児クラスの教育』『5歳児クラスの教育』（世界文化社）発行
	4月	坂﨑副会長が内閣府「子ども・子育て会議」全国委員に選出
	9月	保育科学にて神戸大学訪問 保育ドキュメンテーション研修会（東京）
2014年	2月	保育サポートブック『3歳児クラスの教育』『4歳児クラスの教育』（世界文化社）発行 年次大会を沖縄にて開催
	3月	2013年度版保育科学研究「乳幼児期の保育所保育の必要性に関する研究」執筆
	8月	環太平洋乳幼児教育学会ポスター発表（インドネシア・バリ島）
	9月	保育科学研究所学術集会（椛沢会長発表）
	12月	海外視察研修（スウェーデン／フランス）
2015年	1月	『幼保連携型認定こども園教育・保育要領サポートブック』（世界文化社）発行
	3月	2014年度版保育科学研究「保育現場における科学的思考とその根拠に関する研究」執筆
	6月	次世代研究会 JAMEE.S 設立（髙月美穂委員長）
	7月	環太平洋乳幼児教育学会ポスター発表（オーストラリア・シドニー）
	9月	保育科学研究所学術集会（鬼塚和典発表）
2016年	1月	『幼保連携型認定こども園教育・保育要領に基づく自己チェックリスト100』（世界文化社）発行
	3月	2015年度版保育科学研究「保育ドキュメンテーションを媒介とした保育所保育と家庭の子育てとの連携・協働に関する研究」執筆
	7月	環太平洋乳幼児教育学会ポスター発表（タイ・バンコク）
	9月	保育科学研究所第6回学術集会発表（矢野理絵）
	11月	新幼稚園教育要領の文部科学省との勉強会開催 JAMEE.S 保育雑誌『PriPri』（世界文化社）「子どものつぶやきから考える」執筆
2017年	3月	2016年度版保育科学研究「保育ドキュメンテーションを媒体とした保育所保育と家庭の子育てとの連携・協働に関する研究」「乳幼児教育における教育・保育に関わる要領や指針の在り方に関する研究」執筆
	7月	環太平洋乳幼児教育学会ポスター発表（フィリピン・セブ島）
	9月	保育科学研究所第7回学術集会発表（田中啓昭・坂﨑副会長）
	12月	『平成30年度施行 新要領・指針サポートブック』（世界文化社）発行 JAMEE.S 保育誌『PriPri』（世界文化社）「0・1・2歳児の養護」執筆
2018年	1月	新要領・指針サポートブック研修会（4回：青森／大阪／東京／熊本）
	3月	2017年度版保育科学研究「幼保連携型認定こども園の現場における3歳未満児の教育の在り方」に関する研究執筆
	7月	環太平洋乳幼児教育学会ポスター発表（マレーシア・クチン）
	9月	保育科学研究所学術集会（福澤紀子発表）

	10月	『幼保連携型認定こども園に基づく自己チェックリスト100』『保育所保育指針に基づく自己チェックリスト100』（世界文化社）発行
2019年	1月	新要領・指針に基づく自己チェックリスト100研修会（2回：東京／大阪）
	3月	2018年度版保育科学研究「幼保連携型認定こども園の現場における3歳未満児の教育の在り方」に関する研究執筆
	9月	保育科学研究所学術集会（岩橋道世発表）
	11月	海外視察研修（アメリカ）
2020年	2月	20周年記念年次大会（厚生労働省　鈴木次官）
	9月～12月	オンラインにて定例会3回開催
2021年	2月	改訂版保育サポートブック『0・1歳児クラスの教育』『2歳児クラスの教育』『3歳児クラスの教育』『4歳児クラスの教育』『5歳児クラスの教育』（世界文化ワンダーグループ）
	3月	設立20周年記念誌発刊　7プロポジション　発刊
	4月	日本保育協会「保育界」執筆
	5月	第2代会長に坂﨑隆浩を選出　4部会　保育内容　保育科学　生涯教育　JAMEE.S　委員会　公開保育　第69回定例会　東京家政大学　堀科氏
	6月	歳児別サポートブック研修会、第70回定例会　内閣府子ども子育て本部審議官　藤原朋子氏、参事官　齋藤憲一郎氏
	7月	第71回定例会　厚労省援護局福祉基盤課課長補佐　添島里美氏
	8月	第1回公開保育アンバサダー　資格取得研修　開催　1日目　静岡大学　矢野潔子氏、中村学園　那須信樹氏、椛沢幸苗
	9月	第1回公開保育アンバサダー　資格取得研修　開催　2日目　神戸大学大学院　北野幸子氏、坂﨑隆浩
	10月	第72回定例会　内閣府子ども子育て会議委員長　秋田喜代美氏
	11月	7プロポジション　研修会
2022年	1月	第73回定例会　内閣府子ども子育て本部参事官　認定こども園担当　齋藤憲一郎氏
	2月	年次大会　厚労省子ども家庭局保育課課長　林　俊宏氏、文科省初等中等教育局幼児教育課長　大杉住子氏
	3月	定例会等6回　年次大会1回開催
	4月	日本保育協会「保育界」執筆
	5月	第74回定例会　和洋女子大学　矢藤誠慈郎氏
	7月	第75回定例会in青森　厚労省子ども家庭局保育課課長　林　俊宏氏
	8月	保育科学会議　神戸大学大学院　北野幸子氏
	9月	日本保育協会　第10回学術集会、第1回　生涯教育部会開催、第76回定例会in新潟　厚労省元事務次官　村木厚子氏
	11月	保育制度部会　厚労省に要望　厚労省家庭局保育課長　本後　健氏
	12月	第77回定例会　京都大学　明和政子氏
2023年	1月	第78回定例会　厚労省家庭局保育課長　本後　健氏
	2月	年次大会　文科省初等中等教育局幼児教育課長　藤岡謙一氏、内閣官房子ども家庭庁設立準備室内閣参事官　鍋島豊氏
	3月	定例会等5回　年次大会1回開催　各地で公開保育の実践
	4月	日本保育協会「保育界」執筆
	6月	第79回定例会　朝日新聞社会部記者　田渕紫織氏
	8月	第80回定例会（25周年記念）　神戸大学大学院　北野幸子氏、全国社会福祉法人経営者協議会副会長　谷村　誠氏、全日本私立幼稚園連合会認定こども園委員会委員長　濱名浩氏
	9月	第81回定例会（25周年記念）　玉川大学　大豆生田 啓友氏、第2回生涯教育部会in会津若松　文科省元事務次官　義本博司氏
	11月	障害事業設立研修会
	12月	関西圏域研修
2024年	2月	年次大会in沖縄　文科省初等中等教育局幼児教育課長　藤岡謙一氏
	3月	定例会等6回　年次大会1回開催　各地で公開保育の実践
	4月	日本保育協会「保育界」執筆
	5月	第82回定例会　和洋女子大学　矢藤誠慈郎氏　若手育成特別養成塾（ヨシヨシ塾）　年4回16名参加／講師　厚労省元事務次官　吉田学氏　文科省元事務次官　義本博司氏
	7月	第3回生涯教育部会in大分別府　元厚労省事務次官　鈴木俊彦氏
	8月	第83回定例会in大阪　全国私立保育園連盟常務理事　社会福祉法人正蓮寺静蔭学園　正蓮寺こども園園長髙谷俊英氏、全国保育協議会副会長・大阪府社会福祉協議会保育部会長　社会福祉法人信光会理事長　森田信司氏、全国認定こども園協会副代表理事・大阪府認定こども園協会支部長　社会福祉法人交野ひまわり園理事長　東口房正氏、全国社会福祉法人経営者協議会前会長　社会福祉法人成光苑理事長　髙岡國士氏　インクルーシブ委員会設立　特別研修会　こども家庭庁ガイドライン説明会　第2回公開保育アンバサダー　資格取得研修　開催　1日目　熊本大学　矢野潔子氏、椛沢幸苗、坂﨑隆浩　第2回公開保育アンバサダー　資格取得研修　開催　2日目　神戸大学大学院　北野幸子氏
	9月	保育科学部会特別研修　お茶の水女子大学元副学長　内田伸子氏　「保総研の2023公開保育の実践集」発刊
	10月	第84回定例会in秋田
	12月	第85回定例会
2025年	1月	『0歳児の指導計画　CD-ROM＆ダウンロードデータ付き』『1歳児の指導計画　CD-ROM＆ダウンロードデータ付き』『2歳児の指導計画　CD-ROM＆ダウンロードデータ付き』（世界文化ワンダーグループ）発行
	2月	年次大会in東京
	3月	『令和6年度改訂　児童発達支援　個別支援計画サポートブック』（世界文化ワンダーグループ）発行
	5月	25周年記念事業　海外研修　ドイツ・オーストリア

定例会・年次大会には厚生労働省・内閣府・大学・医療機関などから講師を招き研修会を開催しています。現在会員は約100名。保育関係者などであれば誰でも参加できます。

事務局

〒574-0014　大阪府大東市寺川1-20-1
社会福祉法人　聖心会
幼保連携型認定こども園　第2聖心保育園内
事務局長　永田 久史
電話　072-874-0981
https://hosouken.xii.jp/hskblog/

おわりに

本書は就学前教育・保育に携わる方々の「こんな書籍が欲しいな」といった日頃の疑問や悩みに答えるべく、現場の実践から生まれた指導計画に特化した書籍となります。近年の就学前教育・保育を取り巻く状況において制度そのものが抜本的に改革され、今もなお現在進行形で様々な改革が進められています。そのような時代背景も加味し、全国に散らばっている保育総合研究会のメンバーが執筆を分担し、最新の実践事例をもとに作成をしました。本書が皆様の日頃の教育・保育を支えるヒントになり、日本中の子どもたちに笑顔があふれることを切に願っています。

監修　田中啓昭（大阪府 ねやがわ成美の森こども園）

[ダウンロードデータ用]
こちらの表組はダウンロードデータ利用時に使用いたします。

	あ	い	う	え
1	T	3	H	2
2	9	T	8	M
3	H	6	S	7
4	4	G	5	K

執筆者一覧（都道府県順）※2024年12月現在

●年間・月間・健康と安全・食育

青森県	こども園あおもりよつば	只野裕子
青森県	こども園ひがしどおり	坂﨑隆浩
新潟県	みどりこども園	伊東一男
神奈川県	和田愛児園	田口 威
大阪府	第2聖心保育園	永田久史
大阪府	こども園ふじが丘保育園	東口房正
徳島県	もとしろ認定こども園	筒井桂香
熊本県	やまばとこども園	吉本大樹

●週案・日案・個別

青森県	中居林ふたば園	秋山尚子
秋田県	星城こども園	今野真洋
静岡県	白道こども園	土山雅之
京都府	大原野こども園	永田裕貴子
大阪府	天神山こども園	西田武史
兵庫県	ゆうかりフレンズ	伊地知智子
熊本県	アヴニール・おこばこども園	永田ミキ
沖縄県	シャローム保育園	小林みぎわ

監修者一覧 ※2024年12月現在

●全体監修　保育総合研究会

| 青森県 | こども園ひがしどおり | 坂﨑隆浩 |

●1歳児監修

| 大阪府 | ねやがわ成美の森こども園 | 田中啓昭 |
| 大分県 | 藤原こども園 | 髙月美穂 |

●監修協力園

| 岩手県 | 朦乃こども園 | 打田修子 |
| 福島県 | 門田報徳保育園 | 遠藤浩平 |

●事務局

| 大阪府 | 第2聖心保育園 | 永田久史 |

表紙イラスト	倉田けい
本文イラスト	中小路ムツヨ、町田里美、みやれいこ
デザイン	南 剛、中村美喜子（中曽根デザイン）
編集協力	沢 ユカ（Penguin-Plant）
編集企画	末永瑛美
校正	株式会社円水社
DTP	株式会社明昌堂

PriPriブックス
豊富な案ですぐ書ける！
1歳児の指導計画
CD-ROM＆ダウンロードデータ付き

発行日　2025年2月10日　初版第1刷発行

監修者　保育総合研究会
発行者　竹間 勉
発　行　株式会社世界文化ワンダーグループ
発行・発売　株式会社世界文化社
　　　〒102-8192　東京都千代田区九段北4-2-29
　　　電話　03-3262-5474（編集部）
　　　　　　03-3262-5115（販売部）
印刷・製本　TOPPANクロレ株式会社

©hoikusogokenkyukai, 2025. Printed in Japan
ISBN 978-4-418-25701-0

落丁・乱丁のある場合はお取り替えいたします。
定価はカバーに表示してあります。
無断転載・複写（コピー、スキャン、デジタル化等）を禁じます。
本書を代行業者等の第三者に依頼して複製する行為は、たとえ個人や家庭内での利用であっても認められていません。
本書に付属しているCD-ROMについて、図書館からの無料貸し出しは差し支えありません（必ず本とセットにしてご対応ください）。

※本書は『PriPri』付録の「指導計画のヒント」を再編集し、新規の指導計画案を加えて新たに編集したものです。